Mark Eveleigh wuchs in Westafrika auf und träumte von einem Leben als Reisender und Abenteurer. Er verbrachte den größten Teil des letzten Jahrzehnts mit Reisen in abgelegenen Regionen von Süd- und Mittelamerika, Südostasien und Afrika. Anfangs finanzierte er seine Reisen als Rohrverleger, Lieferwagenfahrer, Rausschmeißer, Security Guard, Parfüm- und Ölbildhändler. Er bedruckte T-Shirts in Ecuador und verkaufte Time-Shares auf den Französischen Antillen, bevor er sich im Alter von 26 Jahren entschloss, Reiseschriftsteller zu werden.

Heute lebt er mit seiner Frau Blanca in Madrid. Hier schreibt er Artikel für verschiedene internationale Tageszeitungen und Magazine und schmiedet neue Reisepläne.

www.markeveleigh.com

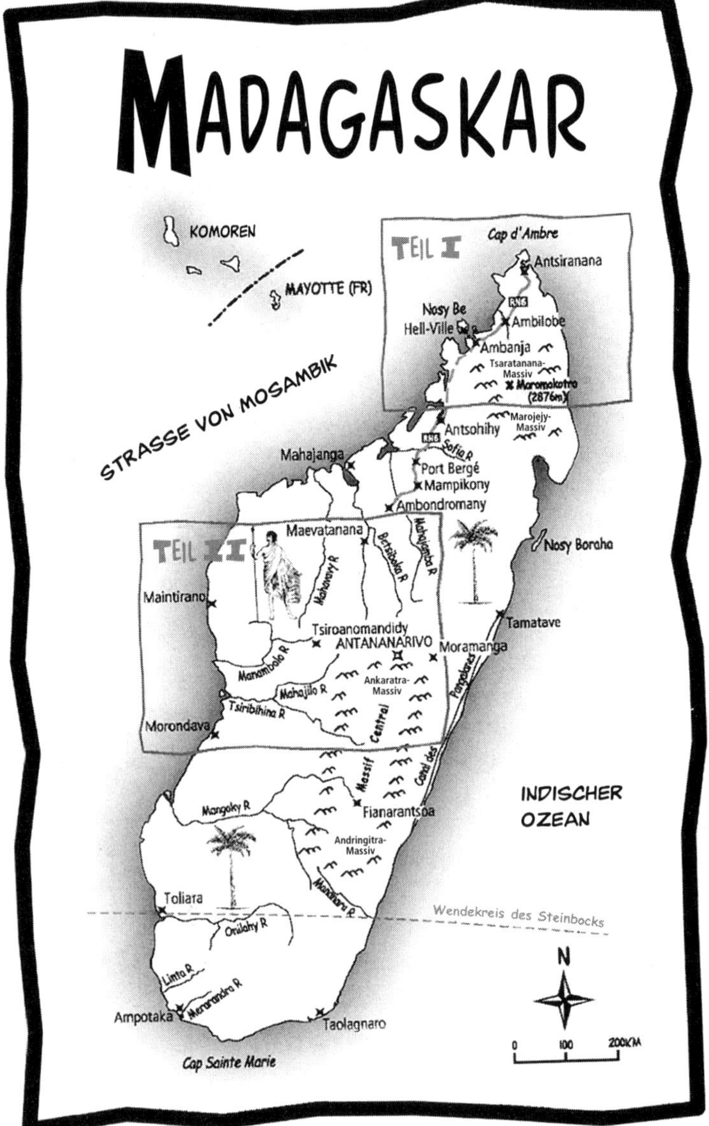

MADAGASKAR
KOMOREN
MAYOTTE (FR)
STRASSE VON MOSAMBIK
TEIL I
Cap d'Ambre
Antsiranana
RN6
Nosy Be
Hell-Ville
Ambilobe
Ambanja
Tsaratanana-Massiv
Maromokotro (2876m)
Marojejy-Massiv
Antsohihy
RN6
Sofia R
Mahajanga
Port Bergé
Mampikony
Ambondromany
TEIL II
Maevatanana
Betsiboka R
Mahajamba R
Mahavavy R
Nosy Boraha
Maintirano
Tamatave
Tsiroanomandidy
ANTANANARIVO
Moramanga
Manambolo R
Ankaratra-Massiv
Mahajilo R
Pangalanes
Tsiribihina R
Morondava
Massif Central
Canal des
INDISCHER OZEAN
Mangoky R
Fianarantsoa
Andringitra-Massiv
Mananara R
Toliara
Wendekreis des Steinbocks
Onilahy R
N
Linta R
Menarandra R
Ampotaka
Taolagnaro
0
100
200KM
Cap Sainte Marie

MARK EVELEIGH

MADAGASKAR – DER SECHSTE KONTINENT

Von heiligen Krokodilen und Seeräubern

Aus dem Englischen von Ilse Rothfuss

NATIONAL GEOGRAPHIC

Ein Buch der Partner Goldmann und National Geographic Deutschland

Die englische Originalausgabe erschien 2001
unter dem Titel »Maverick in Madagascar«
bei Lonely Planet, Melbourne.

Umschlagfotos:
Michael Fiala (vorne)

SO SPANNEND WIE DIE WELT.

Dieses Werk erscheint in der Taschenbuchreihe
National Geographic Adventure Press
im Goldmann Verlag, München.

1. Auflage Mai 2003, deutsche Erstausgabe

Lektorat: Daniela Schaumlöffel, München
Umschlaggestaltung: Petra Dorkenwald, München
Herstellung: Sebastian Strohmaier, München
Satz: Uhl+Massopust, Aalen
Druck und Bindung: Clausen & Bosse, Leck
ISBN 3-442-71192-4
www.goldmann-verlag.de
Printed in Germany

Das Papier wurde aus chlorfrei gebleichtem Zellstoff hergestellt.

Für Mum und Dad
(die jedoch gänzlich schuldlos sind an meinem
»rastlosen und unverantwortlichen Naturell«)

Und ebenso für Claire, Gary und Baby Harley
(dessen glückliche Ankunft mit der Endphase dieses Buches
zusammenfiel)

Inhalt

Teil I

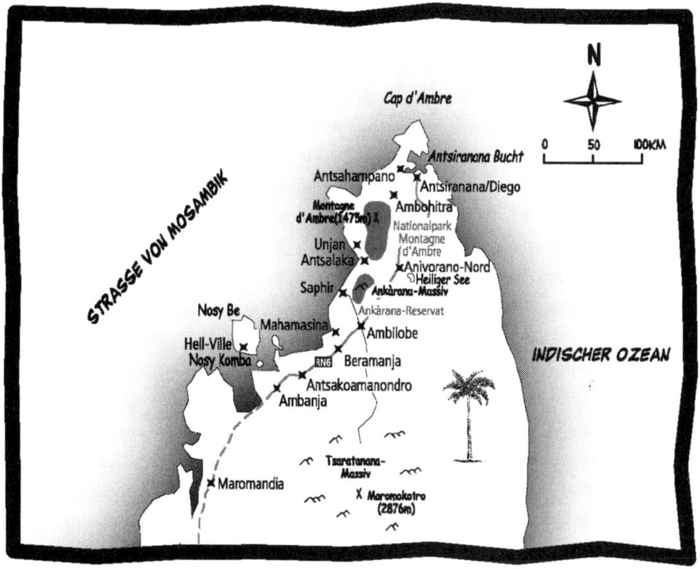

N
0 50 100KM
Cap d'Ambre
Antsiranana Bucht
Antsahampano
Antsiranana/Diego
Ambohitra
Montagne d'Ambre(1475m)
Nationalpark Montagne d'Ambre
Unjan
Antsalaka
Anivorano-Nord
Heiliger See
Saphir
Ankàrana-Massiv
Ankàrana-Reservat
STRASSE VON MOSAMBIK
Nosy Be
Mahamasina
Ambilobe
Hell-Ville
Nosy Komba
RN6
Beramanja
INDISCHER OZEAN
Antsakoamanondro
Ambanja
Tsaratanana-Massiv
Maromandia
Maromokotro (2876m)

Der Heilige See, eine madagassische Legende

> Dies ist nicht meine eigene Lüge.
> Es ist eine Lüge, die mir meine Ahnen erzählt haben.
>
> Traditionelle Vorrede eines madagassischen Geschichtenerzählers

Eine rote Staubwolke stieg bei jedem seiner müden Schritte auf, und der alte Mann zog den Rand seines zerlumpten roten Lamba hoch, sodass die untere Hälfte seines Gesichts bedeckt war. Er war diesen Weg schon einmal gegangen, vor langer, langer Zeit – in einem anderen Leben, wie ihm schien –, aber so ausgetrocknet hatte er das Land noch nie erlebt. Das einst mannshohe Gras lag jetzt von der Sonne verbrannt und verschrumpelt am Wegrand.

Er schob den glatten Kiesel von einer Backe in die andere – diesen Trick hatten ihn die Kameltreiber in der Sahara gelehrt. Sein Mund war aber so ausgetrocknet, dass kein Speichel mehr da war, den er zum Fließen bringen konnte. Um dem Durst und der Erschöpfung zu entkommen, ließ er seinen Geist aus den glühenden Savannen Madagaskars in andere Länder schweifen, die er einst gesehen hatte – in einer anderen Zeit. Die Ebenen der Somali-Völker, die Sandwüsten von Rub' al Khali, die West-Ghats von Indien, die regenschwülen Urwälder von Ceylon, den Indern heilig wegen Hanuman, dem Affenprinzen. Er war durch so viele Lebenszeiten gereist, seit er seine Heimat im fernen Sumatra verlassen hatte.

Eine Schlange, die in sattbraunen und cremeweißen Windungen auf dem ausgedörrten Weg zusammengerollt lag, brachte ihn in die Gegenwart zurück. Höflich grüßend, machte der Mann einen weiten Bogen um sie. Die Schlange an sich war nicht gefährlich, aber viele in diesem Land glaubten, dass Schlangen die Verkörperung der Ahnengeister seien, und in seinem Gewerbe tat der alte Mann gut daran, die Überzeugungen aller Menschen zu respektieren.

Doch so sorgsam er auch war, er wusste, dass er auf seinen vielen Lebensreisen nicht nur Menschen zurückgelassen hatte, die ihn verehrten, sondern auch einige wenige, die seine Rückkehr fürchteten wie die Pest. Er hatte vor drei Wochen den nördlichsten Punkt Madagaskars – der »Insel des Mondes« – und die Bucht von Antsiranana hinter sich gelassen, die dort mit offenem Mund auf die endlose Weite des Indischen Ozeans blickt. Hinter ihm lagen eine Hand voll Dörfer verstreut, in denen die Leute von nichts anderem mehr redeten als von dem seltsamen alten Mann, der vorbeigekommen war.

Unter den heiligen Tamarindenbäumen wurden Versammlungen abgehalten, auf denen die Leute ihre Ansichten über ihn zum Besten gaben. Einige sagten, dass der geheimnisvolle *vazaha* – der Fremde – sicherlich vom Stamme der Antandroy im fernen Süden sei, da er die Kleidung der Wüstenbewohner trug. Andere sagten: »Er ist ein Merina-Fürst, der von der Hochebene hier herunter verbannt worden ist. Man sieht es an seiner hellen Haut und seinem roten Lamba.« Niemand aus dem Dorf hatte jemals einen Merina gesehen, aber viele glaubten, dass sie der Farbe Rot ihre Herrschaft über die Insel verdankten. Es ging sogar das Gerücht, dass die Merina-Könige ihren Untertanen verboten hatten, Rot zu tragen.

»Um seinen Hals hängt ein *mohara*-Amulett, das aus dem Horn eines Bullen gemacht ist. Er ist vielleicht ein Zauberer von den Weideländern der Bara«, lautete eine weitere abenteuerliche Vermutung. Doch der alte Mann, der einst stark und kräftig gewesen sein musste und sich mit der Geschmeidigkeit eines Kämpfers bewegte, glich in nichts den Bara, die eher negroide Züge hatten.

»Er ist ein Betsileo, einer der ›Zahlreichen Unbesiegbaren‹: Ich habe ihn kochen und essen sehen … er kann ebenso gut mit Reis wie mit Holz umgehen«, spöttelte ein hoffnungsvoller junger Krieger. »Das ist nicht zum Lachen!«, rief sein Vater und fasste an seinen Talisman aus Holzperlen, den er um den Hals trug. »Er war ein Priester der Sakalava-Krieger aus den ›Langen Tälern‹. Jetzt ist er alt, aber er war einmal groß und stattlich, und er versteht sich auf Zaubermittel und Bannflüche.«

In einem Dorf an den unteren Hängen des Montagne d'Ambre ließ ein *mpanandro*, ein Schamane, der die Macht des Fremden fürchtete, sechs weiße Ochsen schlachten. Man hoffte, dass ein solch kostspieliges Opfer alle Flüche unschädlich machen würde, die sonst mit der Ankunft des alten Mannes das Dorf befallen könnten.

»Er ist ein Vazimba-Geist!«, rief der *mpanandro* mit verzerrtem Gesicht. »Ein Abgesandter des Grabes. Er ist von der anderen Seite zu uns gekommen, und wenn er wiederkehrt, nimmt er vielleicht einige von uns mit sich.«

Aber niemand wusste, wer der alte Mann tatsächlich war und worin sein Geschäft bestand, das ihn zu rastlosem Umherziehen verdammte und ihn daran hinderte, seine wahre Herkunft auch nur einer Menschenseele zu offenbaren. Er war ein Zauberer, und Hexerei war das einsamste aller Gewerbe.

Mit seiner Gabe hatte er die Netze der Malabar-Fischer während der Hungersnot in den Monsunmonaten mit Fang gesegnet. Den Bantu-Hirten hatte er Leben spendenden Regen gebracht, eine Heuschreckenplage über einen persischen Tyrannen heraufbeschworen und die Sklavenschiffe vor Mogadischu versenkt. Und dennoch, selbst wenn er noch so sehr nach einer kühlen, sprudelnden Quelle lechzte, so wie jetzt, war es ihm verboten, sich seiner Gabe zu bedienen, um den peinigenden Durst zu löschen. Während der Zauberer über diese Ungerechtigkeit nachsann, merkte er, dass der staubige Pfad stetig, wenn auch fast unmerklich bergab führte, und bald sah er ein paar zerzauste Grasdächer aus dem Gestrüpp in der Senke vor sich auftauchen.

Die Sonne breitete ihre roten Röcke am westlichen Himmel aus, und der alte Mann stolperte dankbar in das Dorf hinein. Die rote Erde zwischen den verfallenen, mit ockergelbem Staub bedeckten Hütten war im Laufe vieler Generationen so hart gestampft worden, dass sie beinahe wie poliert aussah. Sein Blick erhaschte ein paar flüchtige Bewegungen: ein kleines Kind, das durch einen Türspalt hineingezerrt wurde; das Flattern eines staubigen Lamba, dessen Träger blitzschnell um eine Ecke verschwand. Der alte Mann blieb stehen und blickte sich um, doch außer ein paar Hennen, einem ausgemergelten Jagdhund und einer alten, schwarzen Sau, die geschäftig im Abfall herumschnüffelte, rührte sich nichts.

Das Schwein war nicht dazu angetan, seinen ersten Eindruck von dem Dorf zu heben. Als Zauberer war für ihn alles, was mit Schweinen zusammenhing, *fady* – tabu. Der bloße Geruch versengter Schweineborsten reichte aus, um ihn seiner Kräfte zu berauben. Er behielt die Sau misstrauisch im Auge, während er die Dorfbewohner anflehte:

»Hier ist ein *vazaha*, ein fremder Besucher, der nichts von euren Sitten und Bräuchen weiß. Wenn es nicht tabu ist, so bitte ich euch, mir einen Schluck Wasser zu reichen, dann werde ich weiterziehen.«

Nur eine gedämpfte Stimme, die ein weinendes Kind schalt, war zu vernehmen.

Er wurde wütend: »Ich will euch nichts Böses! Warum verkriecht ihr euch wie Igel in eurem Bau, anstatt stolz hervorzutreten, wie es sich für Antàkarana-Krieger gehört?«

Immer noch keine Antwort.

Halb tot vor Erschöpfung ließ sich der alte Mann auf die gestampfte Erde fallen. Durch die Ritzen in den grob geflochtenen Wänden der Hütten starrten zahlreiche Augenpaare voll Bitterkeit und Angst auf ihn. Wütende Stimmen, von Misstrauen und Hass auf den Wanderer erfüllt, waren zu hören. Nur eine junge Frau, die vor kurzem Mutter geworden und voller Liebe und Mitgefühl für alle Geschöpfe Gottes war, erbarmte sich des alten Mannes. Dem Zorn der Nachbarn trotzend – denn man würde ihr vorwerfen, sie habe Unheil über die Gemeinschaft heraufbeschworen und es würden teure Opfer gebracht werden müssen, um das Dorf zu reinigen –, griff sie nach dem irdenen Krug, den sie ein paar Stunden zuvor am fernen Strom gefüllt hatte. Sie trat ins Sonnenlicht hinaus, ohne auf die Schmähungen zu achten, die durch die geschlossenen Türen über sie hereinprasselten, und lächelte den alten Mann tapfer an.

»Trink, *vazaha*«, forderte sie ihn freundlich auf und stützte ihm den kahl rasierten Schädel. »Ich heiße dich hier bei uns willkommen, auch wenn meine Leute nichts davon hören wollen.«

Langsam und Schluck für Schluck stillte der alte Mann seinen Durst, der alsbald dem Hunger nach Vergeltung Platz machte. Diesen Leuten, so schwor er sich, würde er eine Lektion erteilen, an die sich noch die künftigen Generationen erinnern sollten.

»Ich danke dir«, sagte er zu der jungen Frau. »Hör mir jetzt gut zu, und verrate den anderen kein Wort von dem, was ich dir jetzt sage. Ich muss fort, aber heute Abend nimmst du deine Familie und dein Vieh und steigst so schnell du kannst auf höheren Grund. Bald wird es in diesem Dorf mehr Wasser geben, als ihr jemals verbrauchen könnt.«

Die junge Frau war entsetzt über die Worte des Zauberers, aber sie tat, wie er ihr geheißen hatte. Während sie an jenem Abend mit ihrer Familie aus dem Dorf eilte, nahm sie Regengeruch in der Luft wahr, was sehr ungewöhnlich war, und sie sah, dass die Sterne von dicken Wolken verdeckt waren. Blitze zuckten, Donner krachte, und als sie mit ihrer Familie den Gipfel des Berges erreichte hatte, hörte sie ein tiefes Grollen aus der Richtung, in der ihr Dorf lag.

Ein Sturzbach ergoss sich vom Montagne d'Ambre den Weg herunter, den der Fremde gekommen war, riss die Hütten ein und füllte das kleine Tal mit Wasser. Aber die geizigen Dorfbewohner kamen nicht darin um; der Zauberer hatte ihnen ein treffenderes Los zugedacht: Sie wurden allesamt in Krokodile verwandelt, sodass sie und ihre Nachkommen fortan dazu verdammt waren, in demselben Wasser zu leben, das sie einst so eifersüchtig gehütet hatten.

Die junge Frau und ihre Familie gründeten die Gipfelstadt Anivorano-Nord. Sie gelobten, dass sie und ihre Nachfahren niemals einem Reisenden die Gastfreundschaft verwehren und dass sie den verwunschenen Seebewohnern regelmäßig Viehopfer darbringen würden. Unter ihrer Pflege gediehen und vermehrten sich die Krokodile zahlreich.

Viele, viele Jahre später entdeckten Schaulustige von den Passagierdampfern und Frachtschiffen, die in dem großen Hafen in der Bucht von Antsiranana vor Anker gingen, die »Monster« vom Anivorano-See. Die Dorfbewohner witterten ein Geschäft und begannen ihre Zebus an die scharenweise herbeiströmenden *vazaha* zu verkaufen, die gutes Geld bezahlten, um mit ansehen zu dürfen, wie die unglücklichen Tiere von den Krokodilen zerfleischt wurden. So wurde Anivorano-Nord als einer der wenigen Orte bekannt, an dem die Leute ihre kostbaren Zebus verkauften, und dort habe ich einen Ochsen namens Jobilahy erstanden.

Diego-Blues

Der Monsun fegte in einer dichten Wand herunter, als ich in Antsiranana, dem nördlichen urbanen Zentrum Madagaskars, aus der Air Madagascar 737 stieg. Das Ende der Regenzeit ließ auf sich warten; der Regen hatte sechs Wochen zu spät eingesetzt, und die Einheimischen waren der Meinung, dass er mindestens noch einen Monat anhalten würde. Ein alter Bob-Dylan-Song, »Hard Rain«, jaulte mir im Kopf herum, als ich in der Tür des Flugzeugs auf einen der Träger wartete, die mit einem Strauß Regenschirme, die wie ein Haufen dürrer, ertrunkener Vögel aussahen, aus dem Terminal gerannt kamen.

Zehn Minuten später schnallte ich meinen Rucksack um, hievte den Seesack hoch und nickte einem der herbeihastenden Taxifahrer zu.

»*Vous allez où, vazaha?… Vous êtes américain?*«

»Engländer … ›Hôtel La Sirène‹, bitte.«

»*Aah, Inglisman! … gentleman or hooligan?*« Das war offenbar sein gesamtes Englischrepertoire, was Schlimmes ahnen ließ, aber ich war zu müde, um mir Gedanken darüber zu machen. Stattdessen lehnte ich mich zurück und starrte durch die regenüberströmten Fensterscheiben. Der klapprige Citroën 2 CV holperte auf den breiten Boulevard Dupleix, schoss hinter die hohen Betonwände des Stade Municipal, des städtischen Stadions, und schlitterte auf die Avenue Lally Tollendal. Innerhalb weniger Minuten ratterten wir zwischen den plankengesäumten Bars der Rue Colbert auf der weiten Landzunge dahin, auf der die Altstadt liegt.

Ich kann jetzt mit Sicherheit sagen, dass es kein »Hôtel La Sirène« in jenem nördlichsten Vorposten der *Great Red Island*, der »Großen Roten Insel«, wie Madagaskar auch genannt wird, gibt. Dabei hatte mir ein italienischer Reisender noch am Abend zuvor erzählt, er habe dort eine Woche lang gewohnt!

Ich hatte Elvis (falscher Name? falsches Hotel?) in der unsäglichen »Hôtel Glacier Bar« in Antananarivo, Madagaskars Hauptstadt, kennen gelernt. Gegen Ende einer *Gache-tafari*-Reggae-Session, als alles bereits etwas verschwommen war, hatte er mir das »Hôtel La Sirène« empfohlen. Er war so begeistert vom »La Sirène« gewesen, dass ich ihm versprechen musste, unter keinen Umständen irgendwo anders abzusteigen.

Wir kurvten fast eine Stunde lang herum, während der Regen durch das Klebeband sickerte, das die Dachplane des 2 CV zusammenhielt. Nicht dass Antsiranana so groß wäre, aber wie zahlreiche andere madagassische Städte hat es kein Zentrum. Der ursprünglich madagassischen Siedlung rückten die Städteplaner der Kolonialherren zu Leibe, die dem logischen (aber nicht immer attraktiven) Gitterprinzip huldigten. Dank der überwiegend platten, gesichtslosen Landschaft konnte Antsiranana sich ungehindert vom Hafen landeinwärts ausbreiten, ohne von Hügeln oder Flüssen begrenzt zu werden, wie es bei einer französischen Stadt der Fall gewesen wäre.

Endlich fanden wir am Rand eines schlammigen Parks, der von den Blättern sturmzerzauster Palmen übersät war, ein »Hôtel Ravinala«. Es war nach dem Nationalbaum Madagaskars, *Ravenala madagascariensis*, dem Quellenbaum oder Baum der Reisenden, benannt. Ein »Hôtel Ravinala« dürfte es demnach in fast jeder Stadt auf der Insel geben. In den nächsten drei Monaten sollte ich ausgiebig Bekanntschaft mit madagassischen Hotels machen, aber das »Ravinala« in Antsiranana wird mir immer unvergesslich bleiben.

Das Hotel war von einer zweieinhalb Meter hohen Mauer umschlossen, die oben mit Flaschenscherben gespickt war. Auf den ersten Blick wirkte es verlassen. Ich fand eine nicht besetzte Pförtnerloge in einer Hütte auf der Rückseite des Hotels und lehnte meinen Rucksack gegen einen rostigen Kühlschrank, um mich auf die Suche nach dem Portier zu machen.

Ich musste nicht weit gehen. Aufgeschreckt vom Klappern meiner Aluwasserflasche, die gegen den Kühlschrank gestoßen war, tauchte ein Kopf mit zerzaustem Haar und zwei verquollenen Augen hinter der Theke auf. Ich fragte mich, warum der Empfang sich nicht vorne im Hotel befand, bis ich merkte, dass die paar Quadratmeter Fußboden hinter dem Schreibtisch der einzige trockene Ort in dem ganzen Etablissement waren.

Der Portier nahm einen rostigen Schlüssel an sich, der ungefähr 15 Zentimeter lang war, sowie einen hölzernen Besen und lotste mich stumm und schlaftrunken in einen leeren Raum. Dort ließ ich meine Sachen auf eine feuchte Matratze fallen und folgte ihnen alsbald nach, nachdem der Portier die Pfützen im Zimmer kurzerhand zur Tür hinausgefegt hatte.

Es kam mir vor, als kämpfte ich bereits eine Ewigkeit mit den Widrigkeiten Madagaskars. Bisher war nichts so, wie ich es mir vorgestellt hatte. Das Erste, was mich bei meiner Ankunft in Antananarivo gestört hatte, war die Tatsache, dass alles so asiatisch wirkte. Auf dem Transfer vom Flughafen war der Bus durch einen riesigen Flickenteppich von Reisfeldern gebraust und hatte mit lautem Gehupe zahllose Rikschas und bemalte Zebukarren umfahren. Ich war auf Afrika eingestellt gewesen und musste jetzt die Vorstellung abschütteln, dass ich wieder in Indonesien gelandet war. Selbst die fein geschnittenen kaffeebraunen Gesichter um mich herum waren im Wesentlichen asiatisch: ein lebendiges Zeugnis für eine der bemerkenswertesten Migrationswellen der Geschichte.

Seit die Landmasse Madagaskars sich vor über acht Millionen Jahren vom afrikanischen Kontinent löste, haben die wilden Strömungen der 500 Kilometer breiten Straße von Mosambik viel dazu beigetragen, die Insel von der Welt abzuschneiden.

Marco Polo brachte als Erster die Kunde von *einer großen roten Insel* nach Europa, die angeblich vor der Küste Afrikas liegen sollte. Die Araber kannten sie seit langem als *Gezirat Al-Komr*, die Mondinsel. In seinen späteren Jahren (als er schon etwas senil gewesen sein muss) nannte der große Entdecker die Insel Madagaskar; er hatte Mogadischu im Sinn gehabt, aber natürlich war niemand zur Stelle, der ihn korrigierte. Die Insel wurde – sofern man, wie es die gängige Praxis ist, davon absieht, dass ihre Existenz den madagassischen Stämmen seit langem bekannt war – am 10. August 1500 von einem portugiesischen Seekapitän namens Diego Dias entdeckt, dessen Schiff vom Kurs abgekommen war.

Die meisten Experten sind sich darin einig, dass die ersten Bewohner Madagaskars indonesische Siedler waren, die vor 1500 bis 2000 Jahren auf die menschenleere Insel gekommen waren. Ob sie die Überfahrt in einer einzigen Seereise von über 6000 Kilometern bewältigten oder über mehrere Generationen hinweg, mit zahlreichen Küstenansiedlungen dazwischen, ist bis heute ungeklärt.

Menschliche Überreste aus dieser Epoche wurden auf der Insel jedoch nie gefunden. In der Vorstellung der Einheimischen waren die ersten Madagassen keine indonesischen Seefahrer, sondern ein geheimnisvoller Stamm von »weißen Pygmäen«, den so genannten Vazimba. Nach der madagassischen Überlieferung existieren bis heute Vazimba in abgelegenen Bergregionen. An manchen Orten werden sie sogar noch als die ältesten aller Vorfahren verehrt. In einem Land, in dem das tägliche Leben von übernatürlichen Mächten beherrscht wird, darf es nicht verwundern, wenn man zu hören bekommt, dass die Vazimba von heute unsichtbar sind, telepathische Fähigkeiten besitzen und die Macht haben, ahnungslose Wanderer mit einem Fluch zu belegen, wenn diese ihrem Versteck zu nahe kommen.

Ich hatte nicht lange vor dieser Reise drei Monate auf Kalimantan, Zentralborneo, verbracht, auf den Spuren der letzten autarken Nomadensippe des Punan-Stammes, über die ähnliche Dinge gesagt wurden. Aber ich konnte mir die Vazimba nicht als Steinzeitjäger und -sammler vorstellen, die abgeschieden in irgendeinem vergessenen Tal lebten. Selbst unter den Experten, die einräumten, dass es die Vazimba tatsächlich gegeben habe, waren die Meinungen streng geteilt, was ihr Erscheinungsbild anbelangt. Die geheimnisvollen »weißen Pygmäen« wurden ebenso oft als *groß, stark und dunkelhäutig* beschrieben, und im Laufe meiner Nachforschungen stellte ich fest, dass das Rätsel um die Vazimba so etwas wie anthropologische Flüsterpropaganda war.

Der UNESCO-Bericht »Africa from the 12th to the 16th Century« konstatiert vage, dass es kein Vazimba-Volk gegeben habe und dass die Überlieferungen, in denen es erwähnt werde, vermutlich auf die Existenz früherer Stämme zurückgehe, die *schwierig zu identifizieren* seien. In einer anderen UNESCO-Publikation, »Ancient Civilizations of Africa«, heißt es jedoch:

> *... die alten Vazimba haben wirtschaftlich gesehen ein eher primitives Leben geführt... Jagen, Beeren- und Honigsammeln dürfte für ihre Bedürfnisse ausgereicht haben... wahrscheinlich haben sie ähnlich gelebt wie die Iban auf Borneo.*

In »The Great Red Island« schrieb Arthur Stratton: *...die ersten Menschen, die diese einst wüste Insel entdeckt haben, waren die Vazimba, vermutlich schwarz, möglicherweise Pygmäen und höchstwahrscheinlich aus Afrika.* Mervyn Brown, einer der bedeutendsten Autoren zum Thema Madagaskar, äußerte in »Madagascar Rediscovered« eine abweichende Meinung: *Inzwischen ist man sich einig, dass die Vazimba die frühesten urmadagassi-*

schen Einwanderer waren (und sind), die von den später Kommenden ins Innere abgedrängt wurden.

Mir ging der Gedanke durch den Kopf, dass die drahtigen, kleinen Indonesier in den Augen der stattlichen Bantu-Viehnomaden aus Afrika, die mit einer späteren Einwanderungswelle herüberkamen, durchaus als »weiße Pygmäen« durchgehen konnten.

Madagaskar wird auch manchmal als »Insel der Geister« bezeichnet, wegen seiner berühmtesten Bewohner, den Lemuren. Diese Halbaffen sind nach den römischen Totengeistern benannt, von denen man glaubte, dass sie bei Nacht umherwanderten. Es könnte sich jedoch ebenso gut um eine Reminiszenz des Ahnenkults und der Geisterwelt handeln, die eine so wichtige Rolle in der Kultur der 18 Inselstämme spielen. Ich hoffte, dass ich durch das Territorium einiger dieser Stämme kommen würde, um etwas über ihre Versionen zum ältesten Rätsel der Insel zu erfahren. Natürlich wusste ich, dass es nicht leicht sein würde, eine Gruppe unsichtbarer Pygmäen, an sich schon ein Paradoxon, ausfindig zu machen. Da ich aber weder Historiker noch Anthropologe bin, konnte mich die Aussicht auf einen nahezu unvermeidlichen Fehlschlag nicht schrecken. Es war die Suche als solche, die mich nach Madagaskar führte, und mein Plan bestand im Wesentlichen darin, ein Packpferd zu kaufen und einen dreimonatigen 2200-Kilometer-Treck entlang der Westseite der viertgrößten Insel der Welt in Angriff zu nehmen.

Als ich mehrere Stunden später aufwachte, sagte mir das vereinzelte leise Tropfen auf dem Wellblechdach des »Hôtel Ravinala«, dass der Regen beinahe aufgehört hatte. Ich lag auf dem Rücken und studierte die Muster, die zahllose Regenzeiten an der schimmeligen Decke hinterlassen hatten, und wieder ging mir der alte Bob-Dylan-Song im Kopf herum.

Ich schaute auf meine Uhr und stellte fest, dass es in wenigen Stunden dunkel sein würde. Dort wo ich mich im Augenblick befand – etwas mehr als 1000 Kilometer südlich des Äquators –, konnte man zu keiner Zeit des Jahres auf mehr als fünf Minuten Dämmerung hoffen.

Ich roch die frisch gewaschene, dampfende Tropenvegetation und überlegte mir, ob ich aufstehen sollte. Ein Gecko keckerte an der Decke hinter meinem Kopf. Ich drehte mich um und betrachtete ihn. Er war höchstens zehn Zentimeter lang und so durchsichtig, dass ich die Wirbelsäule und sein kleines Herz erkennen konnte; es schlug neben einem Vorderbein, das mit knolligen Zehen besetzt war. Das Tierchen war am ganzen Körper zartrosa, bis auf die beiden grauen Auswüchse an seinem Kopf – die riesigen Augen, die ihn zu einem so unersättlichen nächtlichen Jäger machen und es ihm ermöglichen, die Moskitopopulation im Zimmer drastisch zu reduzieren.

In Südostasien gelten Geckos als Glücksbringer – gesegnet das Haus, das einen Gecko in jedem Raum hat. Aber das wohlige Gefühl, das dieses kleine Reptil mir verschaffte, als ich jetzt auf meiner muffigen Matratze lag, die nach Mückenmittel stank, ließ sich nicht so einfach definieren. Der Geruch der dampfenden Lehmstraße, das Klopf-Klopf des Regens auf dem Wellblechdach, die Ameisenkolonne, die an dem morschen Holz des Türrahmens hinaufmarschierte, und das fröhliche Keckern des jagenden Geckos: die Tropen haben etwas an sich, dass man sich einfach gut fühlt – oft aus den völlig falschen Gründen. Ich lachte leise vor mich hin, während ich meine Stiefel zuschnürte und hinausging, um auszukundschaften, was Antsiranana zu bieten hatte.

Leider gibt es im heutigen Antsiranana nicht viel zu lachen, und so zog ich mich bald mit einer Flasche Three-Horses-Bier (*grand modèle*) an einen Terrassentisch der Bar »La Vahinée« zurück. Drei gelangweilte madagassische Mädchen, die an einem Nebentisch saßen, warfen mir Blicke zu, und ich holte ein Buch heraus, hinter dem ich mich verstecken konnte: Jede Bar, in der ich bisher eingekehrt war, hatte ihr Trüppchen von *sporting ladys*.

»Mögen Sie keine Diego-Girls, Mister?«, vernahm ich eine leise Stimme an meiner Schulter.

Antsiranana bedeutet »Wo Salz ist«, aber die Stadt wird allgemein Diego Suarez genannt, nach dem gleichnamigen Seemann, der hier im Jahr 1543 dem König von Portugal einen ersten Stützpunkt auf der Insel sicherte. Zeitgenossen bezeichneten Diego Suarez als Dieb und Mörder, der madagassische Sklaven nach Indien verschleppte.

»Du sprichst Englisch?«, fragte ich überrascht.

Ant war 13 Jahre alt und erzählte mir, dass er außer Malagasy und Französisch auch ganz passabel Englisch, Deutsch und Portugiesisch von den Seeleuten gelernt hatte, die in Scharen nach Diego kamen. Ich bestellte meine zweite Flasche Three Horses und fragte Ant auf Spanisch, ob er eine Coke trinken wolle. Er akzeptierte meine Einladung auf Portugiesisch, und ich war stolz, dass er mich verstanden hatte.

Ant redete pausenlos – in mehreren Sprachen –, während wir auf dem dampfenden Asphalt der Rue Colbert ans Ende der Landzunge wanderten und in eine Uferpromenade einbogen, in der sich verfallene Kolonialbauten mit morschen Balkonen aneinander reihten. Er kickte eine leere Blechdose die ganze Rue Richelieu entlang bis zu einem müllübersäten Uferpark. Ein schmiedeeisernes Tor erinnerte daran, dass dieser kleine Park einst eindrucksvollere Besucher angelockt hatte als die drei Ziegen, die erschrocken fortsprangen, als Ant seine Blechdose über die Klippe kickte.

Diego Bay ist der schönste natürliche Hafen im Indischen Ozean, und die Stadt gilt als das »Rio de Janeiro von Madagaskar«. Diesen Ruf verdankt sie meiner Meinung nach einem unverbesserlichen Romantiker, der selbst nie hier war. Zugegeben, wenn der Wind einmal nicht von der Fischfabrik her weht und wenn man es schafft, die toten Hunde und den herumgewirbelten Müll zu ignorieren, kann man tatsächlich von einem Aussichtspunkt mit dem hochtrabenden Namen Anse de la Dordogne einen kleinen Zuckerhut aufragen sehen. Und falls tatsächlich einmal die Sonne scheint, kann man sich vorstellen, wie schön diese weite Bucht einst den Piraten erschienen sein muss, die hier unter einem säbelrasselnden Visionär, heute nur noch als Kapitän Misson bekannt, die kommunistische Republik Libertalia gründeten.

Kapitän Missons Geschichte ist fantastisch und – wie Skeptiker behaupten – nichts als eine pure Erfindung, der Feder Daniel Defoes entsprungen, der 1726 als Erster darüber schrieb. Wenn die Berichte der Wahrheit entsprechen (denn diese Gestalt ist mit einem Mantel von Geheimnissen umhüllt, der ihrem romantischen Habitus entspricht), segelte Misson, ein adeliger Seeräuber aus der Provence, etwa um 1660 mit seiner Fregatte *La Victoire* in die verlassene Diego Bay.

Der Kapitän war mit 16 in die französische Marine eingetreten und rasch zu Rang und Ehren gekommen. Damals herrschte in der Marine eine unerbittliche Hierarchie, und die Unterdrückung der individuellen Freiheit galt als unerlässlich für die Disziplin eines Soldaten. Aber Misson war ein gebildeter Mann und ein Denker. Das brutale und oft grausame Seemannsleben konnte seinen glühenden Idealismus nicht dämpfen. Während eines Landurlaubs in Genua lernte er einen jungen Priester namens Caraccioli kennen. Misson stand erst am Beginn seiner Offizierslaufbahn, doch seine Ideale und Überzeugungen waren offenbar so mitreißend, dass Caraccioli dem Priesterstand entsagte, um Misson zur See und ins Abenteuer zu folgen. Im Übrigen ließ Misson sich nicht in die Karten schauen und wartete geduldig seine Chance ab.

Und tatsächlich spielte ihm das Schicksal in Gestalt eines englischen Schlachtschiffs sieben Jahre später vor der Küste von Martinique die *Victoire* in die Hände. Das Schiff der Franzosen wurde hoffnungslos zerschossen, englische Kartätschen rissen die Decks auf und zerfetzten die Takelagen. Alles schien verloren, bis ein französischer Kanonier das englische Pulvermagazin traf – und das Schiff der Engländer explodierte und sank.

Als die Franzosen ihre Verluste zählten, stellte sich heraus, dass nur einer ihrer Offiziere überlebt hatte. Dies war die Gelegenheit, auf die Misson gewartet hatte. Auf dem Achterdeck stehend, das schwarz vom Schießpulver und blutgetränkt von der Schlacht war, rief er sein kühnes Demokratie-Experiment ins Leben. Die Besatzung mag davon wenig geahnt haben, als er sie überredete, mit ihm die *Victoire* zu stehlen und ein Piratenleben zu führen. Doch als er zur Abstimmung rief, waren alle bis auf den letzten Mann bereit, ihm zu folgen. Der neue Kapitän Misson gab den Befehl, die Totenkopfflagge zu hissen, und von da an gab es kein Zurück mehr.

Misson mag ein Idealist wesen sein, aber er war kein Narr: Die Männer würden ihm nur folgen, solange der Erfolg ihm Recht gab. Er war ein fähiger Kommandeur und rasch zum Entern entschlossen; bis sie das Kap der Guten Hoffnung umrundet hatten, war die *Victoire* ein reiches, vom Glück verwöhntes Schiff.

Misson war nicht nur intelligent, sondern hochherzig genug, um seine Männer von unnötigem Blutvergießen abzuhalten. Der »Robin Hood der Meere«, wie er oft genannt wurde, sorgte dafür, dass Sklaven befreit und manchmal sogar nach Hause gebracht wurden. Die Besatzungen der geplünderten Schiffe durften unversehrt davonsegeln, und da ihr bald der Ruf grenzenloser Edelmütigkeit vorauseilte, konnte die *Victoire* bisweilen sogar Beute machen, ohne einen einzigen Schuss abzufeuern.

Misson muss eine mitreißende Gestalt gewesen sein, wie er so seinen Triumphzug über die Meere antrat und seine wachsende Gefolgschaft in die immer vertrauteren Buchten und Riffe des Indischen Ozeans führte. Und die schöne arabische Prinzessin, die er auf den Komoren heiratete, machte das Bild des romantischen Helden vollkommen!

Da stand ich nun in dem unerwartet kalten Schmuddelregen auf dem Aussichtspunkt neben dem verfallenen Musikpavillon in

Diego und stellte mir vor, dass eine strahlende Sonne vom Himmel lachte, an jenem Tag, an dem Misson in die einsame Bucht einfuhr. Vielleicht ging eine leichte Brise, gerade stark genug, um sein weißes Rüschenhemd aufzuriffeln und an den blauschwarzen Haaren der Prinzessin zu zerren. Auf jeden Fall ist Misson eine jener historischen Gestalten, die man sich einfach nicht im tristen Nieselregen denken kann.

Vielleicht waren ein paar Jäger vom Tsimihety- oder Antàkarana-Stamm zugegen, die seine Ankunft beobachteten und miterlebten, wie Misson die Flagge der »Internationalen Republik von Libertalia« hisste. Es war nicht der Totenkopf, sondern eine Standarte mit der Aufschrift: *A Deo a Libertate* – für Gott, für die Freiheit. Möglicherweise schlichen die Jäger von Zeit zu Zeit zurück, um auszukundschaften, was diese seltsamen *vazaha* anstellten: Gemüsegärten anlegen, Hühner halten und Bäume fällen, mit denen sie Häuser und Barrikaden entlang der Uferlinie bauten. Es muss ein rätselhaftes Verhalten in den Augen der Jäger und Sammler gewesen sein, die in ihren Reisighütten an den Regenwaldhängen über der Stadt lebten. Aber die »Liberi« wirkten freundlich genug, und nach und nach wagten sich die Neugierigen unter den Eingeborenen näher an die Siedlung heran. Die Tsimihety leiten teilweise heute noch ihre Abkunft von den Liberi-Piraten her.

Misson baute eine Schule und eine Kirche und bemühte sich nach Kräften, seinem eben erst aus der Taufe gehobenen Staat eine feste moralische Grundlage zu geben. Libertalia wurde von einer Generalversammlung regiert, in der jeder Mann sich zu Wort melden konnte, aber Misson (dessen Wort natürlich etwas schwerer wog als das einer gewöhnlichen »Teerjacke«) machte seinen Einfluss geltend, um die Moral der Seeleute zu schützen und die Ehe mit einheimischen Mädchen zu fördern. Eine Vorstellung, die in einer Stadt voll hart gesottener, schlachterprobter Seeräuber ebenso seltsam anmutet wie Missons totales Verbot von Blasphemien und Flüchen jeglicher Art!

Misson arbeitete unermüdlich an der Weiterentwicklung Libertalias. Er führte sogar eine internationale Sprache ein und stellte eine Druckerpresse auf, um Propagandaliteratur über die neue Republik zu versenden, und er forderte die Besatzungen geplünderter Schiffe auf, ihm in ein neues Leben ohne Unterdrückung zu folgen. Für einen betagten Cockney-Seemann – der zwei Jahrzehnte auf hoher See hinter sich und ein elendes Hungerdasein in den Tavernen von Gravesend vor sich hatte – muss Libertalia ein verlockender Altersruhesitz gewesen sein. Als Kapitän William Kidd 1697 mit der abgewrackten *Adventure Galley* nach Diego kam, waren viele seiner Mannschaft genau in diesem Stadium ihres Lebens. Mehr als die Hälfte lief ihm davon, ehe er mit einem gekaperten armenischen Handelsschiff namens *Quedagh Merchant* wieder in See stach.

Als Kidd, des Mordes und der Piraterie angeklagt, schließlich an einem Londoner Galgen baumelte, waren der getreue Caraccioli und die arabische Prinzessin ebenfalls tot – und Libertalia war zerstört worden. Während der Großteil der Piraten auf einem der Kaperzüge war, die Misson noch immer für nötig erachtete, um sein Streben nach Unabhängigkeit und Wahlfreiheit zu verwirklichen, wurde die Siedlung von eingeborenen Kriegern angegriffen. Angeblich war der Angriff in keiner Weise provoziert worden, aber es ist durchaus denkbar, dass einige der eingeborenen Krieger nicht allzu begeistert von den moralischen Zwängen waren, die Misson seinen Leuten auferlegt hatte.

Nachdem er sich fast 40 Jahre für sein Libertalia-Utopia aufgeopfert hatte, machte Kapitän Misson, inzwischen ein gebrochener, alter Mann, das Einzige, was ihm – aus heutiger Sicht betrachtet – übrig blieb:

Er begrub die Liberi-Toten und segelte gen Sonnenuntergang davon. Es ist ein passendes Ende für dieses romantische Melodram, dass weder Misson noch die *Victoire* noch der Schatz, den das Schiff mitführte, jemals wieder gesehen wurden.

Die Einzigen, die heutzutage noch etwas Romantisches an Diego finden, sind die neuen französischen »Libertins«, die sich am Abend im »La Vahinée« versammeln – und die jungen madagassischen Prostituierten, die von ihnen leben. Ant sagte mir, dass viele von ihnen Ingenieure seien, die für madagassische Bauunternehmer arbeiteten, aber es seien auch Fischer darunter, die mindestens ebenso sehr von den dunkelhaarigen Schönheiten angelockt würden wie von der Meeresfischerei. Die Mädchen kamen aus allen Teilen der Insel, aber die meisten waren aus den umliegenden Dörfern, und einige waren vielleicht Nachkommen der Tsimihety-Mädchen, die Missons Piraten geheiratet hatten.

Vor nicht allzu langer Zeit, schrieb Arthur Stratton 1965, *hörte man noch, dass 80 Prozent der wilden Stammesbevölkerung mit angeborener Syphilis infiziert seien, eine Hinterlassenschaft der Piraten des spanischen Festlands aus der Zeit des 17. Jahrhunderts.* In jüngster Zeit wird berichtet, dass bei jedem zehnten Patienten, der das Centre Hospitalier Régional aufsucht, eine Gonorrhöe-Infektion diagnostiziert wird.

Madagaskar hat nur wenig an touristischer Infrastruktur zu bieten, und die örtlichen Niederlassungen von Air Madagascar dienen zugleich als Touristenbüros. In einem dieser Büros holte ich, nachdem ich Ant Lebewohl gesagt hatte, meine ersten »Binnenland«-Auskünfte ein.

»*Excusez-moi, mademoiselle,* können Sie mir bitte sagen, wo ich ein Pferd kaufen kann?«

Das Mädchen stieß sich von ihrem Schreibtisch ab, als wolle sie mich genauer ins Auge fassen – oder die Flucht ergreifen. Außer den kaffeebraunen Schultern und den glatten, schwarzen Haaren war alles an ihr pink: ein pinkfarbenes geblümtes Kleid, ein pinkfarbenes Rouge, pinkfarbener Lippenstift, baumelnde pinkfarbene Ohrringe.

Sie wurde noch eine Nuance pinkfarbener, dann seufzte sie demonstrativ und antwortete betont geduldig: »Keine Pferde hier.«

»Nein, ich weiß. Ich meine, ich möchte ein Pferd kaufen, um …«, stotterte ich, »also, na ja, ich dachte, vielleicht können Sie mir sagen, wo es Pferde zu kaufen gibt …«

»Keine Pferde hier. Alle tot – *la fièvre*… Malaria.«

Anfangs wollte ich es nicht glauben, und mit wachsender Erbitterung setzte ich meine Nachforschungen anderswo fort; aber der Ton, in dem die Leute in der Stadt auf meine Anfragen reagierten, verriet nur die resignierende Haltung der Madagassen gegenüber den Launen der Natur und des tropischen Klimas. Am Ende musste ich mich damit abfinden, dass in den letzten paar Monaten ausnahmslos alle Pferde in Nord-Madagaskar an einer geheimnisvollen Pferdeepidemie verendet waren!

Als ich in einem feuchten, kakerlakenverseuchten Zimmer über meinen Karten brütete, erschien mir meine Expedition in einem zunehmend düsteren Licht. Nur zwölf Prozent der madagassischen Straßen sind asphaltiert, und die meisten Erdstraßen, die das Land durchziehen, sind in der Regenzeit unpassierbar. Ich hatte von Leuten gehört, die mit dem Landrover von einem Ende der Insel zum anderen fahren wollten, aber nur allzu bald feststellen mussten, dass es ein Ding der Unmöglichkeit war. Aber trotzdem – ich konnte mir drei Monate Zeit für den Treck lassen. Irgendwie würde ich es schon schaffen, mich mit Hilfe eines wie auch immer gearteten Packtiers bis zum Cap Sainte Marie, dem heiligen Strand an der Südspitze Madagaskars, durchzuschlagen. Ich hatte meine Ankunft bewusst auf das Ende der Regenzeit gelegt, um die guten Weidebedingungen zumindest auf dem ersten Teil des Trecks nutzen zu können. Jetzt saß ich in der Kalmenzone von Diego fest, noch bevor meine Reise überhaupt begonnen hatte.

Mein Timing hätte nicht schlechter sein können, und ich war geneigt, die Geschichte von der Epidemie für baren Unsinn zu halten, bis ich mich an die Geschichte zweier walisischer Missionspioniere erinnerte, die 1818 mit ihren Ehefrauen und neugeborenen Töchtern an der Ostküste Madagaskars eingetroffen waren. Nach Ablauf von sechs Wochen war nur noch David Jones am Leben. Die zerebrale Malaria, in diesen Breitengraden einfach als Madagassisches Fieber bekannt, hatte alle seine Leute dahingerafft!

Jones nahm es als Prüfung für seine Glaubensfestigkeit und trat allein die lange Reise ins Hochland an, um sich einer zweiten großen Prüfung zu stellen: dem Abfassen eines Malagasy-Wörterbuchs.

Ich nahm mir ein Beispiel an Jones' *fahatokiana*, seinem Mut, und machte mich auf eigene Faust zu den *havoana salasalany*, den Bergen, auf. Dort wollte ich mir ein alternatives Transportmittel suchen.

Am Montagne d'Ambre

Eine Reise ist ein Vorgeschmack auf die Hölle.

MOHAMMED

Die Route Nationale 6 ist die einzig verlässliche Asphaltstrecke in Nord-Madagaskar und auf den ersten 250 Kilometern auch ganz passabel. Sie führt südwärts aus Diego hinaus und steigt durch beweidetes Buschland stetig an, bis sie den von Wolken verhüllten Montagne d'Ambre umrundet. Dann geht's abwärts zum Dorf Anivorano-Nord und seinem Heiligen See hinunter.

Nur streckenweise von Schlaglöchern durchzogen, schlängelt sich die Straße an einem wilden Tupelo-Baumbestand auf dem Ankàrana-Massiv vorbei und durch eine schimmernde Ebene mit Bäumen der Reisenden, wo sie den Wildnis-Vorposten Mahamasina mit der staubigen Highway-Stadt Ambilobe verbindet. Hier überquert das von der Sonne glühende, aufgeweichte Asphaltband die rote Strömung des Mahavavy-Flusses und fällt westwärts zur Küste ab, eingehüllt in eine würzige Meeresbrise, die aus den Mangrovensümpfen in der Nähe des Dorfs Beramanja aufsteigt. Jetzt führt die Straße auf geraderem Weg durch eine Reihe von Dörfern. Fast überstürzt, als ahne sie bereits das Meer, passiert sie eine Anzahl Bambusstände, an denen Bananen, Mangos, Orangen und Kokoswein zum Verkauf angeboten werden, und gönnt dem heiligen Mangobaum von Antsakoamanodro kaum mehr als einen kurzen Blick.

Der Asphalt endet abrupt einige Kilometer südlich der Regionalhauptstadt Ambanja. Wie 80 Prozent aller madagassischen Straßen ist die Route Nationale 6 ab hier ungeteert. Der nächste 460-Kilometer-Abschnitt gilt als die schlimmste Strecke der gesamten Insel.

Die sengende Äquatorsonne stand hoch am Horizont und sog die Feuchtigkeit der Regengüsse der vorigen Nacht aus dem Boden, als ich an den letzten Lehm- und Grasbaracken von Diego vorbeimarschierte.

Ich passierte eine Polizeisperre, vor der ein Hundekadaver aufgebläht und stinkend in der Sonne lag, und fragte mich, warum ihn niemand wegschleppte.

Ein Lastwagen kam mit quietschenden Bremsen zum Halten, und der Fahrer zog sich sein T-Shirt übers Gesicht, um den Verwesungsgestank nicht einatmen zu müssen. Der *gendarme*, der offenbar davon nichts merkte, schaute von dem Schulheft auf, in das er die Frachtvermerke des Lastwagens kritzelte, und fragte mich, ob ich mitgenommen werden wolle. Ich lehnte dankend ab und eilte an ihm vorbei, schwitzend unter dem Gewicht meines Rucksacks und des Seesacks, wild entschlossen, zu Fuß weiterzugehen …

… Eine Stunde später genoss ich die kühle Brise auf der Laderampe eines ratternden Buschtaxis, das sich steil bergauf durch ein immer dichter werdendes Vegetationsgewirr und vereinzelte Bambusgehölze zu den Regenwaldhängen des Montagne d'Ambre hinaufarbeitete. Der Pick-up war mit Reissäcken, Körben voll Fisch und ganzen Kartons Lucky-Cow-Kondensmilch beladen. Obwohl die beiden Sitzreihen an den Seiten brechend voll waren, empfingen meine Mitreisenden mich und meine Säcke mit einem Lächeln und einem fröhlichen, vielstimmigen »*Salut, vazaha*!« Die Madagassen sind bekannt für ihre Kontaktfreudigkeit, und so erfuhr ich – in einer Mischung aus fragwürdigem Pidgin-Französisch (meinem) und einer Zeichensprache, die mangels Ellbogenfreiheit stark eingeschränkt war – viel von dem, was es über Joffreville zu wissen gab, noch bevor ich dort eintraf.

Joffreville heißt heute offiziell (wenn auch selten) Ambohitra. Einst war es die Residenz der auf Madagaskar stationierten Kolonialbeamten, die dort vor der Hitze in den Ebenen Zuflucht suchten. Früher hatte der Ort eine große Schule und eine französische Legionärskaserne. Außerdem war er für seine feinen Gemüse- und Rosensorten und sein reges Gesellschaftsleben berühmt. Heute jedoch fällt es schwer, in Joffreville etwas anderes zu sehen als ein heruntergekommenes Hinterwäldlerkaff. Das Bedeutendste an der Stadt ist die Tatsache, dass sie das Tor zum Parc National de Montagne d'Arbre darstellt.

Mit der katholischen Kirche und dem verlassenen »Hôtel Joffre« hat Joffreville jedoch auch einen verschlafenen, morbiden Charme. Dieser Charme hatte einen exzentrischen französischen Abenteurer vom mondänen Pariser Leben zu einem Leben im Gästehaus »Chez Henriette« weggelockt. Guy war der Atmosphäre des verschlafenen Joffreville so vollständig verfallen, dass er in zwei Jahren keinen einzigen Fuß auf die bewaldeten Hänge des Vulkans gesetzt hatte. Er saß tagein, tagaus in der Bar des Gästehauses, trank Rum, rauchte Gauloises und arbeitete sich durch einen endlosen Vorrat an Kreuzworträtseln.

»Die Geschäfte gehen flau«, brummelte er. »Ist schon eine Weile her, dass die Leute auf dem Weg in den Park hier Station gemacht haben … Weiß auch nicht, warum.«

Die Pferde, die es hier früher zu mieten gab, hatten offenbar noch mehr unter dem strapaziösen Klima gelitten als Guy. Sie waren als Erste der geheimnisvollen Pferdeseuche zum Opfer gefallen.

Mir selbst ging es auch nicht besonders gut. Seit dem zweiten Tag nach meiner Ankunft auf der Insel wurde ich von unmotivierten, rasch abklingenden Fieberschüben heimgesucht, und ich kämpfte mit einer Halsentzündung. Aber die Rettung nahte in Gestalt eines dicken Zebusteaks, *French Fries* (Pommes frites, von Guys madagassischer Frau zubereitet) und einem Rum-Toddy, gefolgt von einer kühlen Hochlandnacht, die ich in dicke Decken gewickelt verbrachte. Das Fieber brach jetzt richtig aus, sodass mein Bett buchstäblich schweißgebadet war, und erst als ich am nächsten Vormittag aufwachte, merkte ich, wie schwach ich gewesen war.

Bis ich mit dem Frühstück fertig war, hatte Henriette – die so fröhlich, laut und tatkräftig war wie ihr Mann lethargisch – bereits einen *trainee guide* für mich aufgetrieben, der gelegentlich Touristen durch den Park führte. Außerdem half sie mir bei meinen Vorbereitungen und versorgte mich großzügig mit einem Sack *beignets* (in Fett ausgebackene Bananenscheiben) – Energie für unterwegs.

Mein Führer Ton war erst 17. Er tauchte mit einem gefährlich aussehenden Tranchiermesser im Gürtel auf der Veranda auf; ansonsten hatte er nur eine Plastiktüte dabei, die alles enthielt, was man für eine Dschungelexpedition braucht. Ton war ein dunkelhäutiger Junge, hatte einen ungewöhnlich wilden, buschigen Haarschopf, und seine Züge verrieten einen hohen Anteil an ostafrikanischem Blut. Er sprach nur ein sehr rudimentäres Französisch, aber er war fröhlich und stark und sofort bereit, gegen eine zusätzliche Gebühr einen meiner Säcke auf seine Schulter zu nehmen.

Jahrelang war es Ehrensache für mich gewesen, mit leichtem Gepäck zu reisen – indem ich alles, was ich für drei Monate in den Tropen brauchte, in einen 35-Liter-Rucksack packte (*from dawn till dusk* – für Tagestouren –, wie er in den Katalogen angepriesen wurde).

Bald entfernte ich mich immer weiter von den »ausgetretenen Pfaden«. Nach einer kurzen Frondienst-Phase, in der ich nur schrieb, um reisen zu können, und meine Reisen finanzierte, indem ich Artikel in Zeitschriften unterzubringen versuchte, dämmerte es mir, dass ich auf dem besten Weg war, dem »Reisen um des Schreibens willen« zu verfallen. Ich tauschte meine vollautomatische Knopfdruck-Kamera gegen eine manuelle Spiegelreflexkamera aus, die fast alles mitmachte, was ich mir selbst zumutete, ohne dass ich sie übermäßig hätscheln musste. Dazu erwarb ich die notwendigen Utensilien wie Linsen, Blitze, Stativ und einen dicken Sack Diafilme, die in den meisten Ländern schwer zu bekommen sind. Dann machte ich mich daran, Sponsoren für meine Reisen zu gewinnen, und diese Sponsoren – Polartec, Lowe Alpine, Air Madagascar und sogar Heineken Export – drängten alle darauf, dass ich optimal vorbereitet war und die Ausrüstung verwendete, die für solche Expeditionen entwickelt wurde. Ich musste Platz für eine umfangreiche Reiseapotheke einplanen, für ein Spezialzelt, ein handgehaltenes GPS (Global Positioning System, ein Positionsbestimmungssystem), mit dessen Hilfe ich via Satellit und Tabellen orten und navigieren konnte, Survival-Packs, Ersatz-Wasserflaschen… Der Seesack, den ich jetzt auf Tons Rücken hievte, enthielt die Ausrüstung, die oben aus dem 75-Liter-Rucksack herausgequollen war!

Wir waren noch nicht allzu weit auf dem Pfad vorangekommen, als wir unseren ersten madagassischen »Wegelagerer« überholten: ein Panther-Chamäleon in Regenzeit-Paarungsfarbe, die auffälligste Chamäleonart der Welt (die Hälfte aller Chamäleonarten ist auf Madagaskar zu finden). Das Tier sah aus, als sei es von einer Kindergartengruppe mit Fingerfarben gemalt worden. Ein blassblauer Zickzackstreifen zog sich waagerecht über seine Flanken, die wie mit blauen und grünen Tigerstreifen voll gekritzelt schienen. Die suchend herumschnellenden Augen waren mit blutroten Flecken gesprenkelt, und der nach unten gebogene, unglückliche Clownsmund war leuchtend gelb verschmiert, als hätte der kleine Künstler inzwischen die Lust verloren und wollte nur noch so schnell wie möglich fertig werden.

Viele Chamäleonarten besitzen die Gabe, einen Angreifer mit einem grässlichen Schrei oder dem urplötzlichen Aufflammen schauriger Farben zu erschrecken. Wenn sie sich an einem Angreifer festgekrallt haben, kämpfen sie erbittert und lassen sich nicht so leicht abschütteln, und sie sind durchaus in der Lage, blutige Wunden zu schlagen. Als ich meine Hand nach dem Tier ausstreckte, drehte es sich um und bleckte seinen schaurig gelben Kiefer – was abschreckend genug wirkte. Wie bei vielen seiner Artgenossen basiert die Überlebensstrategie des Panther-Chamäleons auf seiner unerschütterlichen Bereitschaft, notfalls zum Angriff überzugehen. Diesem wilden Kampfesmut verdankt das Chamäleon seinen Namen, der aus dem Griechischen abgeleitet ist und Zwerglöwe bedeutet.

Die isolierte Lage Madagaskars macht die Insel zu einem der größten Laboratorien der Natur. Es ist »das gelobte Land der Naturforscher«, in dem sich Pflanzen und Tiere in einzigartiger Weise entwickelt haben. 1771 berichtete der französische Naturforscher Joseph-Philibert Commerson, dass

> *... die Natur sich hier an einen geheimen Zufluchtsort zurückgezogen hat, um an Entwürfen zu arbeiten, die sich gänzlich von allem unterscheiden, was andernorts entsteht. Auf Schritt und Tritt begegnen einem die bizarrsten und wundersamsten Formen.*

1630 geriet Richard Boothby geradezu ins Schwärmen und schrieb, dass Madagaskar *heutigentags das bedeutendste Paradies auf Erden* sei. Lange vor seiner Zeit, ungefähr um 1298, ging Marco Polo ziemlich freizügig mit der Feder zu Werk: *Hier werden mehr Elefanten gezüchtet als in jeder anderen Provinz... auch Leoparden und Luchse und Löwen halten sie in großer Zahl.* Weiter beschrieb er einen Vogel, der so riesig sei, dass er auf einen Elefanten springen, ihn packen und zu seinem Nest davontragen könne. Madagaskar war offenbar nie die starke Seite des großen Entdeckers gewesen.

Nur 20 Prozent der madagassischen Flora und zehn Prozent

seiner Fauna sind auch anderswo in der Welt anzutreffen, weshalb es kein Wunder ist, dass man Leoparden, Luchse, Löwen und Elefanten vergeblich auf dieser Insel sucht. Marco Polos monströser »Greifvogel« ist relativ neu auf der Liste der verschwundenen Arten, die leider immer länger zu werden droht. Nicht lange nachdem der Mensch in diesem Garten Eden in Erscheinung getreten war, waren zwei Dutzend große Tierarten ausgelöscht – darunter der drei Meter große Elefantenvogel (auch Aepyornis oder Elefantenfußstrauß genannt), der zwar in der Lage war, Acht-Liter-Eier zu legen, aber nicht einmal ein Zwergnilpferd in die Lüfte zu reißen vermochte, geschweige denn einen Elefanten. Auch das Zwergnilpferd, die Riesenschildkröte, das madagassische Erdferkel und 15 Lemurenarten, einige davon so groß wie Gorillas, sind mittlerweile ausgestorben.

Der vor Nässe triefende Regenwald, durch den Ton und ich jetzt marschierten, war einer der letzten Zufluchtsorte vieler einzigartiger Kreaturen – darunter neun Lemurenarten, der Ringelschwanzmungo und die Fossa, eine madagassische Schleichkatzenart, welche zu den größten der acht Fleischfresser der Insel zählt. Die Fossa sieht aus wie ein magerer, hundsgesichtiger Puma und wird bis zu 1,5 Meter lang. Der madagassische Volksglaube schreibt ihr zahlreiche Tricks und Kniffe zu, wie sie sich ihr Fressen ergaunert. Zum Beispiel soll die Fossa ihren buschigen Schwanz ins Flusswasser tauchen und damit das Lagerfeuer löschen, sodass sie das brutzelnde Fleisch stehlen kann. Obwohl es keine zuverlässigen Berichte über Fossa-Attacken auf Menschen gibt, hielt Ton an der traditionellen madagassischen Vorstellung fest, dass eine hungrige Fossa oft Kinder jage.

Nach einer Stunde waren wir bereits völlig durchgeweicht von dem nachmittäglichen Guss und traten aus dem dichten, nebligen Dschungel auf das Grasland der unteren Osthänge heraus. Die Wolken lichteten sich vorübergehend, und Ton und ich hielten an, um den Blick nach Norden über die abschüssige Landschaft und die Diego Bay zu genießen. Der Himmel über Diego war blau, und die Stadt badete in der Sonne. Während Diego 900 Millimeter Regen pro Jahr erhält, geht über dem Berg, auf dem wir uns jetzt befanden, das Vierfache nieder. Als ich merkte, wie das Schlammwasser in meinen Stiefeln schwappte, dachte ich beinahe wehmutsvoll an das »Rio de Janeiro von Madagaskar«.

Ton war fröhlich, aber schüchtern, und als er mich über eine offenbar endlose Kette von Schlammböschungen führte, gab ich es auf, ihn zum Sprechen zu bringen, und sparte mir meinen Atem für den Marsch. Zweimal wandte Ton sich in die falsche Richtung, und wir mussten mehrere Kilometer durch öligen Morast zurückgehen.

Als wir wieder im Wald waren, durchquerten wir einen reißenden Bach und kämpften gegen die Strömung, wobei uns das Wasser bis zu den Schenkeln reichte – es wäre mittlerweile sinnlos gewesen, unsere Stiefel auszuziehen. Als wir am gegenüberliegenden Ufer hinaufplatschten, stob eine Wolke kobaltblauer Schmetterlinge vor uns auf. Etwas leuchtend Blaues blitzte vorüber, und ein madagassischer Eisvogel landete auf einem Ast kaum zwei Meter von uns entfernt. Er war ein lebendes Juwel, funkelnd blau auf dem Rücken und leuchtend kupfergelb am Bauch. Der schwarze, dolchähnliche Schnabel, fast so lang wie der Vogel selbst, sah tödlich und tückisch aus – ein scharfer Kontrast zur sonstigen Schönheit des Tieres. Ich stand wie angewurzelt da, bis er – mit einem Aufblitzen und Abwärtsstoßen – den Fluss hinunterstrich.

Wir saßen eine Weile unter dem tropfenden Blätterdach, aßen *beignets* und ließen die Schmetterlinge den Schweiß von unseren T-Shirts aufsaugen. Ich machte mir mit leisem Unbehagen bewusst, dass dieser dampfende Wald außer seinen attraktiveren wirbellosen Bewohnern auch 20 verschiedene Moskitoarten beherbergte, darunter einige besonders blutrünstige Anopheles – ich sollte ein nachhaltiges Souvenir vom Montagne d'Ambre davontragen.

Am späten Nachmittag stolperten wir müde und durchnässt durch eine sturmzerzauste Zuckerrohr-, Bananen- und Brotfruchtplantage auf den »Dorfplatz« von Unjan. Der Weiler bestand aus vier baufälligen Holzhütten. Die rechteckigen Pfahlhütten (es gibt keine typisch afrikanischen *rondavels* auf Madagaskar) erinnerten mich an die Behausungen, in denen ich in Indonesien geschlafen hatte, mit dem Unterschied, dass die Hütten hier überwiegend aus Holz und geflochtenen Baumschösslingen gebaut waren und nicht aus Bambus. Mit ihren abschüssigen Palmstrohdächern und riesigen, ausladenden Giebeln stellten sie eine natürliche Antwort auf das Klima des Montagne d'Ambre dar, als hätten sie sich *in situ* herausgebildet, so wie die Fauna und Flora ringsum.

Ton führte mich zu der größten Hütte und stellte mich schüchtern seinem Bruder und seiner Schwägerin vor, die uns erwartet zu haben schienen. Ich streifte meinen Rucksack ab, schnürte meine Stiefel auf und trat dankbar in den Schutz der Hütte.

Darin stand ein prächtiges, schmiedeeisernes Bett, von den Wänden abgerückt, zum Schutz vor den Kreaturen, die sich hier unweigerlich in den Ecken zusammenrotteten. Ich fragte mich, wie dieses Prunkstück den ganzen Weg bis auf den Vulkanhang heraufgekommen war.

»Kein Geheimnis«, erklärte Ton. »Von Diego auf dem Dach eines Buschtaxis. Dann haben wir es acht Kilometer, Stück für Stück, den Weg von der Straße bis hierher hochgetragen.«

Das prunkvolle Bett mit seiner zerlumpten, kapokgepolsterten Matratze wirkte eindeutig fehl am Platz. Aber später, als das junge Paar gute Nacht sagte und einen mottenzerfressenen Baumwollfetzen über sich zog, musste ich zugeben, dass es nicht eines gewissen Stils entbehrte.

Tons Schwägerin kochte etwas Reis und Dosenravioli, die ich von Joffreville heraufgetragen hatte, auf einer Sandkasten-Feuerstelle im Hintereingang. Ich war dankbar für den süßen Kaffee, mit dem ich das Essen hinunterspülen konnte. Als ich mich an die Wand lehnte und auf das unverständliche Malagasy-Geschnatter meiner Gastgeber lauschte, konnte ich es kaum glauben, dass ich noch vor zwei Tagen allein und verloren in einem trostlosen Hotelzimmer in Diego gesessen hatte.

Ich hatte ein kleines, frei stehendes Zelt, das im Hausinnern zu einer Art Moskitonetz umfunktioniert werden konnte, aber ich wollte mich nicht von der Umgebung abschotten, in der meine Gastgeber jede Nacht schliefen. Also legte ich mich auf eine geflochtene Palmstrohmatte in den Eingang und zog das Baumwolllaken bis zum Kinn hoch. So lag ich da und lauschte auf das Gequake der Baumfrösche und das Grunzen nachtaktiver Lemuren. Drei angstvolle, fast menschliche Schreie zerrissen die Nacht wie zuckende Blitze – vielleicht der Todesschrei eines unglücklichen Geschöpfs, das einer Fossa zum Nachtmahl diente?

Der Haushalt erwachte beim ersten Hahnenschrei um 3.45 Uhr. Ich war froh, dass es nicht regnete, und wir frühstückten in aller Eile aufgewärmten Reis und Ravioli. Wir füllten meine Wasserflasche mit einem Kaffee, der nicht so aussah, als könnte er viel dazu beitragen, uns auf dem bevorstehenden Tagesmarsch zu beflügeln. Ich ließ Reis, ein Päckchen Kaffee und eine Dose Lucky-Cow-Milch als Bezahlung für die Unterkunft zurück und dankte Tons Familie für ihre Gastfreundschaft, so gut ich konnte.

Da wir davon ausgingen, dass das trockene Wetter nicht lange anhalten würde, versuchte ich beim Gehen ein paar Fotos zu schießen. Aber alles, was ich bei mir trug, war bereits mit dem klebrigen roten Schlamm des Montagne d'Ambre bedeckt, und ich wusste nicht, wie ich meine Hände sauber genug halten sollte, um mit der Kamera zu hantieren. Außerdem war es so feucht, dass der Sucher beschlug, sobald ich ihn ans Auge hob. Um 8.30 Uhr gingen wir auf einem hohen Bergrücken entlang, und ich schoss ein paar letzte Fotos, während schwarze Gewitterwolken über uns hinwegrollten.

Als wir wieder einmal aus einem reißenden Bach herauswateten, nachdem wir uns mit Stöcken gegen die Strömung gestemmt hatten, huschte vor mir eine große, weiße Schlange ins Unterholz. Sie hatte sich gehäutet. Die verschrumpelte Haut, die sie zurückließ, sah aus wie ein sauber abgerolltes Kondom – ein Kondom von einem Meter Länge!

Es regnete den ganzen Tag stetig weiter, und wir trotteten kilometerweit im Schlamm durch die spärlich bewaldete Savanne auf den Westhängen des Montagne d'Ambre. Hier stießen wir auf Herden von Zebus, die mit dem Rücken zum Regen standen, sich umdrehten und uns mit einem Ausdruck grenzenloser Geduld beschnüffelten. Einmal hatten wir das Glück, einen kleinen Vogel zu sehen, der selten im Wald anzutreffen ist und eine Nische im offenen Grasland gefunden hat. Häufig lenkte ein scharlachrotes Aufblitzen meine Aufmerksamkeit auf den niedrigen Zickzackflug eines *fody* – Ton sprach den Namen des Vogels so aus, dass er wie *food* klang. Wie vorher bei dem Panther-Chamäleon war es mir auch diesmal vergönnt, ein *fody*-Männchen in den Regenzeit-Paarungsfarben zu sehen. Die meiste Zeit des Jahres trägt dieser kleine Webervogel ein düsteres Gefieder in einem stumpfen Braun.

Acht endlose Stunden schleppten wir uns, die Stiefel mit Schlammbrocken beschwert, den Weg entlang, bis wir endlich in Antsalaka ankamen – ein Name, der nach meinem Lutheran-Press-Wörterbuch entweder Siegeshymne oder Ort der Lendentücher bedeuten konnte!

»Muss den *délégué* besuchen«, erklärte Ton, als wir unsere Säcke unter dem Vordach des Dorfladens fallen ließen. »Muss unsere Ankunft registrieren lassen.«

Der *délégué* ist ein Überbleibsel des alten französisches Kolonialsystems, das im Sinne der *mission civilisatrice* Ordnung in den Busch bringen wollte. Auch heute noch ist der *délégué* der örtliche Regierungsvertreter, der für alle offiziellen Angelegenheiten in den regionalen Zentren verantwortlich ist. Die Ankunft eines *vazaha* galt offenbar als »offizielle Angelegenheit«. Und so traten wir, nachdem wir ein bisschen mit drei alten Frauen gescherzt hatten, die auf der Veranda des Handelspostens Zwiebeln wuschen, wieder auf die breite Schlammstraße hinunter, die jetzt völlig überflutet war. Durch die Abholzung des Montagne d'Ambre haben sich die Probleme, die vom abfließenden Regenwasser verursacht werden, erheblich verschärft.

Unter dem Giebel des Verwaltungsbüros, einem festen Betonbau, mampften sich drei Jugendliche mit eifrig mahlenden Kiefern und glasigen Augen durch einen großen Korb voller Blätter hindurch. Es handelte sich um *qat* – oder *kwat* –, eine narkotische Pflanze ähnlich der Betelnuss, ein gelindes Beruhigungsmittel, dessen Wirkung vor allem darin besteht, dass es riesige Mengen bitter schmeckenden Speichels aktiviert (in diesem Fall nicht rot, sondern grün). *Kwat*-kauen ist eine Gewohnheit, die sich in den letzten paar Jahren wie ein Buschfeuer unter den Männern der Provinz Diego ausgebreitet hat und derzeit auf den Süden überzugreifen beginnt.

Einer der jungen Männer hievte sich müde auf die Füße und ging in das Gebäude hinein, um dem *délégué* anzukündigen, dass ihm ein schlammbedeckter *vazaha* seine Aufwartung machen wolle. Der *délégué* zeigte sich ungnädig, als er uns endlich hereinrief, und war nicht übermäßig diensteifrig. Er prüfte meinen Pass und Tons Ausweis und schrieb unsere Herkunft und unseren Zielort in ein rosafarbenes Schulheft.

»Besuchen Sie den *vazaha*«, empfahl er mir.

»Was für einen *vazaha*?«

»Alle *vazaha*, die hierher kommen, gehen unweigerlich zu Monsieur d'Amour.«

»Kommen viele *vazaha* hierher?«

»O ja, viele. Letztes Jahr waren zwei Deutsche da – in einem Volkswagen!«

Monsieur d'Amour, der berühmte *vazaha* Antsalakas, war in den »guten alten Zeiten« in Joffreville geboren worden, als die fanzösische Legion noch hier stationiert war. Er hatte in Diego eine französische Bauerntochter geheiratet, als die Kolonialherrschaft gerade zu Ende ging. Bis 1960 die Unabhängigkeit erklärt oder »wieder erlangt« wurde, um mit den Worten der madagassischen Politiker zu sprechen, war die französische Bevölkerung so sehr mit diesem Land verwachsen, dass Philibert Tsiranana, der erste Präsident, der selbst ein Tsimihety war, die *colons* als 19. madagassischen Stamm betrachtete. Doch Anfang der 1970er-Jahre schaffte das herrschende kommunistische Regime den französischen Stützpunkt in Diego ab, und die Mehrheit der dort ansässigen Plantagenbesitzer verließ die Insel mit den Streitkräften. Die d'Amours zogen erst zu Freunden auf Mauritius, um später ihr selbst auferlegtes Exil auf La Réunion und ein paar unselige Monate lang im Mutterland fortzuführen – in *La Métropole*, wie sie Frankreich nannten. Sobald der Frieden gesichert war, kehrten die d'Amours *La Métropole* zum letzten Mal dankbar den Rücken und zogen nach Antsalaka zurück.

Wie Madame d'Amour sagte: »Wir sind hier geboren, und mein Vater hat dieses Haus gebaut. Natürlich mussten wir zurückkommen … auf Gedeih und Verderb.«

Ihr Haus war ein bisschen größer als die anderen ringsum, aber mit seinem breiten Giebel, dem steilen Dach und der verblichenen Bretterverschalung unterschied es sich kaum von dem Zuhause eines jeden einigermaßen erfolgreichen Madagassen. Das Haus und die Ländereien hatten ihre Abwesenheit mehr oder weniger unbeschadet überstanden – ein Beweis dafür, wie beliebt die d'Amours in der Stadt waren. Die wichtigsten Exporterzeugnisse der Insel, Vanille, Kaffee und Nelken, waren jedoch praktisch bedeutungslos geworden, und das Bildungssystem, Transportwesen und die Infrastruktur waren zusammengebrochen.

Als Madame d'Amour die *cafetière* zu dem roh gezimmerten

Küchentisch herüberbrachte, hatte ich bereits den Eindruck gewonnen, dass die d'Amours, obwohl sie Antsalaka als ihre Heimat betrachteten und den größten Teil ihres Lebens dort verbracht hatten, in einer Art Vorhölle lebten. Für die Leute in Antsalaka waren die d'Amours *vazaha,* und sie würden es ihr Leben lang bleiben. Monsieur d'Amour versicherte heftig, dass es für ihn niemals in Frage käme, wieder in *La Métropole* zu leben, obwohl ihre drei erwachsenen Kinder dorthin zurückgekehrt waren. »Man kann mit diesen Leuten dort einfach nicht warm werden«, erklärte er. Doch die Madagassen hatten noch viel weniger mit ihm gemein, und obwohl wir beide Kaffee vorgesetzt bekamen (was Ton äußerst peinlich war), wurde nur mir ein Zimmer für die Nacht angeboten. Mein Führer wurde mit einer höflichen Entschuldigung zum Übernachten in das Haus des *délégué* zurückgeschickt. Monsieur d'Amour erklärte mir lang und breit, dass dies leider unumgänglich sei, da sie nur ein Gästebett im Haus hätten. Später entdeckte ich ein leeres Bett in einem anderen Zimmer. Ich überlegte einen Augenblick, ob ich das Angebot höflich ablehnen und ebenfalls auf dem Fußboden im Büro des *délégué* schlafen sollte, aber es hätte sicher nur die Wirkung gehabt, dass sich alle Beteiligten noch unbehaglicher fühlten (die anderen moralisch, und ich auch noch körperlich!). Außerdem hatte ich die d'Amours mit ihrer ruhigen, lockeren Art rasch ins Herz geschlossen und freute mich auf einen Abend in ihrer Gesellschaft.

Durch das Fliegengitter an der Hintertür konnten wir sehen, dass der Regen etwas nachgelassen hatte, und Monsieur d'Amour wollte mir seine Obstplantage zeigen. Als wir unsere Stühle zurückstießen, knallte er sich zu meiner Verblüffung ein mottenzerfressenes Toupet auf den Kopf; es passte irgendwie nicht zu seiner lässigen Alltagskleidung und seinem rauen Hinterwäldlercharakter.

»Ich hatte bis vor kurzem ein paar Pferde hier draußen«, erzählte er, während er einen alten, karierten Arbeitskittel überzog.

»Und was ist mit ihnen passiert?«

»Na ja, Sie wissen ja, wie das ist … kein gesundes Klima hier.« Ich erkannte in seinen Augen dieselbe Resignation wie bei den Madagassen, die mir von der Epidemie erzählt hatten.

Der fruchtbare Basaltboden und die hohe Niederschlagsmenge machten diese Gegend zum Hauptanbaugebiet für Gemüse, Erdnüsse und Mais, mit reichen Erträgen an Ananas, Mangos, Papayas und sogar Erdbeeren. Ich hatte nie gern Tomaten gegessen und lehnte zuerst ab, als Monsieur d'Amour mir eine Hand voll Baumtomaten anbot, wie er es nannte. Aber als ich sie dann doch probierte, schmeckten sie köstlich. Sie erinnerten in Geschmack und Konsistenz eher an Kiwis als an Tomaten.

Ich ging fort, um Ton auszubezahlen, damit er sich einen schönen Abend in der »großen Stadt« machen konnte, und fand ihn mit einem dünnen, jadegrünen *kwat*-Gerinnsel vor, das ihm am Mundwinkel heruntertropfte. Als ich in die Küche zurückkam, war der Tisch gedeckt. Eine Flasche Bordeaux, bereits entkorkt, stand neben drei bunt zusammengewürfelten Gläsern bereit.

»Es gibt ein paar Dinge, auf die man nicht verzichten sollte«, lächelte Monsieur d'Amour.

»Wir bekommen den Wein direkt aus Bordeaux zugeschickt«, sagte seine Frau, während sie Platz für den Zebueintopf und ihre selbst angebauten *petits pois* machte.

»Früher war es besser hier«, fuhr mein Gastgeber fort und schaute zum Fliegengitter hinaus, an dem frische Regenbäche vom Dach herunterströmten, die im Licht der Öllampe golden schimmerten. »Dieser Schlammfluss, der an der Haustür vorbeiführt, war einmal asphaltiert bis zur Route Nationale 6 hinunter. Wir hatten ständig Strom und Telefonverbindung, und wenn ein Sturm oder Zyklon die Leitungen zerstört hatte, wurden Ingenieure geschickt, die sie reparierten. Seit der Unabhängigkeit … wenn irgendwo die Leitungen heruntergerissen werden … nun, dann bleiben sie eben unten.«

Das war die Geschichte, die ich überall im Land zu hören bekam. Wo immer man hinreist in der Dritten Welt, stehen altgediente Globetrotter praktisch Schlange, um einem zu erzählen: »Sie hätten mal vor 30 Jahren hier sein sollen – da war hier nichts!« Auf Madagaskar fühlt man sich oft in der Zeit zurückversetzt. In den östlichen Regenwäldern sah ich einen prunkvollen Bahnhof aus der Kolonialzeit, der friedlich vor sich hin verrottete, während dort heute nicht einmal eine Bahnlinie existiert. An der Westküste stieß ich auf die Überreste eines einst bedeutenden Hafens, der jetzt hoffnungslos versandet und fünf Monate im Jahr wegen der unpassierbaren Erdstraßen vollständig abgeschnitten ist.

Ich schlief gut auf einer alten Matratze und war froh, dass ich mich für die Unterbringung erkenntlich zeigen konnte, indem ich ein Päckchen Lariam-Tabletten gegen Malaria daließ.

Monsieur d'Amour lächelte und schüttelte mir die Hand, mit dem mittlerweile vertrauten, schicksalsergebenen Ausdruck im Gesicht.

»Man verbraucht eine ganze Menge davon, wenn man hier lebt«, meinte er.

Maverick

Maverick/maeverick
1. Ein nicht gebrandmarktes Kalb oder ein Jährling
2. Eine unabhängige, eigenwillige Persönlichkeit; Individualist
3. herumirren – oder streunen wie ein maverick (nach Samuel A. Maverick, 1803–70, Ingenieur aus Texas, der Vieh hielt, es aber nicht brandmarkte)

OXFORD ENGLISH DICTIONARY

In Anivorano-Nord nahm ich meinen vierbeinigen Reisegefährten in Empfang. Besonders beeindruckt war er nicht von mir, das konnte ich ihm ansehen. Ich hatte – halbherzig und um den Schein zu wahren – die stämmigen Knie des Ochsen befühlt, nach der Hitze tastend, die ein Anzeichen für eine Verstauchung hätte sein können, und seinen Rücken abgeklopft, ob irgendwelche Schäden, durch schwere *charet*-Joche verursacht, zu spüren waren. Ich machte sogar den Versuch, seine Hufe anzuheben, aber ich hatte keine Ahnung, worauf man bei einem gesunden Zebuochsen achten muss. Außerdem war ich viel zu sehr damit beschäftigt, die scharfen Sicheln seiner Hörner im Auge zu behalten.

»Er ist sehr gesund«, versicherte mir der Mann, der ihn verkaufte. »Und sehr freundlich.«

»Mhmm, er sieht gut aus«, erwiderte ich mit geheuchelter Zuversicht und schickte ein Stoßgebet zum Himmel, dass er sich tatsächlich als der freundlichste Ochse in der ganzen Provinz Diego erweisen möge. »Aber wird er auch Satteltaschen tragen?«

»Er ist sehr stark, und ein Ochse, der so gut zieht wie er, wird auch mit Taschen fertig… Zeigen Sie mal her.«

»Ich muss sie erst machen lassen.«

»*Pa't problème.* Ich habe einen Freund, der das für Sie erledigen kann.«

»Wenn ich ihn zu dem Preis kaufe, den Sie verlangen, helfen Sie mir dann, ihn für die Reise fertig zu machen?«

»Gut. Ich hab noch nie gehört, dass jemand so weit mit einem Zebu gegangen ist, aber ich helfe Ihnen.«

Wir gaben uns die Hand, um den Deal zu besiegeln.

»Eine Frage: Was bedeutet Jobilahy?«, fragte ich.

»*Jobi* heißt schwarz, und *lahy* heißt Junge – er heißt also schwarzer Junge.«

Ich überlegte einen Augenblick, ob es irgendwie anstößig sein könnte, wenn ein *vazaha* seinen Ochsen schwarzer Junge nannte, aber ich hätte mir keine Sorgen machen müssen. Fast überall, wo Jobi und ich zusammen hinreisten, wurden wir mit belustigtem Wohlwollen und Respekt behandelt.

Jobi war fünf Jahre alt, ein Muskelpaket von 500 Kilogramm mit einem glänzenden, pechschwarzen Fell. Für ein Zebu war er eher klein geraten, aber abgesehen von dem Fleischhöcker, der aus seiner Schulter aufragte, sah er wie ein richtiger Kampfstier aus. Meine spanische Freundin würde Augen machen!

Zum Glück hatte ich den Mann, der ihn aufgezogen und eingearbeitet hatte, zur Seite, und wie sich herausstellte, hätte ich keinen fähigeren Guru finden können, was den Umgang mit Zebus angeht. Auf dem rauen Hofplatz vor seiner Hütte gab mir Christian Michel meine ersten Lektionen.

»Halten Sie das Seil höher. Halten Sie seinen Kopf oben«, sagte er, als mir die rauen Hörner die Knöchel aufschürften. Alle Arbeitszebus werden auf Madagaskar an einem Seil geführt, das durch ihre Nase läuft, und ich lernte, wie man dieses Seil über Jobis Stirn hoch- und um den Ansatz seiner Hörner herumzog, sodass ich seinen Kopf im Griff behalten konnte, falls er mich aufzuspießen versuchte.

Christian hatte, wie seine Frau und seine fünf hübschen Kinder, ein ansteckendes Lächeln, das oft in schallendes Gelächter überging – wenn er sich arglos über den tollpatschigen *vazaha* lustig machte, der da auf seinem Hof herumstolperte.

Christians Vater war Deutscher. Doch Christian hatte nicht viel von ihm geerbt: nur die tiefblauen Augen und die Größe – er überragte die meisten Leute in seinem Dorf um zehn Zentimeter. Christian lebte mit seiner Familie am Fuß des Berges in Anivorano, auf einem Stück Land, das er sich als Matrose mit mehreren Trips auf den japanischen Fischerbooten verdient hatte, die in Diego ausfuhren. Er hatte die langen Reisen auf den Thunfischbooten genossen, hatte Pidgin-Japanisch gelernt, die übliche Umgangssprache unter den Seeleuten in diesen Breiten, und genug fremde Inseln gesehen, um seine eigene von ganzem Herzen, aber mit nüchternem Blick lieben zu lernen.

Jetzt verdiente er seinen Lebensunterhalt, indem er die Bananen, Papayas, Kakaobohnen und Mangos verkaufte, die er um seine Hütte herum anpflanzte, und ein paar Rinder hielt. Manchmal machte er ein bisschen zusätzliches Geld, wenn er eines der Tiere an die Touristengruppen verkaufte, die gelegentlich hier durchkamen, um die Krokodile im Heiligen See zu füttern.

Christian lehrte mich die Schnalzlaute, mit denen man ein Zebu zum Weitergehen auffordert, und das scharf gerollte »RRRR!«, das es zum Anhalten bringt. Ich hoffte, dass Jobi das beinahe flehentliche Beben in meiner Stimme für eine britische Eigenheit hielt.

Langsam fasste ich Vertrauen, und bald zeigte mir Christians 14-jähriger Sohn – groß für sein Alter und mit glatten, fast äthiopischen Zügen –, wie man mit Jobi über das Feld ritt. Selbst mit mir auf seinem Rücken legte er auf gerader Strecke ein ziemliches Tempo vor, aber mit dem Seil, das um seine Hörner geschlungen war, erwies sich das Lenken und Anhalten als problematisch. Mehrmals musste ich abspringen, sehr zum Vergnügen von Christians Familie. Ich würde auf meiner Reise sowieso nicht reiten, und so machte es mir, abgesehen von ein paar Kratzern, nicht allzu viel aus, dass ich als Rodeoreiter versagt hatte.

Als wir am Abend draußen vor der Hütte saßen und zuschauten, wie die Sonne hinter den Bergen im Westen versank, sagte Christian: »Ich bringe in ein paar Tagen mit meinem Schwager zwei Zebukühe nach Nosy Be. Möchten Sie mit uns kommen?«

»Und wie kommt ihr dorthin?« Ich nahm an, dass er mir eine Reise auf Jobis Rücken vorschlagen würde, und dann hätte ich ablehnen müssen.

»Wir gehen zu Fuß. Es dauert fünf oder sechs Tage, Sie können also zumindest auf dem ersten Teil Ihrer Wanderung mit uns zusammenbleiben.«

Ich begriff, dass Christian den Mund gehalten hatte, bis er sicher war, dass ich tatsächlich zu Fuß die Insel erkunden wollte. Ich nahm es als Zeichen, dass er mir offenbar jetzt auch zutraute, mit Jobi zurechtzukommen. Oder hielt er es nur für besser, mich im Auge zu behalten? Wie sich herausstellte, musste Christian noch andere Opfer bringen, als nur auf einen *vazaha* aufzupassen. Der Weg nach Nosy Be, einer Insel, die weiter unten an der Nordwestküste liegt, sollte eine Art Pilgerfahrt werden. Als Höhepunkt der Wanderung würde er die beiden Zebukühe seiner Großmutter, einer »Königin der Insel«, opfern.

Ich war fasziniert und nahm sein Angebot unverzüglich an; ich wollte mehr über diese Großmutter in Erfahrung bringen, wenn wir zusammen unterwegs waren. Außerdem war es eine Beruhigung für mich, dass ich auf den ersten 200 Kilometern meiner Reise einen kompetenten Führer hatte. Wir besiegelten unsere zweite Abmachung an diesem Tag mit einem Händedruck.

»Und wo werden wir schlafen?«, fragte ich und dachte an mein winziges Zelt.

»Ach, unterwegs in den Dörfern – manchmal an der Straße. Wir können im *hôtely* essen.«

Die madagassischen *hôtely* sind anfangs ziemlich verwirrend für einen *vazaha*-Neuling, der natürlich annimmt, dass diese Etablissements auch Zimmer vermieten. Aber das ist nicht immer der Fall, denn *hôtely* ist einfach der Gattungsname für jedes Speisehaus, egal, ob es Zimmer vermietet oder nicht.

Am Ende dauerte es eine ganze Woche, bis die Vorbereitungen für unsere Abreise getroffen waren. Während dieser Zeit wohnte ich in einem *hôtely misy fandriambahini*, einem Hotel mit Betten. Obwohl die Unterkunft kein Schild hatte, war sie in der Gegend als »Chez Josephine« bekannt, benannt nach einer Dame, die das *hôtely* einst geführt hatte. Es war eine kleine Kaschemme mit Wellblechdach, die vorne eine Bar mit zwei Tischen und hinten zwei Schlafzellen zum Vermieten hatte.

Eine baufällige Hütte über einem stinkenden Loch fungierte als *la toilette*. Die Bodenbretter, die über dem Loch lagen, faulten zusehends vor sich hin, und eines Tages – vielleicht in zwei Jahren, vielleicht schon morgen – würden sie einstürzen, und der Unglückliche, den es traf, würde in den unbeschreiblichen Horror unten plumpsen. Eine Regenwassertonne neben der Hütte nannte sich *la douche*, aber Schwärme von Fliegen sorgten dafür, dass man sich hinterher noch schmutziger fühlte. Außerdem musste man nach der Dusche ein gutes Stück durch stinkenden schwarzen Schlamm gehen, um zur Hintertür des *hôtely* zurückzukommen.

Meine Zelle war nur mit einem Eisenbett und einer elektrischen Birne ausgestattet, die um fünf Uhr abends anging, wenn die Stromversorgung in der Stadt zu funktionieren begann, und um elf Uhr mit dem »Blackout« wieder ausging. Jede Hütte in Anivorano besaß zumindest ein Radio, das immer eingeschaltet blieb, sodass Punkt fünf Uhr aus allen Türen und Fenstern laute Popmusik herausplärrte … was ohne Pause so weiterging, bis sich auf einen Schlag, eine gute Weile vor der Geisterstunde, gespenstische Stille über die Stadt senkte.

Mademoiselle Josephines Bruder war der Besitzer von »Chez Josephine«, und es wurde gemunkelt, dass er sein beträchtliches Vermögen mit einer Reihe anderer *hôtely misy fandriambahinis* von etwas fragwürdigerem Charakter gemacht habe. Doch anscheinend hatte er nie viel von seinen Einkünften ins »Chez Josephine« gesteckt, und seine unverheiratete Schwester – eine schlanke, hübsche Frau, die den schlechten Ruf ihres Bruders mit ihren religiösen Neigungen wettzumachen versuchte –, brüstete sich damit, ein sauberes und achtbares Etablissement zu führen.

Um fünf Uhr sprang Mademoiselle Josephines verbeultes, altes Hi-Fi-Gerät an, und hämmernder Countryrock – offenkundig ihre Lieblingsmusik – dröhnte durchs ganze Haus, während über den Tischen die ein oder zwei Neonröhren zu summen begannen. Sicher, es konnte passieren, dass ein vorüberkommender Buschtaxifahrer auf gut Glück anhielt und ein Mädchen im »Chez Josephine« auflas. Oder dass ein Marktbudenbesitzer, der einen besonders guten Tag gehabt hatte, sich mit dem Kopf in einer Three-Horses-Bierpfütze wiederfand, wenn ihn um elf Uhr die abrupte Stille hochschrecken ließ. Aber im Großen und Ganzen wurden die Verheißungen eines ausschweifenden Nachtlebens, die von den scheppernden Lautsprechern und dem Neongeflacker erweckt wurden, im »Chez Josephine« selten, wenn überhaupt jemals erfüllt.

Die Bewohner von Anivorano wachten mit der Sonne auf. Ich war noch früher dran als die meisten von ihnen, denn ich wurde von einem Hahn geweckt, der von der Türschwelle meines Zimmers aus vollem Hals den Tag begrüßte. Dann lag ich im Bett und las noch eine Stunde, mit einer Stirnlampe auf dem Kopf, bevor ich um sechs Uhr aufstand. Ich stieß die knarzende Hintertür auf, setzte mich auf die Steinstufe und schaute zu, wie das Dorf zum Leben erwachte. Gleich neben der Treppe stand ein kleiner Mangobaum, und ich konnte sehen, dass Mademoiselle Josephine bereits ihre zwei gefangenen Kronenmakis für den Tag herausgebracht hatte. Das Männchen war leuchtend orangebraun mit einer deutlich abgesetzten schwarzen Krone. Es verbrachte den ganzen Vormittag damit, sein Revier zu markieren, indem es seine Duftdrüsen an allem rieb, wohin es mit seiner Leine reichte – einschließlich und in erster Linie des Weibchens.

Im Allgemeinen sind Weibchen die unbestrittenen Anführerinnen einer Lemurenhorde, und dieses Weibchen (grau mit einer orangefarbenen Krone) setzte sich gnadenlos durch, wenn Mademoiselle Josephine den beiden ihr Frühstück aus klein gehackten Früchten herausbrachte. Nach einer alten madagassischen Vorstellung, der eine köstliche Logik innewohnt, könnten Makis sehr wohl sprechen, wenn sie wollten – aber sie tun es nicht, aus Angst, dass sie sonst arbeiten müssten wie die Menschen.

Die beiden Gefangenen waren nachts im Flur untergebracht, und trotz meiner angeblich überlegenen Intelligenz als »höher stehender Primat« gelang es dem Weibchen regelmäßig, mich zu erschrecken, wenn ich auf dem Weg zu meinem Zimmer durch ihren Flur kam. Eines Abends fetzte sie mit ihren Zähnen einen langen Riss in meinen Unterarm. Sowohl ihr Gefährte als auch ich lebten in ständiger Angst vor ihren Attacken. Kronenmakis findet man nur in diesem Teil Madagaskars, aber Lemuren sind – vom winzigen Mausmaki (nicht viel größer als eine Hausmaus) bis zum Indri (der wie ein Vierjähriger in einem Pandakostüm aussieht) – sicherlich die wichtigste zoologische Attraktion für die Touristen, die auf die Insel kommen.

Man nimmt an, dass die »Große Rote Insel« sich vom Festland löste, lange bevor die ersten Primaten in Erscheinung traten. Bis heute ist es daher ein Rätsel, wie diese primitiven Primaten oder Prosimiae (Halbaffen) vom Festland herüberkamen, während spätere, intelligentere Affen nicht dazu in der Lage waren. Einige Experten vermuten, dass sie über eine Landbrücke gesprungen sind, als Madagaskar zu einem späteren Zeitpunkt wieder an Afrika stieß. Was auch immer die Lösung des Rätsels sein mag, fest steht, dass die meisten ihrer Fressfeinde den Zug ebenfalls verpassten, sodass die Lemuren relativ ungestört die Nische besetzen konnten, die in anderen Teilen der Welt von Affen und Menschenaffen eingenommen wird.

Ich saß also friedlich auf der Steinstufe, bis die Morgensonne die feuchte Vegetation zum Dampfen brachte, und schaute zu, wie die Dorfbewohner ihren Morgenarbeiten nachgingen. Der Wasserverkäufer, mit schweren Eimern beladen, die er am Brunnen gefüllt hatte, nickte mir jedes Mal zu, wenn er vorbeiging. Ein kleiner Junge trieb die Gänse seines Vaters zu den Schlammpfützen unter den Mangobäumen und grüßte mich: »*Salut, vazaha*!« Die Frau von der Hütte nebenan schleppte ihren hölzernen Mörser und langen Stößel heraus, um Reismehl zu stampfen, und ich rief meine Frühstücksbestellung ins *hôtely*: »Mademoiselle Josephine! Könnte ich bitte Milch und Joghurt zum Frühstück bekommen?«

Mademoiselle Josephine rief dann einen der kleinen Jungen, die vor der Bar spielten, und der Kleine stürzte den Hang hinauf zum Marktplatz. Zehn Minuten später war er zurück, hochrot vor Eifer, in der Hand eine Plastiktüte mit Milch und geeistem Joghurt in Plastikbechern. In der Zebumilch dümpelten Fettschlieren, und die Joghurtbecher waren am Rand noch mit Eiskristallen besetzt.

Ich bestellte immer mehr, als ich brauchte, damit ich mein Frühstück mit Mademoiselle Josephine und dem Jungen teilen konnte. Manchmal erwähnte er ganz beiläufig andere Delikatessen, die morgens auf dem Markt aufgetaucht waren: weiche Biskuitkuchen mit knusprig verbrannten Rändern oder die scharfen Ingwerkekse, die *gâteaux* genannt werden. Manchmal gab es auch wilden Honig, den man in die Milch träufeln konnte.

Nach dem Frühstück drehte ich selbst eine Runde auf dem

Markt. Auf dem Hauptplatz saßen Bauern, die oft kilometerweit herkamen, im Schatten eines selbst gebastelten Sonnenschirms aus Nylonreissäcken und verkauften Früchte und Gemüse, geräucherten Fisch, *gâteaux*, Brot, wilde Kräuter und ein überwältigend großes Angebot verschiedener Reissorten. Ein alter Mann hatte nichts zu verkaufen als ein Dutzend kleine Sandskorpione, die in einem Plastik-Margarinebecher übereinander krabbelten.

»Zerstampfen und mit Rum trinken«, erklärte der Mann mit einem zahnlosem Grinsen und bohrte seine Faust in die Handfläche. »Heilt Asthma. Auch gut für das Herz. Macht dich die ganze Nacht gut.« Sein Handteller schloss sich in einer obszönen Geste um seinen dicken Zeigefinger, wobei er lüstern zwinkerte.

Auf dem Fleischmarkt hingen schwitzende Zebuhälften, wie rosaweißer Marmor, hier und da von einem Schwarm schillernder Schmeißfliegen belagert. Innereien wie Kutteln, Leber und Herz hingen büschelweise über den Köpfen der Metzger, und ganze Heerscharen grinsender Kuhmäuler waren säuberlich an der Vorderseite der Tische aufgereiht. Etwas abseits, durch einen leeren Gang getrennt – aus Rücksicht auf den moslemischen Bevölkerungsteil der Stadt –, hingen Schweinehälften. Hunde balgten sich um die Abfälle.

Wo immer ich hinkam, blickten die Marktleute in ihren leuchtend bunten Lambas von ihren Waren auf und grüßten mich freundlich: »*Salut, vazaha*!«

Ob es an dem Krokodilfluch lag, der die Ureinwohner jenes anderen, nahe gelegenen Dorfs befallen hatte, dass die Leute in Anivorano ganz besonders freundlich zu einem durchreisenden *vazaha* waren?

Der Papierkram, der mit dem Zebukauf einherging, war weitaus komplizierter, als ich es mir vorgestellt hatte, und der einzige Grund für meinen ungeplanten, wenn auch vergnüglichen Aufenthalt in Anivorano. Zum Glück war Christian immer zur Stelle, um mich vor rechtlichen Fallstricken zu bewahren und mir durch den Paragraphendschungel zu helfen. Als Erstes mussten die Impfpapiere ausgestellt werden. Dann kam der eigentliche Kaufvertrag. Und schließlich musste ich den *délégué* aufsuchen, um mir Pässe zu beschaffen.

»Aber ich habe doch einen Pass«, wandte ich arglos ein.

»Nein, nein. Du brauchst einen Pass für Jobi. Es gibt viele Viehdiebstähle in diesem Land, und das ist die einzige Möglichkeit, wie die Polizei feststellen kann, wo das Tier hergekommen ist«, erklärte mir Christian.

Um den Viehdiebstahl einzudämmen, der in vielen Wildnisregionen Madagaskars grassiert, muss jedes Tier mit einem Pass ausgestattet werden, bevor es über Land gebracht wird. Der Weg, den Jobi und die beiden Kühe nahmen, musste getreulich in jeder großen Stadt, durch die wir kommen würden, registriert werden. Bevor ich die nächste Provinz im Süden erreichte, würde ich einen neuen Pass beantragen müssen.

Christian ließ mir einen Satz Satteltaschen aus zwei großen Nylonreissäcken nähen. Die Madagassen essen mehr Reis als jedes andere Volk (ein halbes Kilo pro Person und Tag), und es war ein trauriger Hinweis auf die Zustände auf Madagaskar, dass alle Reissäcke, die ich in Anivorano zu sehen bekam, den Stempel »Pakistan – Langkorn« aufwiesen. Mein Zebumeister half mir auch bei der gefährlichen Aufgabe, diese Säcke anzubringen und dann vorsichtig mein Gepäck hineinzugeben, das mit mehreren Bungee-Seilen festgezurrt und gesichert wurde.

Ich zog den Gurt an und versuchte Jobis stampfenden Hufen auszuweichen. Christian, fröhlich wie immer, beruhigte mich und sagte mir, dass ich mir keine Sorgen machen müsse, Jobi spiele nur. Ich hatte eine dicke Satteldecke gekauft, um Jobis Rücken zu polstern, und nach einigem Ausbalancieren und Absichern war die Ladung stabil. Jobi konnte ohne erkennbares Unbehagen im Hof umhergehen. Langsam führte ich ihn auf die Straße hinaus, und wir marschierten den Hang hinunter zu der Tierarztpraxis am Stadtrand, wo ich ihn impfen und untersuchen lassen wollte.

Der Tierarzt bewunderte unsere pakistanischen Satteltaschen und gab mir ein paar weitere Tipps für die Zebuhaltung: »Sie haben sehr starke Hufe, und solange sie genug zu fressen und trinken bekommen, können sie weite Strecken gehen. Ich habe noch nie gehört, dass jemand so weit mit einem Zebu gereist ist, aber wenn Sie ihn alle paar Tage ausruhen lassen und darauf achten, dass er keine Risse in die Hufe und keine wunden Stellen unter den Satteltaschen bekommt, dann müsste es gehen.«

Bestärkt durch diesen Vertrauensbeweis und Jobis tadelloses Gesundheitsattest, fingen wir Christians zwei Zebukühe ein und führten sie wieder in die Stadt hinauf, um die Pässe zu holen. Wir zogen einen ganzen Hofstaat barfüßiger Kinder hinter uns her, bis wir in den Weg gegenüber dem Marktplatz einbogen und Jobi und die Kühe vor dem Büro des *délégué* festbanden.

Der Sohn des *délégué*, ein halbwüchsiger Junge, nahm uns in Empfang. Er trug einen weißen Lamba, den er gewichtig wie eine römische Amtstoga über eine Schulter geworfen hatte. Ganz im Stil madagassischer Dandys der alten Zeit hatte er sich einen roten Plastikkamm adrett in seinen dichten Lockenschopf gesteckt. In Städten wie Anivorano, wo der französische Einfluss sich stärker bemerkbar machte, war das ein seltener Anblick, aber später sollte ich dieses Accessoire noch oft an jungen Dorfburschen sehen.

»*Je suis désolé*«, sagte der jugendliche Dandy und nahm unsere Hände in seine beiden Hände – die übliche Begrüßungsgeste auf Madagaskar. »Mein Vater ist geschäftlich in Diego und wird in den nächsten zwei Tagen nicht zurückerwartet.«

Der junge Mann hatte offenbar bereits ein Gespür für die Verantwortung entwickelt, die auf diesem Posten lastete, und versicherte mir, es würde ihm ein Vergnügen sein, mich persönlich in meiner Unterkunft zu benachrichtigen, falls sein Vater früher als erwartet nach Hause kommen sollte.

Andrianampoinimerinandriantsimitoviaminandriampanjaka, der Name des größten Königs von Madagaskar, war selbst für die Madagassen zu schwierig, sodass sie ihn zu Andrianampoinimerina abkürzten – »die Hoffnung der Merina«.

1799 verlegte Andrianampoinimerina seine erstklassig gedrillte Garnison von 1000 Soldaten nach Antananarivo und machte sich daran, die gesamte Insel zu »einigen«. Manche behaupten, dass Antananarivo »Stadt der 1000« bedeutet. Der König wurde von einem französischen Zeitgenossen als »genialer Wilder« bezeichnet, denn er verstand es meisterhaft, den Aberglauben seiner Krieger für seine Zwecke auszunützen, sodass sie auf dem Schlachtfeld nahezu unbesiegbar wurden.

Seine mächtigsten Feinde waren die Sakalava-Clans aus dem Westen. Diese waren mit Musketen bewaffnet, die sie bei den Händlern der Sklavenschiffe in der Straße von Mosambik durch Tauschhandel erworben hatten. Die speerwerfenden Merina-Soldaten hatten verständlicherweise keine Lust, sich in den Kugelhagel der Sakalava zu stürzen. Daher ersann ihr König einen klugen Plan: Er befahl seinen Priestern, mächtige Amulette zu verteilen – Krokodilszähne, gefüllt mit magischen Substanzen –, und ging furchtlos voran, um deren Wirksamkeit zu beweisen.

Er ließ seine Armee aufmarschieren und stellte sich vor den dicht gedrängten Reihen einem zuverlässigen und sorgfältig instruierten Scharfschützen mit einer arabischen Muskete entgegen. Entsetzensschreie wurden laut, als die Truppen den Schuss krachen hörten und den blauen Rauch mit der Hochlandbrise davonwehen sahen … und dann Jubelrufe, als Andrianampoinimerina sich seelenruhig umdrehte und eine Kugel in seine hohle Hand spuckte. Auf diese Weise beflügelt, richteten die Merina-Krieger wahre Verheerungen unter den Sakalava-Clans an, und in einer strategisch sorgfältig geplanten Kampagne von Scharmützeln unterjochten sie einen Stamm nach dem anderen. Innerhalb von zwei Jahren beherrschte Andrianampoinimerina die halbe Insel.

Auch wenn es viele vereinzelte Rebellennester von Antaifasy (Sandleute), Antaimoro (Küstenleute), Antandroy (Dornenleute), Sihanaka (Sumpfleute), Tanala (Waldleute), Mahafaly (Tabumacher) und Sakalava-Kriegern gegeben haben mag, die nie begriffen, dass sie Untertanen der Merina waren, sollte es offiziell fast ein Jahrhundert lang so bleiben.

Andrianampoinimerinandriantsimitoviaminandriampanjaka starb ein paar Jahre nach seinem großen Sieg. Sein Sohn, Radama I., setzte seine Expansionsbemühungen mit einer gut gedrillten Armee von 25 000 Soldaten fort. Mit der Unterstützung verbündeter Betsimisaraka (»Die, die zusammenstehen« – teilweise Abkömmlinge europäischer Piraten) brachte er bis 1817 fast die gesamte Ostküste unter seine Herrschaft.

Radama I. führte Krieg gegen die Antàkarana (Felsenleute), die lieber Selbstmord begingen oder das Exil wählten, als sich zu ergeben, und er schlief mit der Prinzessin des Sakalava-Königreichs Menabe. Er machte den Traum seines Vaters wahr, indem er sich rühmen konnte: »*Ny riaka no valamparihiko*« – Nur das Meer begrenzt meine Reisfelder. Diplomatisch geschickt spielte Radama I. die europäischen Nationen gegeneinander aus, die ein wachsendes Interesse an seiner Insel zeigten. Er ernannte einen französischen Soldaten zum Oberbefehlshaber seiner Armeen und einen Engländer zu seinem persönlichen Berater. 1820 erkannten die europäischen Mächte den souveränen Staat Madagaskar und Radama I. als seinen rechtmäßigen König an.

Nach Radamas Tod 1828 brach zwischen seinen zahlreichen Frauen ein erbitterter Streit um die Thronfolge aus, der sich acht Monate lang hinzog. Nach dem rätselhaften Tod ihrer Rivalinnen wurde die teuflische Ranavalona I. zur Königin gekrönt, und damit begann die finsterste Epoche der madagassischen Geschichte. Ranavalona war hochgradig paranoid und fremdenfeindlich. Sie schreckte nicht vor Terror, Folter und Völkermord zurück (sondern genoss es geradezu), um sich an der Macht zu halten, was ihr

33 Jahre gelang. Ihre erste Amtshandlung bestand darin, die christliche Religion zu verbieten. Sie gab den Missionaren drei Tage Zeit, das Land zu verlassen. Dann schickte sie die 200 Christen, die ihr Widerstand leisteten, in den Märtyrertod. Alle Fremden wurden ausgewiesen, und jeder Seemann, der das Pech hatte, an madagassischen Stränden Schiffbruch zu erleiden, fand sich im Handumdrehen als Sklave (und gelegentlich als sexuelles Spielzeug) der sadistischen Königin wieder.

Ranavalona war zweifellos schizophren: Sie ordnete den Bau einer Schnellstraße zur Küste an, die Tausende von Arbeitern das Leben kostete, und im nächsten Moment befahl sie, alle Straßen dem Verfall preiszugeben, damit ihre Feinde sie nicht für eine Invasion benützen konnten. Sie befahl ihren hochdisziplinierten Wachen, rivalisierende Stämme zu vernichten oder zu versklaven, weigerte sich aber, sie auf ihren Feldzügen zu verpflegen, sodass sie wie Heuschreckenschwärme durch das Land zogen und Hunger und Verwüstung hinterließen.

Zeitgenössische Autoren berichteten, dass 10 000 Menschen jährlich hingerichtet wurden, oft nur zum Zeitvertreib. Einige Historiker behaupten sogar, dass Ranavalona die Inselbevölkerung während ihrer blutigen Herrschaft um ein Viertel reduziert habe. Ihrer sadistischen Fantasie waren keine Grenzen gesetzt. Sie ließ am Fuß der Felsklippen in Antananarivo Gruben ausheben und mit kochendem Wasser füllen, in denen angekettete Gefangene langsam zu Tode gebrüht wurden. Die Merina-Aristokratie nahm an solchen Veranstaltungen teil, als handele es sich um Sportwettkämpfe: Wenn Verbrecher, Rebellen, Verräter oder einfach nur unschuldige Opfer von den Klippen gestürzt wurden und der Unglückliche auf Anhieb in den Gruben mit dem kochenden Wasser landete, bekundeten sie ihren Beifall mit lautem Gejohle.

Ranavalonas Rechtssystem beruhte auf der Anwendung des Gottesurteils. Sie huldigte der Überzeugung, dass ein Mann, den die Ahnen für unschuldig hielten, eine Goldmünze aus einem Topf kochenden Wassers holen oder mit seiner Zunge siebenmal eine rot glühende Speerspitze berühren konnte, ohne sich zu verbrennen. Er konnte durch einen krokodilverseuchten Fluss schwimmen, und die Krokodile, diese irdischen Verkörperungen der Ahnengeister, würden seine Unschuld bezeugen, indem sie darauf verzichteten, ihn zu zerfleischen.

Andererseits konnte ein Angeklagter, der an seiner eigenen Unschuld zweifelte, mit einer Schale klaren, nicht verunreinigten Wassers vergiftet werden, in das man eine heilige Reliquie, angeblich aus dem Gold der Vazimba, getaucht hatte. Der Delinquent wurde 24 Stunden vor seinem Gottesurteil eingesperrt, um zu fasten und nachzudenken. Die Macht der Autosuggestion war so groß, dass ein Verurteilter, der in dem Glauben lebte, ein Verbrechen gegen die Königin, den Staat oder die Ahnen begangen zu haben, und sei es auch noch so unbedeutend, tatsächlich von dem harmlosen »Goldwasser« schuldig gesprochen wurde.

Am meisten ergötzte sich Ranavalona an einer Variante des Gottesurteils namens *tanguin*. Hierzu wurden ein paar Raspel der giftigen Nuss des *tanguin*-Baums in drei Hühnerhautlappen gewickelt, die der Angeklagte hinunterschlucken musste. Wenn er sich auf eine bestimmte Weise erbrach, die von den Ratgebern der Königin als richtig erachtet wurde, war er unschuldig – auch wenn ihn das starke Gift höchstwahrscheinlich lähmte oder impotent machte. Wenn er jedoch würgte, ohne die Häute erbrechen zu können, oder wenn er weiterwürgte, nachdem ihm die Häute bereits hochgekommen waren, wurde er für schuldig befunden. Denn dies bewies angeblich, dass sein Körper zutiefst angeekelt und krank von den bösen Taten war, die zu vollbringen er ihn gezwungen hatte. Als schuldig galt er auch, wenn er nur eine oder zwei Häute erbrach, und er konnte nur hoffen, dass das Gift ihn rasch töten würde. Sollte er für schuldig befunden werden, aber überleben, erwarteten ihn unsagbare Gräuel, darin war Ranavalonas Erfindungsgabe unerschöpflich. Wenn man ihn nicht bei lebendigem Leib kochte, konnte er noch von Glück sagen, falls er »nur« in zwei Hälften gesägt wurde. Oder er wurde mit dem Hals an ein Wagenrad angejocht, zusammen mit drei, vier anderen »Missetätern«, und dann freigelassen, um durch das Land zu irren, bis sich alle den Hals gebrochen hatten oder verhungert waren. Eine weitere Todesart bestand darin, dass man dem Verurteilten die Glieder amputierte und ihn in eine Ochsenhaut einnähte, bis er verwest war. Sogar der Tod brachte keine Erlösung, denn der Körper des Unglücklichen wurde aus dem Ahnengrab verbannt. Seine Seele war dazu verdammt, auf ewig in der Hölle zu schmoren, und seine Familie wurde geächtet – Sippenhaft.

Nach französischen Schätzungen wurde mindestens ein Zehntel der Inselbewohner (damals etwas unter zwei Millionen) einem Gottesurteil unterworfen und die Hälfte davon für schuldig befunden. Da also jeder 20. ihrer Untertanen ein Verbrecher war, fühlte sich Ranavalona in ihrem Misstrauen bestätigt, was sie zu weiteren Exzessen anstachelte. Aus Sicherheitsgründen wurden alle Mitglieder des Palastpersonals, von den Wachen, die aus dem Stamm der Hova waren, bis zum Küchenmädchen, mit »Gottesurteilen« getestet.

Dass die Königin paranoid war, steht außer Frage, aber man hat ihr womöglich tatsächlich nach dem Leben getrachtet. Vermutlich gab es unter den unschuldigen Opfern ein paar tapfere Seelen, die Ranavalonas Terrorregime ein Ende zu machen versuchten. 1848 bombardierte eine britisch-französische Streitmacht den Hafen von Tamatave, als Sanktion für die Misshandlung diplomatischer Gesandter.

Eine (zutiefst ungerechte) Laune des Schicksals wollte es jedoch, dass Ranavalona die Grausame 1861 friedlich in ihrem Bett starb. Das ganze Land brach in Jubel aus. Am Ende behielt die Königin Recht: Es war tatsächlich so, dass alle ihren Tod herbeisehnten.

Ranavalonas Sohn, Radama II., der vergleichsweise geradezu engelhaft war, schaffte unverzüglich ihre Sklavenpolitik und ihr wahnwitziges Rechtssystem ab und öffnete das Land wieder für Fremde. Der christliche Glaube kehrte aus dem Untergrund zurück und wurde bald Staatsreligion. Radama II. tat alles, um sich bei den europäischen Händlern und Diplomaten, die ins Land strömten, beliebt zu machen.

Aber das Schicksal spielte dem jungen König einen grausamen Streich. Nicht lange nachdem er den Thron bestiegen hatte, wurde die Hauptstadt von einer rätselhaften Seuche befallen, und Hunderte starben. Die Merina-Aristokratie munkelte, dass es ein Fluch der Ahnen sei, eine Strafe für Radamas schamloses Hofieren der *vazaha*. Er wurde von dem Bruder seines Premierministers ermordet.

Die Tradition ist etwas nahezu Heiliges auf Madagaskar – so unauflöslich wie sie mit den Ahnen verknüpft ist. Daraus folgten jetzt zwei Dinge. Erstens: Die königliche Linie musste respektiert und die Witwe zur Königin gekrönt werden, so sehr ihr verstorbener Gemahl auch von den anerkannten Normen abgewichen sein mochte. Zweitens musste die Witwe den Premierminister heiraten, selbst wenn das Schicksal oder eine List ihn zum Bruder des Mörders ihres Gatten gemacht hatte.

Diese Lage der Dinge währte indes nur so lange, bis General Hononaire Rainilaiarivony, der ruchlose Bruder des Premierministers, einen Staatstreich inszenierte und sich selbst zum Premierminister und Gemahl der Königin ausrief. Der machthungrige Rainilaiarivony verstand es, sich auch die beiden nachfolgenden Ehen über – mit den Königinnen Ranavalona II. und III. – fest im Sattel zu halten.

Doch der Premierminister setzte nicht in allen Dingen seinen Kopf durch. 1890 unterzeichneten Frankreich und England die Convention of Zanzibar, eine gegenseitige Verzichtserklärung, in der Sansibar als britische Kolonie und Madagaskar als französischer Besitz anerkannt wurden. Ohne viel Federlesens schickten die Franzosen einen Abgesandten zum Palast Ranavalonas III. in Tana, wie die Hauptstadt Antananarivo meistens genannt wird, mit dem Auftrag, der Königin mitzuteilen, dass alle Madagassen von jetzt an französische Untertanen seien und sie sich ergeben möge. Der Gesandte wurde hingerichtet.

Falsche Berichte und Spione wurden in Umlauf gebracht, um die Merina zu überzeugen, dass eine Attacke vom französischen Stützpunkt Tamatave an der Ostküste kurz bevorstand.

In Wahrheit ging der Angriff, als er schließlich stattfand, von Mahajanga an der Westküste aus. Der Dschungel und die Tropenkrankheiten brachten den französischen Streitkräften entsetzlich hohe Verluste bei, lange bevor sie in der Hauptstadt ankamen, um ihren schnellen und entscheidenden Feldzug gegen die Merina zu führen.

Die *Menalamba*-Bewegung, die wenige Monate später ins Leben gerufen wurde, gilt oft als erstes Aufflackern des Unabhängigkeitskampfs. Die Rebellen wurden *Red Cloaks* – Rotmäntel – genannt, weil sie ihre Lambas mit dem roten Staub Madagaskars tarnten. In Arivonimamo – in etwa das geografische Zentrum der Insel – griff eine *Menalamba*-Bande ein Gebäude an, das der Londoner Missionsgesellschaft gehörte. Sie töteten eine Quäkerfamilie. Daraufhin wurde eine französische Strafexpedition abkommandiert, um 150 Bewohner von Arivonimamo abzuschlachten.

General Joseph Simon Galliéni machte keinen Hehl daraus, in welchem Geist er zu regieren gedachte. Als man ihn fragte, wann er zum Palast geleitet werden wolle, um der Königin und ihrer Familie seine Aufwartung zu machen, war seine Antwort: »Ranavalona ist eine Untertanin Frankreichs. Ich lasse die Damen morgen zu mir bitten.«

Er verbot die englische Sprache und alles, was auf das englische Bildungssystem zurückging, ja, er unterdrückte sogar Malagasy, die madagassische Sprache. Eigenmächtig traf er die Entscheidung, die Königin abzusetzen. Als sie ins Exil nach Algerien verschifft wurde, wo sie 1917 starb, ordnete er die Vernichtung aller Aufzeichnungen über die madagassische Monarchie an.

Die aufgeklärten französischen *colons* schafften die »wohlmeinende« Sklaverei des Merina-Kastensystems ab, in dem Sklaven als zur Familie gehörig betrachtet wurden, und ersetzten sie durch ein Steuersystem, das die Leute zwang, Geld zu verdienen und für den Staat zu arbeiten, wenn sie nicht im Gefängnis landen wollten. Transportwesen und Infrastruktur wurden geschaffen, die Landwirtschaft und der Handel boomten, und Madagaskar exportierte bald Nelken, Kaffee und Vanille in alle Welt. Die Franzosen machten viel Geld, aber Schulbildung und Gesundheitsfürsorge standen ebenfalls ganz oben auf der Liste ihrer Prioritäten. Letzteres kam allerdings vor allem jenen zugute, die die gebotene Begeisterung für das französische System zeigten.

Und das war nicht bei allen Madagassen der Fall. 1921 kehrte der Betsileo-Agitator Jean Ralaimongo, ein Schullehrer, der als Freiwilliger im Ersten Weltkrieg in Europa gekämpft hatte, aus Paris zurück. Dort hatte er in einem Zimmer mit einem anderen »jungen Unruhestifter« namens Ho Chi Minh gelebt. Zurück in seiner Heimat begann Jean Ralaimongo einen langen Feldzug gegen die Eindringlinge zu führen, die sein Land überfallen hatten. Bei seiner Rückkehr warnte ihn der Generalgouverneur Hubert Garbit: »Ich dulde es nicht, dass jemand hierher kommt und mir meine Madagassen aufhetzt, indem er ihnen erzählt, sie seien unglücklich, obwohl sie gar nicht unglücklich sind.«

Ralaimongo sicherte sich rasch eine beträchtliche Gefolgschaft unter den Madagassen, die nicht annähernd so glücklich waren, wie Garbit glauben machen wollte. Ihm gelang es, die französischen Siedler um Diego herum, dem Ausgangspunkt seiner Kampagne, in hellen Aufruhr zu versetzen. Ralaimongo gilt zwar im Allgemeinen als Vater der madagassischen Unabhängigkeitsbewegung, doch die Weltpolitik sorgte dafür, dass die Verwirklichung seiner Ziele noch ein paar Jahre aufgeschoben wurde.

Der Zweite Weltkrieg brach aus, und *La Métropole* wurde von den Deutschen besetzt. Die madagassischen *colons* wurden damit vor die Entscheidung gestellt, ob sie sich auf die Seite der Vichy-Regierung und Nazi-Deutschlands schlagen oder General de Gaulles Befreiungskampf unterstützen sollten. Vielleicht waren sie einfach zu weit weg, um die Lage richtig zu beurteilen, denn sie wählten Vichy, und ihre Anführer wurden nach dem Krieg wegen Hochverrats zur Rechenschaft gezogen.

Im Mai 1942, nach einer schlecht geplanten Landung, besetzte die britische Armee Diego Suarez, angeblich, um die Absichten der Japaner zu vereiteln, die Diego zu ihrem Marinestützpunkt machen wollten. Die Engländer marschierten landeinwärts, auf Widerstand gefasst. Sie fanden jedoch begeisterten Zulauf von den madagassischen Stammeskriegern, die bereitwillig gegen die französischen Plantagenbesitzer und Geschäftsleute ins Feld zogen.

Die britischen Besatzer machten voreilige Versprechungen, und die Madagassen waren empört, als ihre Insel 1943 in die Hände von de Gaulles *Français libres* überging. Die *Fanafahana*, die Befreiungsbewegung, gewann rasch an Stoßkraft, was 1947 in einer der schrecklichsten Militäraktionen der französischen Geschichte gipfelte.

Am Abend des 29. März desselben Jahres wurden die französischen Truppen von sorgfältig aufeinander abgestimmten Überfällen auf die wichtigsten Stützpunkte der gesamten Insel überrascht. Einer der größten Erfolge der Freiheitskämpfer bestand darin, dass sie funktionierende Kommunikationswege aufrechterhielten, was selbst heute angesichts der Urwälder, Wüsten und Berge der viertgrößten Insel der Welt nicht leicht ist. Die Franzosen in Diego wurden vernichtend geschlagen. Die Rebellen eroberten die Armeebaracken und den Hafen. Ihre Landsleute in

Tana machten im letzten Moment einen Rückzieher, sodass die französische Regierung dort an der Macht blieb, aber die *Fanafahana*-Kämpfer brachten ungefähr ein Sechstel des Landes unter ihre Herrschaft.

In den Armeebaracken von Moramanga und an den Urwaldhängen des östlichen Hochlands wurden senegalesische Legionäre scharenweise mit *coupe-coupes* (Buschmessern) abgeschlachtet oder von Speeren durchbohrt. Die überlebenden Senegalesen rächten sich, indem sie wahllos Bewohner von Moramanga massakrierten – Männer, Frauen und Kinder. Im Oktober wurden mehrere Einheiten der Fremdenlegion und weitere tausend Senegalesen zur Verstärkung ins Land gebracht. Die Madagassen lernten die Senegalesen hassen und fürchten und schrieben ihnen nahezu teuflische Eigenschaften zu. Sicherlich gingen viele Gräuel in den 21 Monaten, die der Aufstand dauerte, auf das Konto der senegalesischen Söldner, aber die Geschichten von schwarzer Magie und Kannibalismus, die in die madagassische Unabhängigkeitsfolklore eingegangen sind, dürften stark übertrieben sein.

Der Aufstand wurde schließlich niedergeschlagen, aber die Schockwellen, die sich bis nach *La Métropole* ausbreiteten, trugen dazu bei, dass Madagaskar 13 Jahre später seine Unabhängigkeit »wiedergewann«.

Sowohl die Madagassen als auch die Franzosen betrachten heute die finsteren Monate der Rebellion als einen unrühmlichen und beschämenden Abschnitt ihrer gemeinsamen Geschichte.

Es ist eine Wunde, die nur langsam verheilt, und als der »Tag des Aufstands« zum ersten Mal offiziell gefeiert wurde, am 29. März 1967, ermahnte Präsident Tsiranana sein Volk, die Toten nicht durch Racheakte zu entehren. Er gab zu, dass die Franzosen immer noch ihren Platz auf Madagaskar hatten: »Man stößt nicht das Boot fort, das einen über den Fluss getragen hat.«

Nach dem Bericht einer offiziellen Untersuchungskommission

starben 1000 französische Soldaten und 30 Siedler während des Aufstands von 1947. Die Zahl der Madagassen, die ihr Leben verloren, wird auf 80 000 geschätzt. Im ganzen Norden und Osten gab es nur wenige Familien, die keine Ehemänner, Väter oder Söhne in dem Aufstand verloren hatten.

Mademoiselle Josephine war überzeugt, dass ihr Vater an den unmittelbaren Folgen der schrecklichen Monate gestorben war, die er nach der Niederschlagung des Aufstands am Montagne d'Ambre zubringen musste. Der »Insurrection Day« ist heute ein tief empfundener Nationaltrauertag auf Madagaskar: Als der Strom um fünf Uhr ansprang, waren ausnahmsweise sämtliche Radios in der Stadt abgeschaltet, und es gab kein plötzliches, Kopfschmerz verursachendes Aufflackern der Neonlichter im »Chez Josephine«. Da der *délégué* nicht erreichbar war und es in der Bar nichts zu tun gab, erklärte sich Mademoiselle Josephine bereit, mich auf einem Spaziergang zum Heiligen See hinunter zu begleiten.

Während wir einen zerfurchten Karrenweg hinuntergingen, auf dem vielleicht einst der halb verdurstete alte Magier zu dem verfluchten Dorf gepilgert war, erzählte sie mir das aufregendste Erlebnis, das ihr Vater während seines Exils im Regenwald gehabt hatte.

»Er hat einen Vazimba gesehen«, sagte sie atemlos. »Es war ein kleiner, haariger Mann mit langen, schmutzigen Fingernägeln und … nein, nicht mein Vater, der Vazimba.«

»Wie sah er aus? War er weiß?«

»Nein, nicht direkt weiß, aber auch nicht schwarz. Mein Vater hat den Vazimba nur ganz kurz gesehen, aber er hat sich genau an ihn erinnert, bis zu seinem Todestag.«

Ich litt einmal auf Borneo an Malaria-Halluzinationen und sah fast eine halbe Stunde lang in aller Deutlichkeit einen Strand voller Liliputaner. Daher konnte ich gut nachvollziehen, dass der Vazimba dem Mann so real erschienen war. Andererseits wich die Beschreibung erheblich von allem ab, was ich bisher über die »weißen Pygmäen« gelesen hatte.

»Ist ein Vazimba ein Mensch oder ein Tier?«

»Ein Vazimba ist ein Tier, aber ein Tier mit magischen Kräften.«

»Sehen die Leute immer noch Vazimba am Montagne d'Ambre?«

»Hin und wieder sieht ein Jäger einen. Die Vazimba können der verbrannten Kruste um einen Reistopf nicht widerstehen, wissen Sie, und manchmal kommen sie in ein Lager, um den Topf zu stehlen, obwohl sie sehr scheu sind!«

Am Vorabend war ein Regensturm über die Landschaft gefegt, sodass jetzt, in der warmen Morgenluft, alles reingewaschen und hell wirkte. Nur ein paar vollendet geformte Wattewölkchen waren am tiefblauen Himmel zu sehen. Das ganze Land vibrierte vor Leben, als wollte es die anhaltende Regenzeit feiern.

Madagaskar hat 450 Reptilien- und Amphibienarten vorzuweisen, von denen nur eine Hand voll anderswo zu finden sind, und trotz der bedrohlich zunehmenden Abholzung der Urwälder werden ständig neue Arten entdeckt. Von den Fröschen der Insel sind 99 Prozent endemisch, und zwischen 1990 und 1995 wurden nicht weniger als 30 neue Spezies gefunden!

Für einen Amateurzoologen wie mich ist jedoch nicht die Varietät, sondern die bloße Anzahl atemberaubend! Wo immer man hinschaute, ragten Chamäleons auf vorstehenden Ästen in die Höhe wie grüne Daumen. Ich hatte immer gehört, dass Chamäleons Meister der Tarnung seien, aber davon konnte hier keine Rede sein. Nach kaum 20 Minuten Wegstrecke hatte ich mit Hilfe von Mademoiselle Josephines geübtem Auge ein Dutzend Chamäleons entdeckt und so viele grellbunt gefärbte Taggeckos, dass ich sie nicht zählen konnte. Taggeckos werden oft als die »lebenden Juwelen Madagaskars« bezeichnet, und wenn das stimmt, dürfte der Große Madagaskar Taggecko, der bis zu 30 Zentimeter lang werden kann, das Kronjuwel sein: ein smaragdgrüner Dolch mit Dutzenden leuchtend roter Rubine gesprenkelt.

Wo immer zwei Büsche dicht zusammenstanden, lauerten Scharen von Seidenspinnen, die sanft in ihren reißfesten Netzen schaukelten. Allein diese allgegenwärtigen Spinnen (sie sind sieben Zentimeter dick) machen Madagaskar zum Albtraum für jeden, der das Pech hat, mit einer Spinnenphobie behaftet zu sein. Ich wusste, dass das hier alles Weibchen waren, weil das bedauernswerte Männchen dieser Spezies nur ungefähr so groß wie ein Auge seiner Paarungspartnerin ist – ein raffinierter Überlebenstrick, denn auf diese Weise bleibt es selbst als potenzielle Mahlzeit tief unter ihrer Würde.

Die Fäden des Netzes sind so haltbar wie Nylon, und im letzten Jahrhundert gründete ein findiger Unternehmer auf Madagaskar eine Seidenfabrik mit diesen Spinnen. Die europäische Haute Couture konnte sich jedoch nie so recht mit dieser Idee anfreunden, trotz der Tatsache, dass Queen Victoria ein Paar Strümpfe aus den Fäden der Seidenspinne zum Geschenk erhielt.

Ich war erleichtert, dass Mademoiselle Josephine keine Angst vor Spinnen hatte, weil mir bereits ihr starker Widerwille gegen Chamäleons aufgefallen war. Einmal hatte ich ein extrem großes Exemplar in der Nähe vom »Chez Josephine« an der Wand entlangspazieren sehen, und nachdem ich das Tier fotografiert hatte, erzählte ich Mademoiselle Josephine davon.

»*Oh, mon dieu*!«, hatte sie entsetzt gekeucht. »Aber sagen Sie mir, Monsieur Mark, ist es zu uns hergekommen oder von uns weggegangen?«

Auf meine ehrliche, aber vielleicht gedankenlose Antwort hin, dass das Tier, soweit ich es beurteilen könne, in der Tat auf dem Weg ins »Chez Josephine« gewesen sei, geriet sie noch mehr in Aufregung. Sie bekreuzigte sich und stürzte davon.

Als ich meine Kamera aufbaute, um die Spinnen zu fotografieren, fehlte nicht viel, und ich hätte das Stativ auf eine extrem träge Schlange gestellt, die wohl bald ihre trockene, staubige Haut abwerfen würde. Allein auf diesem Vier-Kilometer-Spaziergang zum Heiligen See sah ich mehr Schlangen, als ich in anderen tropischen Ländern in Monaten zu Gesicht bekommen hatte. Meine Freude an diesen Kreaturen war umso größer, als ich wusste, dass es keine Giftschlangen auf Madagaskar gibt. Das Exemplar, das mir am besten gefiel (vielleicht auf Grund der Assoziationen), war ein etwa ein Meter langes Reptil, das mit satten Farbtönen und appetitlich aussehenden Schokoladen- und Karamellstreifen gesegnet war.

Mademoiselle Josephines Reaktion war nach westlichen Maßstäben ziemlich vorhersehbar: ein halb erstickter Schrei, und schon stürzte sie ins Unterholz davon, ihren Rock über einem Paar wohlgeformter kaffeebrauner Schenkel hochgeschürzt. Die Erklärung, die sie mir für ihre Angst gab, war jedoch typisch für das madagassische Denken. »Viele Leute hier«, sagte sie, wobei sie sich selbst als gute Katholikin selbstverständlich ausnahm, »glauben, dass Schlangen die Geister von Verstorbenen sind.«

Da ich diese Vorstellung respektierte und im Übrigen keine Lust hatte, als unglücklicher Entdecker der ersten madagassischen Giftschlange zu enden, zog ich es vor, die schimmernden Sonnenanbeterinnen aus sicherer Entfernung zu fotografieren.

Die Boa, hier *dona* (wie *du:n* ausgesprochen) genannt, ist die größte Schlangenart der Insel. Ihre engste Verwandte findet sich in Südamerika, was ein weiteres Rätsel aufgibt. Die Boa nimmt einen besonderen Platz in der madagassischen Überlieferung ein, denn sie gilt als Gesandte der Geisterwelt. Wenn eine *dona* in einem Dorf gefunden wird, müssen alle Bewohner heraustreten und sie begrüßen. Dann kann es vorkommen, dass einer vom Begrüßungskomitee bestimmte Merkmale dieser speziellen *dona* wieder erkennt: ein Glasauge, eine Warze am linken Ohr, eine Hasenscharte oder das seltsam eingeschrumpelte hintere Ende.

»Oh, mein Gott!«, ruft der Betreffende in diesem Fall entzückt, »das kann niemand anderer sein als Großtante Ratanakanjolova, die uns einen Besuch abstatten will!«

Die *dona* bekommt eine Schale Milch, Honig oder sogar Rum und das Blut eines frisch geschlachteten Huhns vorgesetzt, und die glücklich wieder gefundenen Verwandten der *dona* halten eine Abschiedsrede, die ungefähr so lautet: »Wir freuen uns sehr, dass du uns besucht hast. Wir hoffen, dass du mit unserer Gastfreundschaft und den Gaben, die wir dir vorzusetzen vermochten, zufrieden bist. Bitte tu uns nichts Böses, sondern gib uns deinen Segen, und geh in Frieden, o schönste Ratanakanjolova!«

Es gibt in der Tat nur ein wahrhaft gefährliches Reptil auf Madagaskar, und wir näherten uns jetzt der Brutstätte einer der größten und furchtlosesten Spezies dieser Insel. Unser Pfad war inzwischen auf der linken Seite von dem dichten Vegetationsvorhang begrenzt, der am Rand des Heiligen Sees wuchert. Eingeschüchtert von der Nervosität meiner Führerin trat ich nur noch leise auf. Aber ich war auch etwas enttäuscht, dass Krokodile Mademoiselle Josephine offenbar nicht dazu bringen konnten, ihre Röcke zu schürzen.

»Im Dorf war einmal ein Mann, der von seinem Boot aus im See gefischt hat«, erzählte sie mit gedämpfter Stimme. »Eines Tages, als er sein Boot aus dem Wasser ziehen wollte, wurde ihm sein Bein von einem überspülten ›Baumstamm‹ abgebissen. Er hat geschworen, dass er nie wieder in die Nähe des *Lac Sacré*, des Heiligen Sees, gehen würde, *naturellement*. Schließlich war ihm sogar Anivorano noch zu nahe, und er ist nach Diego gezogen.«

Wir gingen vorsichtig zu einem kleinen Sandstrand. Durch die lichter werdenden Büsche erspähte ich einzelne Wasserflächen, aber soweit ich sehen konnte, rührte sich nichts darin. Eine kleine Einfriedung aus roh behauenen Stämmen zeichnete sich am anderen Ende des Strandes ab. Sie war mit einem Wirrwarr von Zebuschädeln angefüllt, die zum Teil noch auf Pfählen steckten;

Hörner, viele einen halben Meter lang, ragten aus dem Sand hervor.

Während ich in den Zebufriedhof spähte, hatte ich misstrauisch den See im Auge behalten. Jetzt wandte ich meine ungeteilte Aufmerksamkeit in diese Richtung und tastete mich trotz Mademoiselle Josephines Protest zwischen die Bäume, um mir den See aus der Nähe anzusehen. Ich hatte eine Telefotolinse an meiner Kamera angebracht, damit ich nicht zu dicht herangehen musste, und suchte gerade die Untiefen nach überspülten »Baumstämmen« ab, als ich die Augen des Krokodils bemerkte. Sein madagassischer Spitzname bedeutet »zwei kleine Kieselsteine«, und diese zwei kleinen Kieselsteine, die aus dem Wasser hervorlugen, sind oft das Einzige, woran Krokodilsopfer sich erinnern. Ein großes Krokodil, das etwa sechs Meter vom Ufer entfernt war, beobachtete mich. Ich erstarrte, und wir schauten einander ungefähr fünf Sekunden in die Augen. Dann verschwand es lautlos unter Wasser, und mir fiel ein, dass ich eigentlich Fotos machen wollte.

Mademoiselle Josephine und ich kletterten den Hang hinten am See hinauf, von wo man einen besseren und gefahrloseren Blick durch das Blättergewirr hatte. Der sonnige Berghang war wie eine englische Wiese mit farbenprächtigen Wildblumen übersät. Wir saßen dort kaum fünf Minuten, in denen ich mit meinem Taschenteleskop den See absuchte, als etwas, das wie ein braunes U-Boot aussah, mit der Schnauze voraus an die Oberfläche kam. Der breite, gezackte Rücken zeichnete sich deutlich gegen das Tiefblau des Heiligen Sees ab. Vielleicht war es eine optische Täuschung, und der See wirkte von oben gesehen nicht so groß, aber meiner Schätzung nach war dieses Nilkrokodil – das mir selbst aus dieser Entfernung einen Schauder über den Rücken jagte – mindestens viereinhalb Meter lang. Es dauerte nicht lange, und der »Herr des Sees« war von drei weiteren, fast ebenso riesigen Monstern umringt.

Die Leute von Anivorano sagen, dass die Krokodile nach oben

kommen, sobald sie menschliche Stimmen hören, weil sie es gewohnt sind, gefüttert zu werden. Die Fütterung beschränkt sich im Allgemeinen auf ein geopfertes Zebu, aber die Krokodile des Heiligen Sees konnten in den letzten Jahren ein oder zwei unverhoffte Extrahappen ergattern. Ich erinnerte mich an die Geschichte von einem französischen Reisenden, der mit seinem Freund gewettet hatte, dass er es schaffen würde, durch den See zu schwimmen. Es war mir unbegreiflich, dass er sich nicht die Zeit genommen hatte, die Lage erst einmal von unserem Ausguck zu sondieren. Die einzigen Gewinner bei dieser Wette waren die Krokodile, und der Franzose kam nicht mehr dazu, seinen Leichtsinn zu bereuen.

Während ich darauf wartete, dass der junge Dandy mich endlich ins Büro seines Vaters, des *délégué*, zitierte, packte ich meine Säcke immer wieder neu, um sie so gut wie möglich auszubalancieren. Ich kaufte Vorräte auf dem Markt und mühte mich ab, die Feuchtigkeit des Montagne d'Ambre aus meinen Stiefeln herauszubekommen.

Nachdem ich jetzt offiziell als *cattleman*, Viehhalter, galt, war ich in der Achtung des Dorfes sichtlich gestiegen. Der Besitz eines Ochsen zählte, wie mir scheinen wollte, mindestens doppelt so viel, als wenn der Betreffende den zweifachen Wert des Tieres in Cash besessen hätte. Ein madagassisches Sprichwort besagt: *Wer ein Zebu besitzt, braucht kein Geld.*

Erst in jüngster Zeit übersteigt die menschliche Population die Anzahl der Rinder, und bei den meisten Inselstämmen wird der Wert eines Mannes noch immer an seinem Viehbestand gemessen. In einem besonders poetischen madagassischen Sprichwort heißt es: *Das Leben ist wie ein einzigartiges Zebu – wenn du es verlierst, kann es nie ersetzt werden.* Es soll Viehhalter gegeben haben, die nach dem Tod oder Diebstahl ihres Lieblingsochsen Selbstmord begingen.

Der Besitzerstolz ist oft der einzige Nutzen, den die Viehhalter und Dörfer aus ihren Herden ziehen. Das Schlachten des Viehs wird als rituelle Pflicht angesehen; es geschieht niemals, nur um den Hunger zu stillen. Während manchmal bis zu 300 Zebus beim Begräbnisfest eines Dorfvorstehers getötet werden, bekommen viele Kleinbauern das ganze Jahr über kaum Fleisch zu schmecken. So gesehen ist es ein äußerst sadistischer Brauch, dass die Leute bei einem Begräbnisfest unausgesetzt an der Fleischspeise herummäkeln müssen – damit nicht der Eindruck entsteht, die Esser würden ihre Mahlzeit allzu sehr genießen!

Das madagassische Zebu gehört einer indischen Rinderrasse an. Es sind starke, ausdauernde Tiere, für ihren Fettbuckel bekannt, der sie über die harte Trockenzeit bringt, und wegen der Tatsache, dass sie nicht muhen können! Die *omby*, wie sie auf Madagaskar heißen, sind so untrennbar mit dem Dorfleben verknüpft, dass es über 80 Wörter gibt, mit denen sie beschrieben werden. Um die *omby* rankt sich ein kompliziertes Geflecht von Tabus und Ritualen, das für Außenseiter völlig undurchschaubar ist.

In alter Zeit galten *omby* als Werkzeuge des Schicksals, die die Macht hatten, über Leben und Tod zu entscheiden. Ein Baby zum Beispiel, das an einem ungünstigen Tag geboren wurde, konnte eine unmittelbare Bedrohung für das friedliche Leben seines Dorfes darstellen. Die Priester ließen es dann vielleicht auf einen Ameisenhaufen legen, damit es bei lebendigem Leib aufgefressen wurde und das böse Geschick in die Ameisen überging. Bei einem »Grenzfall« überließ man es einer Zebuherde, über das Schicksal des Neugeborenen zu entscheiden. Der Säugling wurde in den Eingang des Dorfkrals gelegt und die Herde über ihn hinweggetrieben. Wenn er nicht zu Tode getrampelt wurde, war das ein Zeichen, dass das böse Geschick gebannt war. Um seine Wiedergeburt als nützliches Mitglied der Gemeinschaft zu besiegeln, wurde das Kind von neuen Eltern adoptiert, die von dem alten Fluch nicht betroffen sein konnten.

Für viele madagassische Dorfbewohner wäre ein pechschwarzer Ochse wie Jobi doppelt unheilvoll: Schwarz gilt allgemein als Sklavenfarbe, und sie erinnert auch an ein Reisfeld nach der Verwüstung durch eine Heuschreckenplage. Selbst heute wäre Jobi in manchen Gegenden gleich nach der Geburt geschlachtet worden, und sein Fleisch hätte man verfaulen lassen, ohne es zu essen. Christians Kühe waren ebenfalls ganz schwarz, sodass unser Treck nach Nosy Be mit den drei schwarzen Zebus für die Madagassen ungefähr dasselbe gewesen sein muss, wie wenn jemand bei uns an einem Freitag den 13. eine ganze Schar schwarzer Katzen von links über die Straße jagen würde.

Jedes Ereignis des madagassischen Alltags wird von Tabus beherrscht: Familientabus; Dorftabus; Stammestabus; und viele, die so verbreitet sind, dass sie fast den Rang von Nationaltabus einnehmen. Sehr wenige Madagassen würden es jemals wagen, mit dem Finger direkt auf ein Grab zu zeigen und damit Unheil über sich zu bringen. *Es kann sein, dass dein Finger abfällt,* heißt es. Das Spektrum reicht bis hin zu der Regel, dass die grobe, faserreiche gekochte Cassava, eine stärkehaltige Knollenfrucht, für Leute mit einem rauen Hals tabu ist, und sei es auch nur für einen Tag. Es ist praktisch unmöglich, die *fady*-Bestimmungen auf einen Nenner zu bringen, denn selbst im Bereich der althergebrachten Stammestabus mag es einzelne Personen oder Clans geben, die eine bestimmte Vorstellung als überholt ansehen, und andere, die ihr eine noch tiefere und umfassendere Bedeutung zumessen.

In »Taboo« beschreibt Jørgen Ruud die Ergebnisse seiner 20-jährigen Forschungsarbeit auf Madagaskar zu diesem Thema, ein Projekt, das einen weniger beharrlichen Mann in weitaus kürzerer Zeit zur Verzweiflung gebracht hätte. Wenn man die 300 klein gedruckten Seiten von »Taboo« durchgeackert hat, ist man voller Bewunderung für diesen Mann, der mit unglaublicher Akribie einen Großteil seines Lebenswerks der Frage widmete, welche

Vorstellungen sich an Rinder mit weißen Beinen knüpfen; an Rinder mit weißen Hufen; Rinder mit weißen Höckern; Rinder mit weißen Streifen auf dem Rücken; Rinder mit weißen Mäulern; rote Rinder; weiß-rot gefleckte Rinder; Rinder mit einer weißlich-braunen Farbe; Rinder mit einem weißen Schwanz und Ringelzeichnung …

Später auf meiner Reise besuchte ich ein Sakalava-Dorf, wo es seit undenklichen Zeiten streng verboten war, am Dienstag oder Donnerstag Vieh zu treiben. Sollte die Herde also das Glück haben, montagnachts in die Cassava-Pflanzung des Nachbarn einzudringen, konnte sie sich dort in aller Ruhe bis zum Mittwochmorgen satt fressen.

Wenn der zerknirschte Besitzer seine Kuh schließlich abholte, kam er unweigerlich mit nacktem Oberkörper, da ein anderes Tabu bestimmt, dass man nur ohne Hemd Hand an sein Vieh legen darf. Der Dorfvorsteher gab mir eine köstliche Erklärung dafür:

»Das Zebu weiß, dass sein Besitzer immer ohne Hemd kommt, wenn er es holen will. Und wenn dann eines Tages ein Bandit kommt, um es zu stehlen, sieht es sein Hemd und sagt sich: ›Oh, oh, da stimmt was nicht‹, und dann läuft es weg.«

Die Sakalava-Leute, durch deren Gebiet ich später kommen sollte, sind äußerst rigide, was die Beachtung der Zebutabus angeht. So ist es ihnen untersagt, die Milch ihrer Rinder zu verkaufen, die von Rechts wegen dem Kalb gehört, hingegen wird sie mit typisch madagassischer Großzügigkeit oft verschenkt. Ich habe einmal einem Sakalava-Hirten beim Melken zugesehen und konnte beobachten, wie er den Ertrag sorgfältig zwischen dem Eimer und dem gierigen Sprössling der Kuh aufteilte. Er hielt das Kalb fest, bis er ein paar Tassen voll gemolken hatte, dann trat er zurück und ließ das Kalb eine Weile bei der Mutter trinken.

Christian und ich machten mehrere unangekündigte Besuche im Büro des *délégué*, bis unsere Pässe endlich ausgestellt wurden.

Unsere Route durch das nördliche Territorium war genau festgelegt: Anivorano – Ambilobe – Beramanja – Antsakoamanodro – Ambanja. Und die Pässe wurden fleißig gestempelt. Ich kam bald dahinter, dass ein madagassischer Beamter in erster Linie nach der Anzahl seiner Gummistempel (*tampons* auf Französisch) beurteilt wird, die er an dem kleinen Ständer auf seinem Schreibtisch hängen hat.

Die letzten beiden Stempel wurden besonders schwungvoll auf Jobilahys Pass geknallt, und jetzt stand unserem Aufbruch nichts mehr im Wege. Als wir uns erhoben und einander die Hände schüttelten, fiel mir am oberen und unteren Rand des Papiers ein Wort in fetten, blutroten Blockbuchstaben ins Auge: JULIAN.

Es dauerte eine Sekunde, bis ich mich zu fragen traute – war es vielleicht der Name der *préfecture,* oder bedeutete es »genehmigt« auf Malagasy?

»*Oui, c'est moi, ça*«, sagte der *délégué* mit stolzem Lächeln. »Ich bin Julian!«

Der Viehtreck

> Es war einmal eine Kuh, die trottete gemächlich die Straße entlang.
>
> James Joyce
> »Ein Porträt des Künstlers als junger Mann«

Frühmorgens an einem diesigen ersten April – ein Aprilscherz also, ob zu Recht oder Unrecht mag der Leser entscheiden –, traten Christian, sein Schwager Landry und ich den Weg nach Süden an. Landry war erst am Vorabend eingetroffen. Er war ebenso klein und stämmig wie Christian groß und schlank, und er war auch dunkelhäutiger als sein halb deutscher Schwager. Landry war ein Abenteurer. Er begleitete Christian einfach aus Spaß an der Reise. Reisen war das Zweitwichtigste in Landrys Leben:

»Warte, bis wir auf Nosy Be sind, Mann. Solche Girls wie die von Nosy Be hast du noch nie gesehen.«

Fiarena, ein Freund von Christian aus Anivorano, war der vierte Mann in unserem Konvoi, und er kam nur für die ersten paar Tage mit. Fiarena hatte uns sporadisch bei unseren Vorbereitungen »geholfen«. Ich hatte ihn nur einmal mit Geld auf den Markt geschickt, um ein Seil zu kaufen, und als ich ihm zwei Tage später über den Weg lief, war er kein bisschen zerknirscht.

»Ach, ich hab's aufgegessen«, meinte er.

»Das Geld oder das Seil?«

Aber Fiarena war trotz seiner Unzuverlässigkeit ein netter Kerl, und Christian fand alles ungeheuer komisch, was er von sich gab.

Unser Aufbruch stand unter keinem guten Stern. Kaum 50 Meter von Christians Haustür entfernt, wo noch immer seine schöne Frau und seine Kinder standen und uns beobachteten, riss mir Jobi das Seil aus der Hand und schoss in den Wald neben der Straße davon. Er bewegte sich überraschend schnell, und als ich ihn einholte, war der größte Teil meines Gepäcks schon im Unterholz verstreut. Meine kostbare Kameraausrüstung, die noch halb in den Satteltaschen hing, war jetzt unter Jobis Bauch gerutscht und nicht mehr an den Flanken festgezurrt. Er bockte und keilte aus, um sich von der Last zu befreien, und ich sah bereits im Geiste, wie meine Kamera unter seinen trommelnden Hufen in die Brüche ging.

Irgendwie bekam ich das Seil zu fassen, und ich beruhigte ihn, indem ich sanft mit ihm redete und seine Nüstern streichelte. Im Handumdrehen war er wieder der brave, alte Jobi, und ich konnte mein Messer aufklappen und das Gepäck losschneiden. Wunderbarerweise war meine Fotoausrüstung unversehrt, und meine treue, alte Aluwasserflasche hatte nur ein paar weitere Dellen abbekommen. Ich handelte einen neuen Deal mit Jobi aus, und als wir auf die Straße zurückkamen, trug ich die Hälfte des Gepäcks selbst. Das erleichterte mein Gewissen, und offenbar hatte Jobi erreicht, was er wollte: Er hatte mir gezeigt, wer der Boss war, und die Spielregeln aufgestellt. Jetzt war er zufrieden, und abgesehen von einem kurzen Herumtänzeln, wenn von Zeit zu Zeit ein Lastwagen an uns vorbeifuhr und eine Staubwolke hinter sich herzog, trottete er stillvergnügt dahin.

Die anderen, die ihre Kühe von hinten und ohne Nasenseil trieben, hatten mehr Mühe, die Tiere von dem saftigen Gras am Wegrand abzuhalten. Ich ging weiterhin voraus, um Jobi und mir die Gelegenheit zu geben, unsere Partnerschaft zu festigen. Es war ein schöner Morgen, und die Landschaft war noch feucht vom Tau. Ich konnte verstehen, warum die Kühe so wild darauf waren, das saftige Gras zwischen die Zähne zu bekommen.

Der Morgen war ideal für einen Fußmarsch, und ich war voller Erwartung, was der Tag uns bringen würde. Als Vorgeschmack auf all die faszinierenden Dinge, die mir auf meinem 2000-Kilometer-Treck von der Spitze dieser einzigartigen Insel bis in die Ebene hinunter begegnen sollten, wurde mir ein Anblick zuteil, den ich höchstens noch in den abgelegensten Gebieten des modernen Madagaskars für möglich gehalten hätte: Auf einer abschüssigen Koppel zu meiner Rechten jagten drei Männer 25 Zebus im Kreis herum.

»RRRR!« Ich hielt Jobi an und ließ ihn ins Gras abwandern, während ich meine Augen mit der Hand beschattete und zuschaute, wie die Männer das Vieh herumscheuchten. Die trampelnden Hufe rissen die Erde auf, sodass sich die Mitte des Feldes bereits schlammbraun von den grünen Ecken abhob. Das war Pflügen in seiner primitivsten Form.

Ich war unglaublich glücklich, als ich Jobi mit einem Schnalzen wieder in Bewegung setzte. Die aufgehende Sonne schleuderte mir ihre Hitze ins Gesicht und brannte den Morgennebel weg. Die Farben der Landschaft leuchteten geradezu. Ich sang leise »Rawhide« vor mich hin, während wir dahintrotteten, und unterbrach mich nur hin und wieder, um beruhigend auf Jobi einzumurmeln.

Selbst das willigste Zebu legt nicht mehr als gemächliche fünf Kilometer in der Stunde zurück, was ziemlich nervtötend sein kann, bis man sich in seinen Tritt hineingefunden hat. Als es Mittag wurde, hatten wir nach meiner Schätzung nur etwas über 20 Kilometer hinter uns gebracht. Im Schneckentempo näherten wir uns den blauen Bergen des Ankàrana-Massivs. Hier und da waren Reisighüttendörfer über die sanft gewellten Hügel verstreut – ein Anblick, den ich nur als pittoresk beschreiben kann.

Reiche westliche Reisende, die durch die Länder der Dritten Welt ziehen (und fast jeder von uns kann dort als reich gelten), suchen das Pittoreske, dessen Kehrseite fast immer Hunger und

Armut sind. Die Bewohner dieser kleinen, lehmverputzten Reisighütten würden ihre Behausungen liebend gern gegen eine Betonbaracke mit einer Fernsehantenne eintauschen. Dann hätte ich noch weiter von den ausgetretenen Pfaden abweichen müssen, um auf baufällige Hütten zu stoßen, in deren Schatten Kinder im Staub spielen, um so mein Bedürfnis nach dem Pittoresken zu befriedigen … und der Armut.

Dennoch machten diese Bauern einen vergnügten Eindruck. Jeder, an dem wir vorüberkamen, grüßte uns fröhlich – entweder mit dem arabischen »*Salama*!« oder auf Französisch-Malagasy »*Salut, vazaha*!« –, um sich dann umzudrehen und uns nachzustarren, bis wir ganz aus seinem Blickfeld verschwunden waren. In den Dörfern wurden wir zu Rattenfängern und zogen Schwärme von lachenden und johlenden Kindern hinter uns her. Nur einmal bekamen wir ernsthaft Ärger mit unseren Tieren, und bei dieser Gelegenheit hätte Jobi zu meinem Entsetzen beinahe eine ganze Marktbudengasse demoliert.

In den nördlichen Vorbergen des Ankàrana-Massivs lag eine heruntergekommene Bergarbeitersiedlung, um eine Stelle herum erbaut, an der irgendein Glücklicher ein Vermögen an Saphiren entdeckt hatte. Die Stadt selbst hieß Saphir. Sie wuchs von Tag zu Tag, weil von überall auf der Insel immer neue Heerscharen von Landflüchtigen, die das harte Bauernleben satt hatten, hierher kamen. Sie verkauften ihr Zebu, verschafften sich die nötige Grundausrüstung und begannen im roten Sand der Bergbäche nach *vatosoa*, »süßen Steinen«, zu schürfen. Die neuen Siedler bauten kleine Bambus- oder Reisighütten am Rand der wachsenden *bidonville*, dem Vorstadtslum, wo katastrophale hygienische Zustände herrschten, sodass Cholera und Typhus überhand zu nehmen drohten.

Wir hatten bereits ein paar auffällige teure Jeeps auf der Straße gesehen. Christian sagte mir, dass sie Thais gehörten, die sich im Juwelenhandel auskannten und mit ihrer Erfahrung und Geschäftstüchtigkeit einen guten Stand bei den madagassischen Schatzsuchern hatten. Überall am Straßenrand waren, ähnlich wie beim Klondike-Goldrausch, Buden aufgestellt, um die Bedürfnisse der landflüchtigen Massen zu befriedigen. Aber abgesehen von ein paar Glückstreffern, die immer seltener wurden, waren es diese Händler und die Thais, die auf ihre Kosten kamen. Einige von ihnen verkauften Three-Horses-Bier und eine pappsüße Limonade namens Bonbon Anglais an die durstigen *vatosa* (die Schürfer), andere boten leuchtend bunte Plastikeimer in verschiedenen Größen und Werkzeuge zum Abtragen der Hänge an. Einige Händler verkauften den Leuten auch Amulette und Zaubertränke, die dem dringend benötigten Glück auf die Sprünge helfen sollten.

Ein *vazaha*, der ein Zebu, mit pakistanischen Reissäcken behängt, auf diesen geschäftigen Markt führte, konnte nicht unbemerkt bleiben. Wir waren sofort von einem riesigen, lärmenden Gefolge umringt, und Jobi bekam Angst. Er schüttelte seinen Kopf, dass die Hörner wie Sensen durch die Luft sausten. Seine Augen waren weit aufgerissen, seine Nüstern blähten sich, und seine Ohren zuckten bei dem Geschrei. Ich murmelte ihm sanft zu und kraulte seine Stirn, aber er warf die Hinterbeine hoch und keilte nach der lärmenden Menge hinter uns aus, die vor Entzücken aufbrüllte, weil sie es als Zeichen nahm, dass das Spektakel jetzt erst richtig losging. Ich hielt das Seil fest in der Hand und versuchte Jobi zwischen den wackligen Buden vorwärts zu bewegen. Je mehr er auskeilte, desto lauter brüllte die Menge – und als er sich einmal gerade etwas beruhigt hatte, johlten ein paar Witzbolde erst recht los, um ihn wieder aufzustacheln. Plötzlich musste ich meine ganze Kraft aufbieten, um Jobi auf der Straße zu halten. Ich wickelte das Seil um meine Hände und stemmte die Füße in den Boden, um zu verhindern, dass er sich losriss und durch die Menge davonstürmte. Die ganze Zeit redete ich beruhigend und inzwischen flehentlich auf Jobi ein, aber meine Worte hatten wenig Chancen, durch den Radau zu seinen wild herumschnellenden Ohren vorzudringen. Irgendwie gelang es mir, einen Blick nach vorne zu erhaschen, und ich sah, dass Christian und Landry – obwohl sie besser vorankamen – ähnliche Probleme mit ihren Kühen hatten. Fiarena war nirgends zu sehen.

Jobi war jetzt in heller Panik. Das Seil, das normalerweise um seine Hörner gewickelt war, hatte sich gelöst und hing nur noch in dem Loch fest, das durch seine speichelbefleckte Nase gebohrt war. Zweimal hörte er auf zu ziehen und startete einen kurzen Überraschungsangriff auf mich. Beide Male konnte ich mich gerade noch vor seinen Hörnern in Sicherheit bringen. Doch die Angst, dass mein tobsüchtiger Reisegefährte auf diesem überfüllten Marktplatz Amok lief, war noch größer als mein Respekt vor seinen spitzen Hörnern. Ich konnte mir ausmalen, was mit mir passieren würde, wenn Jobi in seiner blinden Wut ein hilfloses Kind in den Staub trampelte, und dieser Gedanke verlieh mir neue Kräfte. Der Mob hier sah wild genug aus, um mich zu lynchen, selbst wenn Jobi nur ein paar Buden zertrümmerte. Inzwischen waren wir vollständig eingekreist, und ich wusste, dass ich keine Hilfe von Christian und Landry erwarten konnte, die genug mir ihren eigenen Schützlingen zu tun hatten. Verzweifelt stemmte ich mich gegen Jobis 500 Kilogramm Muskelfleisch und seine vier tobenden Beine und spürte, wie meine Kräfte zusehends dahinschwanden.

Ich kämpfte weiter, gab Jobi den Kopf frei, wenn er zufällig einen Satz in die Richtung machte, die uns ans immer noch unsichtbare Ende der Hauptstraße führte, oder stemmte die Füße in den Boden, um ihn von einer eiligst im Stich gelassenen Verkaufsbude abzuhalten. Dann machte er plötzlich zwei wilde Bocksprünge, mir ratschte das Seil schmerzhaft durch die Finger und riss mich nach vorne in die Knie. Hilflos musste ich mit ansehen, wie die Satteltaschen in quälendem Zeitlupentempo herunterkippten, eine baumelte jetzt unter seinem Bauch.

Unersetzliche Ausrüstungsgegenstände gerieten unter Jobis stampfende Hufe, während ich verzweifelt nach einem freundlichen Gesicht Ausschau hielt. Dort, in der zweiten Reihe, wo es sicherer war als an vorderster Front bei diesem höchst unberechenbaren Stierkampf, stand Fiarena. Er fügte sich so nahtlos in die Menge ein, dass niemand außer seinen Ex-Reisegefährten auf die Idee gekommen wäre, er könnte auch nur das Mindeste mit diesem *vazaha* zu tun haben, der hier so nachhaltig der Volksbelustigung diente. Ja, vielleicht hatte er Jobi sogar mit ein paar unterdrückten Rufen angestachelt, um seine Tarnung perfekt zu machen.

Ich arbeitete mich ein paar weitere Meter auf der staubigen Straße voran und rief in Fiarenas Richtung wütend nach Hilfe: »*Aidez-moi! Tout de bloody suite!*«

Ein junger Mann in der vordersten Reihe trat spontan vor, und ich riss wütend meinen Kopf zu Fiarena herum: »*Non, mon ami*!«

Zerknirscht kam Fiarena nach vorne gelaufen, um das Chaos von ramponierten Büchern, Kleidern, Medikamenten und Filmkassetten aufzusammeln, das ich hinter mir herzog, und mir in sicherer Entfernung zu folgen, während ich mich weiter abmühte, Jobi zu der letzten Hütte zu zerren.

Christian, der inzwischen die Kühe angebunden und unter Landrys Bewachung zurückgelassen hatte, kam herbeigelaufen, um mir zu helfen, und mit vereinten Kräften schleppten wir Jobi buchstäblich die Straße hinauf.

»*Ils sont des sauvages*«, sagte Christian und spuckte hasserfüllt aus, während er zuschaute, wie ich mir kaltes Wasser über meine blasenbedeckten Hände goss. »Nach Saphir wird es besser. Das hier sind Wilde.«

Nachdem ich Jobi wieder neu beladen und die zerrissenen Satteltaschengurte ersetzt hatte, kehrte ich der Stadt Saphir erleichtert den Rücken. Ein Buschtaxi kam auf uns zugerattert, laut hupend, um sich Platz auf der Straße zu verschaffen. Zwei *vazaha* spähten zwischen lauter dunklen, strahlenden Gesichtern heraus, aber ich war zu erschöpft, um weiter darauf zu achten.

Jobi verfiel wieder in seinen alten, gemächlichen Trott. Ich ging jetzt neben ihm und streifte mit dem Ende des Seils behutsam die Fliegen von seinen Schultern. Zebus haben im Lauf ihrer Evolution eine ungewöhnliche Anzahl von Schweißdrüsen entwickelt, um sich in den heißen Ländern zu behaupten, in denen sie leben. Manchmal waberte Jobis Schulter regelrecht vor durstigen schwarzen Fliegen, aber zum Glück hatte nur ein Bruchteil von ihnen Appetit auf *vazaha*. Nach mehreren Kilometern überquerten wir einen Bach mit einer breiten Wiese auf der gegenüberliegenden Seite. Christian sprach uns, den Menschen wie den Zebus, gleichermaßen aus dem Herzen, als er vorschlug: »Ich denke, das ist ein guter Platz zum Anhalten. Lasst uns was essen und eine halbe Stunde ausruhen.«

Die lindgrüne Wiese fiel sanft zu den kühleren Schatten der Bäume ab, die sich bis zu den fast kitschig violetten Bergen erstreckten. Vor diesem schönen Hintergrund saßen wir vier, die Füße im Wasser, und kauten mit Brotfladen umwickelte Bananen.

Es war jetzt halb fünf, und wir waren seit sechs Uhr morgens langsam, aber stetig marschiert.

»Wann halten wir für die Nacht an?«, erkundigte ich mich bei Christian.

»Ungefähr 25 Kilometer von hier kommt ein gutes Dorf, wo es ein Zimmer gibt«, antwortete er.

Alle 1000 Meter war die Straße mit einem Kilometerstein markiert, auf dem die Entfernung stand, die wir noch bis Ambilobe, der nächsten Stadt, zurücklegen mussten. Ich wurde allmählich müde, aber diese kleinen Merksteine für die bereits bewältigte Strecke machten das Gehen leichter. Ich konnte mich mühelos dazu bringen, bis zum nächsten Stein zu gehen, dann zum nächsten, und die Kilometer klickten so viel schneller vorbei als die alten britischen Meilen!

Wenn ich gerade nicht nach dem nächsten Kilometerstein Ausschau hielt, suchte ich beim Gehen mit den Augen die Zweige der niedrigen Bäume am Straßenrand nach Chamäleons ab. Für mich war es immer noch unglaublich, wie viele Reptilien es hier gab. Bei diesem Aufstieg zum Ankàrana-Massiv konnte ich, ohne anzuhalten, durchschnittlich ein Chamäleon alle fünf Büsche ausmachen.

Viele wundersame Eigenschaften werden diesen außergewöhnlichen Tieren zugeschrieben: dass sie in die Zukunft sehen und ihre Farbe der jeweiligen Umgebung anpassen könnten und dass sie die Fähigkeit hätten, von Luft zu leben. Letzteres wurde ihnen von keinem anderen als William Shakespeare attestiert. Anscheinend war den Gewährsleuten des Dichters das Aufblitzen der klebrigen, rosa Zunge entgangen, die so lang ist wie der ganze Körper des Reptils. Und von Zeit zu Zeit schnellt sie hervor, um ein ahnungsloses Insekt zu schnappen, das ihr zu nahe gekommen ist. Die charakteristische Farbänderung ist nicht, wie die meisten Leute glauben, ein Tarnungsversuch, sondern eher ein Hinweis auf Stimmungs- und Hormonschwankungen, hervorgerufen durch das Öffnen und Schließen pigmenthaltiger Zellen direkt unter der Haut. Wenn ein Chamäleon in Wut gerät oder sich in die Ecke gedrängt fühlt, öffnen sich Zellen, die Melanin enthalten, sodass das Tier viel dunkler wird und die normale Zeichnung stärker hervortritt. Wenn es sich beruhigt und entspannt, gehen nach und nach andere Zellen auf, die gelbe und blaue Pigmente enthalten, und das Chamäleon erlangt seine normale grüne Farbe wieder. Später stellte ich fest, dass Chamäleons nachts mit einer Taschenlampe noch leichter auszumachen sind, weil sie im Schlaf oft nahezu alle Farbe verlieren und gespenstisch weiß werden. In der Paarungszeit kann jedoch die Hormonausschüttung stark genug sein, um protzige Zeichnungen hervorzurufen, wie die des Panther-Chamäleons, das ich in Joffreville gesehen hatte.

Ich war kaum zwei Stunden im Land, als ich in Tana auf mein

erstes einheimisches Reptil stieß: ein Brookesia-Chamäleon (*Brookesia minima*), eines der kleinsten Chamäleons der Welt, kaum mehr als drei Zentimeter lang. Es bewegte sich gemächlich auf einem geschäftigen Pflaster hinter dem alten Bahnhof aus der Kolonialzeit entlang. Vielleicht war der winzige Besucher auf einer der Bananenstauden mitgereist, die aus den verbeulten Güterwaggons ausgeladen wurden.

Ein Chamäleon kann seine »Vulkankegel«-Augen unabhängig voneinander herumschnellen lassen, sodass es mit einem Auge nach hinten und mit dem anderen nach vorne schaut. Manche Madagassen glauben, dass Chamäleons die Gabe haben, gleichzeitig in die Zukunft und in die Vergangenheit zu sehen. Und sie sagen, dass man grässlich aufgeschwollene Arme und Beine bekommt, wenn man auf ein Brookesia-Chamäleon tritt. Ein madagassisches Sprichwort lautet: *Es ist besser, auf eine Gottheit zu treten, als auf ein Brookesia-Chamäleon.* Trotzdem konnte mein winziger Freund von Glück sagen, dass er auf diesem überfüllten Fußweg so lange verschont geblieben war. Vielleicht war er, so wie ich, etwas eingeschüchtert von dem Lärm und Staub der Hauptstadt. Daher sorgte ich schleunigst dafür, dass er ein anständiges Plätzchen in einem gemütlichen Busch bekam.

Als wir die Spitze des Ankàrana-Massivs erreichten, kamen wir in eine Allee, die uns in einen trockenen Laubwald führte, der gerade seine Blätter verlor. In »Lemurs of the Lost World« beschreibt Jane Wilson ihre Forschungsmonate im »ökologischen Wunderland«, das später (weitgehend dank der Bemühungen ihres Wissenschaftler- und Entdeckerteams) zum Réserve Spéciale de l'Ankàrana erklärt wurde. Diese verlorene Welt lag jetzt ungefähr 15 Kilometer entfernt zu unserer Rechten. Die Wälder dort, geschützt von den hoch aufragenden, nadelähnlichen Kalksteinformationen, den *tsingy*, wie sie auf Madagaskar genannt werden, weisen vermutlich die höchste Primatendichte aller Urwälder des Planeten auf.

Die Sonne ging jetzt rasch unter, und es wurde kühl unter den Bäumen. Ich nahm meinen breitkrempigen Hut ab und sah mich nach einem Platz um, wo ich ihn deponieren konnte. Dabei fiel mir auf, dass Jobis Buckel etwa so groß wie mein Kopf war, und von nun an trugen wir abwechselnd meinen Hut. Plötzlich packte mich Landry am Arm und flüsterte: »Fossa!«

Das Tier hatte uns wohl eben erst bemerkt und stand jetzt mitten auf der Straße und starrte zu unserem seltsamen Konvoi zurück. Mit dem Fettvorrat, der sie für die kommende Trockenzeit wappnete, sah diese Fossa wie eine überdimensionale, langnasige Katze mit einem dicken, buschigen Schwanz aus. Selbst im gefleckten Licht der Bäume konnte ich deutlich die schwarzen Punkte auf ihrem Rücken sehen und stellte fest, dass die vermeintliche Fossa eine gestreifte madagassische Zibetkatze war. Diese Geschöpfe werden selten gesichtet, weil sie sehr scheu und ausschließlich nachtaktiv sind. Unser Exemplar allerdings trottete, nachdem es uns einen Augenblick nachgeschaut hatte, seelenruhig über die Straße und verschwand zwischen den Bäumen, auf dem Weg zu seinen vertrauten nächtlichen Jagdgründen.

Seltsamerweise gehören alle acht Fleischfresser-Spezies Madagaskars der Familie der Zibetkatzen, Ginsterkatzen oder Mungos an. Es gibt drei Wildkatzen-Unterarten: die pumaähnliche Fossa, die gestreifte madagassische Zibetkatze (oder *fanaloka*) und die *falanouc*. Jane Wilson erwähnt zudem eine legendäre »wilde Katze«, halb so groß wie die Fossa, die kürzlich in diesen Wäldern gesichtet worden sein soll. Der lateinische Name der Zibetkatze, *Fossa fossana*, steigert noch die Verwirrung. Und kaum glaubt der Amateurzoologe endlich den Überblick zu haben, da muss er erfahren, dass *fanaloka* auch *fanalouc* geschrieben wird und dass *fosa* (*fusch* gesprochen) der madagassische Gattungsname für jedes Tier dieser Art ist.

Jobi und die Kühe gingen stetig durch die länger werdenden Schatten vor uns her. Die ältere der beiden Kühe lehnte sich dauernd gegen Jobis Schulter, sodass mein Gepäck abwechselnd zusammengequetscht und hochgeschoben wurde und aus dem Gleichgewicht geriet. Ich schlug die alte Kuh immer wieder aufs Hinterteil, um sie herüberzubewegen, bis ich die Satteltaschen wieder in Ordnung gebracht hatte. Es war eine frustrierende Arbeit.

»Lass sie zusammen«, meinte Christian. »Sie sind Freunde.«

»Ich glaube, sie ist heiß auf Jobi«, sagte Landry.

»Wenn du dir den Brautpreis leisten kannst, kannst du sie mir abkaufen«, frotzelte Christian.

»Bis du ganz am unteren Ende Madagaskars ankommst, hast du vielleicht schon einen kleinen Jobi.« Fiarena klatschte in die Hände und lachte sich halb tot über seinen Witz.

Die Sonne ging rasch hinter den westlichen Bergen unter, und ich hielt an, um Fotos zu machen, während die anderen die Zebus weitertrieben. Der Himmel bewölkte sich im letzten Sonnenlicht. Es sah aus, als verblute der Feuerball am Horizont, anstatt richtig unterzugehen. Wir hatten Glück gehabt, dass wir diesen ersten Tag ohne Regen überstanden hatten. Ich betete, dass unser Glück anhalten würde.

Nach etwa 40 Kilometern stießen wir auf eine baufällige Strohhütte, die vom schwachen Schein eines Feuers erhellt wurde. Mir erschien diese Strecke nicht viel für 15 Stunden auf der Straße.

»*Voilà*!«, ertönte Christians Stimme aus dem Dunkel. »Da ist es: Mahamasina.«

»Ist das das Dorf?«, fragte ich.

»Ja, das ist es. Dort schlafen wir heute Nacht.«

Als wir unter den großen Mangobäumen am Straßenrand heraustraten, warf der Mond gerade so viel Licht, dass wir zwei weitere Hütten erkennen konnten, kleiner als die erste, und einen roh gezimmerten, doppelten Lattenzaun, der einen kleinen Grashof umschloss. *Mahamasina* bedeutet: heilig machen. Niemand aber konnte mir sagen, ob die Hand voll armseliger Hütten, aus denen das Dorf bestand, eine solche Verheißung jemals erfüllt hatte.

Ein paar Gestalten, die um das Feuer saßen, riefen uns Grüße zu: »*Ny vaovao?*« – Was gibt es Neues?

»*Tsy vaovoa*« – Nichts Neues, erwiderten wir, wie es die Sitte verlangte. Insgeheim war ich der Meinung, dass diese Antwort nach allem, was wir seit unserer Abreise aus Anivorano erlebt hatten, doch etwas übertrieben diskret war!

Ein alter Mann trat vor, zerrte sich den Lamba über seine muskulöse Schulter hoch und half uns, zwei Zaunstangen beiseite zu räumen, damit wir die Tiere durchtreiben konnten. Er drehte sich um und rief der Gruppe am Feuer etwas zu. Ich verstand nur das Wort *vazaha*.

Die Nacht war warm, aber ich merkte bereits, wie mich die tanzenden Flammen, ihr tröstliches Licht, magisch anzogen. Das Feuer blieb jedoch vorerst sich selbst überlassen, als acht oder neun andere Leute herübergesprungen kamen und zuschauten, wie ich Jobi hinter dem kleinsten Schuppen ablud. Ich konnte geradezu hören, wie das Tier erleichtert aufseufzte – ein Echo meines eigenen Stoßseufzers, mit dem ich den Rucksack auf den Boden fallen ließ. Landry führte Jobi weg und brachte ihn zu den Kühen ins hohe Gras der Koppel.

Ein junger Mann hob meinen Rucksack auf, und nachdem er ihn sorgfältig abgestaubt hatte, stellte er ihn gleich hinter die Tür des Schuppens. Dann packte er mich am Arm und führte mich mit einer unmissverständlichen Essensgeste zum Feuer hin. Dort widerlegte Christan unsere anfängliche Behauptung, dass es nichts Neues gebe, indem er lebhaft und ausführlich über den Tagesmarsch redete. Meine paar Einwürfe in Französisch riefen nur verständnisloses Lächeln hervor, und so beschränkte ich mich auf ein Grinsen, das wohlmeinend und fröhlich sein sollte, das mir aber vor lauter Erschöpfung wahrscheinlich zu einer grotesk-stumpfsinnigen Fratze entglitt.

Während wir uns mit den Händen weißen Reis in den Mund schaufelten und das Ganze sparsam mit gedörrtem und gesalzenem Fisch aus einer gemeinsamen Plastikschüssel würzten, warf ich verstohlene Blicke auf die Gesichter um mich herum. Ich konnte immer noch nicht sagen, was das hier für ein Ort war, ob wir bei einer Familie oder in einem madagassischen Dorf-*hôtely* gelandet waren. Die bunt gemischte Gruppe von Männern, Frauen und Greisen, alle in lange, helle Lambas gehüllt, gab mir keinen weiteren Aufschluss darüber, aber alle lächelten mich fröhlich an, wenn sie meinen Blick auffingen.

Landry sorgte dafür, dass ein paar Flaschen warmes Three-Horses-Bier hervorgeholt wurden, und da es nicht genug Becher gab, ließen wir die Flaschen herumgehen. Mir fiel auf, dass keine der Frauen trank. Ein lose geflochtener Palmblattbaldachin war hoch über dem Feuer errichtet worden. Er sollte den Regen abhalten, oder zumindest die weniger schweren Güsse, gleichzeitig aber den Rauch durchlassen. Ich setzte mich etwas abseits, an einen dicken Stamm gelehnt, und starrte zu den Sternen hinauf, während ich dem Stimmengemurmel um mich herum lauschte.

Malagasy gehört zur austronesischen Sprachfamilie und hat als engsten linguistischen Verwandten die Sprache eines Dayak-Stammes auf Südborneo. Ich hatte mir Bahasa Indonesia beigebracht (eine Sprache, die »erfunden« worden war, um die Völker des indonesischen Archipels zusammenzuschweißen) und keine großen Probleme, mich mit den Dayaks von Südborneo zu verständigen. Natürlich wusste ich, dass es nach 2000 Jahren erhebliche Veränderungen gegeben haben musste. Ich hatte auch noch nie gehört, dass jemand, der Indonesisch beherrscht, sich auf Malagasy zu verständigen versucht. Trotzdem hoffte ich, dass ich zumindest einen kleinen Vorteil dadurch haben würde. Viele Substantive haben dieselben Grundlaute wie das Bahasa, und auf diesen bauen im Allgemeinen in ganz ähnlicher Weise die regelmäßigen Verben und Adjektive auf. Aber so schnell wie Malagasy gesprochen wird, konnte ich unmöglich heraushören, wo das eine Wort endete und das nächste anfing.

Ein dunkler Schatten huschte über den Sternenhimmel, so flüchtig und lautlos, dass ich mich fragte, ob ich ihn tatsächlich gesehen hatte. Aber dann folgte ihm ein zweiter. Ich setzte mich auf, und als ich den Kopf umwandte, sah ich etwas ins Dunkel der Mangobäume hinauffliegen, das wie ein riesiger, schwanzloser Vogel aussah.

»Was war das?«, fragte ich Landry, der die junge Frau, die die Teller abräumte, mit lüsternen Blicken verfolgte.

Widerstrebend wandte er sich ab und schaute mit mir in die Bäume hinauf, als einer der beiden Schatten herabschoss und den dunklen Tunnel der Straße hinaufglitt. »Ach das... Ich weiß nicht, wie man die nennt...«

Er beugte sich vor und beriet sich mit Christian, und ich fing ein Wort auf, das ich erkannte. *Vorona* (*worong* ausgesprochen) war eines jener Wörter, die sich in über 2000 Jahren aus einem Bahasa-Wort (*burung* bedeutet Vogel) herausgebildet haben müssen. Aber das hier waren keine Vögel, sondern madagassische Flughunde.

»Gutes Fleisch«, sagte Christian. »Zart und süß am Ende der Mango-Saison.«

Es heißt, dass die Antàkarana in dieser Gegend Flughunde in ihren riesigen Schlafplätzen in den Höhlen des Bergmassivs ausräuchern und mit Stöcken herunterschlagen, wenn sie ans Tageslicht hinausschwärmen. Im Süden der Insel werden die Fledermäuse mit den drolligen Hundebaby-Gesichtern und den gruseligen Dracula-Flügeln brutal von der Decke geholt, indem man sie auf heimtückische Drillbohrer spießt, die an langen Holzstöcken befestigt sind.

Die madagassischen Flughunde, die bis zu einem Kilogramm schwer sind und eine Flügelspannweite von über einem Meter erreichen können, gehören zu den größten aller Fledermausarten.

Obwohl sie große Entfernungen zurücklegen können, sind diese Säuger seltsamerweise nie bis zum afrikanischen Festland vorgedrungen. Man findet sie aber in leicht abgewandelter Form auf anderen Inseln des Indischen Ozeans. Auch sie sind eines der zahlreichen Rätsel der asiatischen Tierwelt. Immer mehr gespenstische Schatten fielen aus den Bäumen und glitten rasch über den Hof, als wir zum Bach hinuntergingen. Eines der Mädchen brachte uns auf einem Pfad, der an einem Deich entlangführte, zu einer Stelle, an der ein hölzerner Badesteg über dem morastigen Fluss errichtet worden war. Das Mädchen hielt die Lampe, während wir uns bis auf die Unterwäsche auszogen und der Reihe nach den Eimer mit Wasser füllten und uns wuschen. Ich verdrängte den Gedanken an die Krokodile, die vielleicht darauf lauerten, noch einen letzten Bissen zu ergattern, ehe sie sich in die unterirdischen Flüsse des Massivs zurückzogen, wenn diese Sümpfe hier austrockneten.

Als wir zur Hütte zurückkehrten, schlief ich fast im Gehen ein. Dort waren bereits ein paar Schlafmatten ausgelegt worden. Die Hütte war einen Meter über dem Boden auf Pfählen gebaut. Außer den Matten befand sich nur eine Lehmplatte darin, auf der ein kleines Feuer aufgeschichtet werden konnte. Ich suchte mir einen Schlafplatz, der etwas von der Wand abgerückt war. Noch ehe die anderen sich hingelegt hatten, schlief ich ein.

Ein paar Sekunden später – zumindest kam es mir so vor – wurde ich von Christian und Landry aufgeweckt, die gerade dabei waren, ihre Matten zusammenzurollen. Ich wälzte mich herum und hielt meine Uhr in den Streifen Mondlicht, der durch die Tür hereinfiel. Es war drei Uhr morgens.

»*Salut, vazaha*!«, sagte Landry. »Hast du gut geschlafen?«

»Wir haben heute einen langen Weg vor uns«, erklärte Christian. »Wenn wir uns beeilen, können wir ein gutes Stück schaffen, bevor die Sonne aufgeht.«

Landry ging hinaus, um die Zebus zu holen. Bis ich meine Sachen gepackt hatte, war Jobi bereits an dem Pfosten beim Eingang festgebunden und wartete geduldig auf seine Satteltaschen. Plötzlich fiel mir ein, dass ich noch nicht für die Unterkunft bezahlt hatte.

»Christian, wie bezahlt man für Essen und Schlafen?«

»Ich lasse Geld bei der Hütte des *patron* zurück.«

»Nein, nein, für die erste Nacht lade ich euch ein«, sagte ich. Die Unterbringung für uns vier und die Zebus, einschließlich Essen und Bier, kostete ungefähr sechs Euro!

Während wir an den letzten Hütten vorbeigingen, putzte ich mir die Zähne. Fiarena schlief im Gehen weiter. Er schlurfte in seine Laken gewickelt die Straße entlang. Wie viele madagassische Dorfbewohner hatte Fiarena die Angewohnheit, in den ersten Tagesstunden sein »Bett« wie einen Lamba um die Schultern zu tragen.

Christian war munter und fröhlich, wie immer.

»Heute müssten wir ungefähr 60 Kilometer schaffen«, meinte er mit sichtlicher Vorfreude, und Landry pfiff eine Melodie, die die Stille der Nacht zerriss. Die Dämmerung würde erst in ein paar Stunden anbrechen, und auch ich freute mich auf einen weiteren Tag auf der Straße. Es war noch kalt genug für eine Jacke, und mein Hut hatte mich vor dem niedersinkenden Tau geschützt. Das Schweigen in dem düsteren Wald wurde nur gelegentlich von dem Schrei eines jagenden Vogels oder seines Opfers gebrochen. Zweimal gingen wir wie Nachtgespenster durch schlafende Dörfer, in denen nicht einmal ein Hund wach war und das Klopp-Klopp der Zebuhufe bemerkte. Selbst die Flughunde hatten sich in ihre Höhlen zurückgezogen.

Mein Rucksack war nicht übermäßig schwer, doch die Satteltaschen verrutschten immer noch, obwohl ich sie so gut wie möglich ausbalanciert hatte, und ich musste häufig die eine oder andere Seite hochziehen. Das war jedes Mal eine unangenehme

Überraschung für den armen Jobi, der durch das plötzliche Verlagern seiner Last für einen Moment aus dem Gleichgewicht gerissen wurde, aber er sollte sich nicht unnötig anstrengen, indem er sich gegen eine verstärkte Last auf einer Seite stemmen musste.

Ich vertraute Christian meine Sorgen an: »Meinst du, Jobi verkraftet die Säcke? Er kommt immer ins Stolpern, wenn ich das Gewicht neu ausbalanciere.«

»Keine Sorge, das ist gar nichts für ihn«, erwiderte Christian und zuckte unbekümmert mit den Schultern.

Im ersten silbrigen Dämmerlicht wanderten wir vom Ankàrana-Massiv herunter, auf eine riesige Ebene zu, die sich, so weit das Auge reichte, nach Süden hin erstreckte. Verwandte Regenwald-Spezies wurden vor kurzem auf dem Montagne d'Ambre und weit im Süden in den Wäldern des Tsaratanana-Plateaus gefunden. Daraus schlossen einige Wissenschaftler, dass dieses ganze Gebiet einst, bevor der Mensch die Insel betrat, ein einziger, riesiger Dschungel war.

Jetzt unterbrach nur ein einzelner, flaschengrüner Hügel die Eintönigkeit der Ebene. Die aufgehende Sonne verbreitete bereits eine stetige Hitze, ein gelinder Vorgeschmack auf den Brutofen, der uns in der platten, reflektierenden Landschaft der Ebene in ein paar Stunden erwartete.

In Afrika ist etwas wahr im Morgengrauen und mittags eine Lüge, schrieb Hemingway, *und man schätzt es nicht höher als den schönen, glatten, schilfgesäumten See, den man jenseits der sonnenglühenden Salzebene sieht. Du gehst am Morgen über diese Ebene, und du weißt, dass dort kein solcher See ist.* Nach anderthalb Stunden wandten wir uns ostwärts und gingen auf eine schimmernde, scheinbar grenzenlose Ebene zu, die mit zerzausten Palmwipfeln gesprenkelt war – eine Landschaft, die nichts mehr mit den Wäldern, Bergen und *tsingy* von Ankàrana oder den wogenden Feldern um Anivorano gemein hatte.

Über die Ebene hingetupft waren die Pfauenräder der Quellenbäume, säuberlich hintereinander ausgerichtet. Der Anblick traf uns mit der Wucht einer schönen, neuen Welt. Es gibt nichts, was deine Schritte so sehr beflügelt wie das sanfte Wispern des Windes, der durch Bäume der Reisenden geht.

Die Quellenbäume oder Ravenala werden so genannt, weil ihre zweidimensionalen Fächer angeblich nach Osten und Westen zeigen (falsch) und weil sie an ihrer Basis einen Wasservorrat besitzen, an dem sich so mancher durstige Wanderer in der Ebene laben konnte (wahr, sofern es ihm nichts ausmacht, wenn er hinterher die ganzen Moskitolarven und Käfer aus seinen Zähnen pulen muss). Der englische Name des Baums der Reisenden – *traveller's palm* – ist irreführend, weil es sich in Wahrheit um einen Bananenbaum handelt, der keine Früchte trägt, und nicht um eine Palme.

Hierzulande heißt der Baum der Reisenden *ravinala* (das Blatt des Waldes). Er hat sogar den berühmten Baobab-Baum auf den zweiten Platz verdrängt und sich zum Nationalbaum Madagaskars aufgeschwungen. Der mächtige Baobab, der 15 Meter Höhe und fast genauso viel an Umfang erreichen kann, ist einer der eindrucksvollsten und faszinierendsten Bäume der Welt. In der madagassischen Überlieferung ist er *der Baum, der verkehrt herum wächst*. Die Madagassen glauben, dass der Baobab einst die Götter mit seiner Eitelkeit erzürnte.

»Ich weiß, dass ich der größte Baum auf Madagaskar bin«, sagte der Baobab, »aber warum darf ich nicht auch so schöne Blüten tragen wie der Jakaranda oder so süße Früchte wie der Kirschbaum?«

Doch die madagassischen Götter dulden keine frechen Widerworte; sie zogen den Baobab kurzerhand heraus und pflanzten ihn mit den Wurzeln nach oben wieder ein!

Der dickbäuchige Baobab-Baum mag eine gefeierte afrikanische Ikone sein, aber Madagaskar kann sich gegenüber der einen Festlandart sieben verschiedener Spezies rühmen. Afrika ist zu

Recht stolz auf seine 50 Palmenarten, auf Madagaskar gibt es jedoch schätzungsweise 170.

Wir waren inzwischen sechs Stunden marschiert. Die Sonne hatte sich in einen Feuerball verwandelt, und der flaschengrüne Hügel ragte aus der verbrannten Savanne heraus. Fiarena hatte bereits vor den Härten der Pilgerschaft kapituliert, und es war ihm gelungen, ein vorüberkommendes Buschtaxi anzuhalten. Er hatte Christians und Landrys Gepäck mitgenommen, das wir später bei unserem Treffpunkt in Ambilobe wieder aufsammeln würden. Von Zeit zu Zeit kamen wir an den baufälligen Hütten rätselhaft verlassener Weiler vorbei, wo nichts sich rührte außer ein paar halb verhungerten Hunden.

Ich hatte jedes Fleckchen unbedeckter Haut mit Sunblocker eingeschmiert und war dankbar für den Schutz, den mein Hut mir bot. Bei jedem Rinnsal hielten wir an und ließen die Zebus trinken, während ich meine Wasserflasche neu füllte und das Wasser sterilisierte. Der gemächlich zuckelnde Zebugang hatte zumindest den Vorteil, dass ich, wann immer ich ein lohnendes Fotomotiv erblickte, das Ende von Jobis Seil an der Satteltasche festbinden und ihn unter Christians und Landrys Obhut zurücklassen konnte – vermutlich ohne dass er mich groß vermisste.

Wenn ich diesen stetigen Rhythmus einhielt, könnte ich, wie ich hoffte, selbst mit ein paar Ruhetagen für Jobi dazwischen, in drei Wochen die Hochebene des Tsaratanana-Massivs nach Zentral-Madagaskar überqueren. Jenseits dieser Berge würde ich mit Sicherheit in die Trockenzeit hineinkommen. Wenn ich dann an der Westflanke des madagassischen Hochlands hinunterwandern würde, konnte ich meine Höhe auf den sanften Hügeln der Savanne variieren und so vielleicht das angenehmste Klima und die reichsten Weidegründe für Jobi finden. Die Route würde einen respektablen Ausschnitt des madagassischen Terrains umfassen, obwohl von den Wäldern, die einst diese Hügel bedeckten, nicht mehr viel übrig war. Weniger als 20 Prozent des Waldes, der einst

Madagaskar bedeckte, existiert heute noch, und das meiste davon liegt am Ostrand der Insel, wo die Hügel zu steil sind, um bewirtschaftet zu werden. Die Landschaft würde stetig trockener werden, während ich die Region der großen Baobab-Bäume durchqueren würde. Bis wir den Wendekreis des Steinbocks überschreiten und die südlichen Kaktuswälder erreichen würden, die auch als Dornenwüste bekannt sind, würden Jobi und ich wahrscheinlich unserem guten Stern danken, dass die Regenfälle so lange angehalten hatten.

Ich schloss gerade zu den anderen auf, nachdem ich einen großen Falken auf einem besonders majestätischen Baum der Reisenden fotografiert hatte, als wir einen alten Mann überholten. Er nickte mit seinem walnussbraunen Gesicht, während er auf unser im Chor gerufenes »*Azafady*!« beiseite trat.

Ich machte meine Wasserflasche von den Satteltaschen los und ging zu dem alten Mann zurück.

»*Misaotra*«, sagte er – danke –, und als er die Flasche an die Lippen führte, schickte er seinerseits ein »*Azafady*!« hinterher.

Azafady ist vermutlich das nützlichste Wort der madagassischen Sprache. Es kann als »bitte«, »entschuldigen Sie bitte« oder »es tut mir Leid« verwendet werden. Wörtlich jedoch bedeutet es »wenn es nicht tabu ist«, und spiegelt die Macht des *fady*, des Tabus, in der madagassischen Kultur wider. Wir hatten es als Entschuldigung verwendet, dass wir ein altes Tabu brechen mussten, das es jungen Menschen verbot, ältere auf der Straße zu überholen. Der alte Mann wiederum wollte sich mit seinem *azafady* vergewissern, dass es nicht tabu für ihn war, aus meiner Flasche zu trinken.

Am späten Morgen passierten wir die erste große Zuckerrohrplantage von Ambilobe, wo die sorgfältig in Reih und Glied ausgerichteten, zweieinhalb Meter hohen Zuckerrohrpflanzen in der leichten Brise schwankten. Zuckerrohr ist der Hauptwirtschaftszweig Ambilobes, und außer der Tatsache, dass es der größte

Marktflecken in der Gegend und der übliche Benzinstopp zwischen den nördlichen Metropolen Diego und Ambanja ist, lässt sich wenig Erwähnenswertes über diese staubige Stadt sagen.

Immer mehr Menschen kreuzten unseren Weg, viele mit riesigen Zuckerrohrbündeln auf dem Kopf, und als wir am ersten *hôtely* außerhalb von Ambilobe vorbeischlurften, war der Gedanke an eine eiskalte Cola die reinste Tortur. Aber Christian sprach ein Machtwort, und obwohl Landry und ich insgeheim von Meuterei träumten und auf diese Weise neue Kräfte schöpften, akzeptierten wir seine Entscheidung, die sonnengebleichten Blechschilder auf den rissigen Betonwänden links liegen zu lassen, auch wenn die Aufschriften Three Horses und Fanta noch so sehr lockten.

Ich war froh, dass Jobi immer noch brav marschierte und offenbar – Schulter an Schulter mit der älteren Kuh – seinen Rhythmus gefunden hatte. Inzwischen erkannte er jedoch die gelegentlich auftauchenden Bambusgestelle in den Dörfern wieder, wo es Früchte zu kaufen gab, und er wusste, wenn ich dort anhielt, würden ein paar Bananen und zumindest die Kerne der köstlichen Mangos für ihn abfallen. Er kaute selig auf diesen Kernen herum, bis er das letzte bisschen Fruchtfleisch mit seiner rauen Zunge abgeschabt hatte, und zehn Minuten später spuckte er den blanken Holzkern aus. Ich brauchte mich nur mit einem ausreichenden Vorrat an Mangokernen zu wappnen, und Jobi würde bereitwillig bis Cap Sainte Marie marschieren.

Christian hatte diese Reise viele Male gemacht, wenn auch nie zu Fuß, und er erinnerte sich haargenau, wo der erste Kühlschrank auf der 60-Kilometer-Strecke zu finden war. In einem ungewöhnlich solide gebauten und gut möblierten *hôtely* bestellte ich drei große Flaschen Cola. Sie waren so kalt, dass das Eis klirrte, das sich innen gebildet hatte, als wir unsere Gläser füllten.

Ich ging hinaus und setzte mich auf die Veranda hinter der Bar. Ein paar alte Männer saßen im Kreis um ein *bao*-Brett herum und führten Hände voller Kieselsteine in schnellen und komplizierten Sprüngen durch eine Reihe von becherförmigen Vertiefungen in dem Holzbrett. *Bao* war ein Spiel, das Erinnerungen an meine Kindheit in Nigeria in mir wachrief. Ich hatte es einst zwischen den Betonbaracken gespielt, die an unser Haus grenzten – im Prinzip verbotenes Terrain für einen siebenjährigen *expatriate*. Aber das war lange, lange her, und angeblich gibt es ebenso viele *bao*-Versionen auf den Inseln des Indischen Ozeans und dem afrikanischen Festland wie verschiedene Sprachen. Ich wusste fast nichts mehr von meinen *bao*-Spielen in Nigeria. Das Einzige, was mir dazu einfiel, war ein großer Topf mit selbst gemachten Süßigkeiten, die unser Koch in seiner Hütte hatte.

Wir winkten zu einer Polizeisperre auf der anderen Straßenseite hinüber, und zwei verschwitzt aussehende *pôlisy* winkten zurück. Sie stritten gerade mit dem Fahrer eines überfüllten Buschtaxis und machten sich nicht die Mühe, unsere Papiere zu prüfen. Mit dem Fahrer ließ sich mehr Geld verdienen. Nachdem Saphir mir noch frisch in Erinnerung war, hatte ich gewisse Bedenken, Jobi durch eine so große Stadt wie Ambilobe zu führen. Aber Christian lotste uns in ein nahezu ausgestorbenes Hintergässchen, das parallel zur Hauptstraße verlief, und wir schlugen uns mit einem Minimum an Lärm und Aufregung zu einer kleinen Wiese am anderen Ende der Stadt durch.

Diese Wiese bildete den einen Rand einer Verkehrsinsel im südlichen Distrikt Ambilobes. Es gab keine Bäume, die ich als Pfosten zum Anbinden von Jobi hätte verwenden können. Also raffte ich ein dickes Grasbüschel zusammen und schlang Jobis Seil darum. Ich hatte inzwischen gelernt, die Satteltaschen möglichst reibungslos auf- und abzuladen, sodass Jobi bald stillvergnügt und Seite an Seite mit den beiden Kühen im saftigen Gras weidete.

Fiarena war nirgends zu sehen.

»Ich behalte die Tiere im Auge«, bot sich Landry an. »Dann könnt ihr beide essen gehen.«

Wir gingen zum Markt hinunter, vorbei an der üblichen Ansammlung von Verkaufsbuden, wo Handtücher aus Indien und Plastikwaren made in China angeboten wurden. Und es gab Lambas in leuchtenden Farben mit aufgedruckten madagassischen Sprüchen: *Du suchst ein Mädchen? Kein Problem – wenn du ein Zebu hast, kannst du alle Mädchen der Welt haben.*

Ein Junge in einem »Titanic«-Sweatshirt ließ seinen Lieblingssong aus zwei knisternden Lautsprechern dröhnen. Ganz Madagaskar war im »Titanic«-Fieber. Sogar hier in Ambilobe hätte man auf einem kurzen Rundgang durch den Markt alle »Titanic«-Insignien finden können, die es überall auf der Welt zu kaufen gibt: T-Shirts, Handtaschen, Poster, Shorts, Uhren, Geldbeutel und Schlüsselringe. In Tana hatte ich 30-Liter-Rucksäcke gesehen, auf denen Leonardo und Kate in einer herzergreifenden Umarmung abgebildet waren.

Wir verließen den Marktplatz, überquerten eine Straße, die mit Papier und Plastikflaschen übersät war, und gingen in ein *hôtely*. Es war so voll, dass die Essensgäste an dem langen Tisch zusammenrücken mussten, damit wir uns ans Ende der Bank quetschen konnten. Das *hôtely* war eine typische Buschtaxi-Servicestation, und das Essen daher einfach, reichlich und billig. Wasserkrüge und aufgestapelte Plastiktassen standen längs der Tischmitte bereit. Christian nahm sich Wasser, und ich bestellte eine Cola. Ich würde noch oft genug in ländlichen *hôtely* essen, wo ich gezwungen sein würde (ob aus Höflichkeit oder Notwendigkeit), zu nehmen, was da war. Nach der üblichen »*hôtely-belly*-Attacke«, die mich in den Anfangszeiten den Antananarivo-Quickstepp gelehrt hatte, verließ ich mich jetzt darauf, dass der regelmäßige Cola- und Joghurtgenuss meine Eingeweide zu einer ungastlichen Umgebung für die örtlichen Parasiten gemacht hatte.

Auf einer Schiefertafel war das Gericht des Tages (und das von gestern und morgen) angekündigt. Da die Kost in diesen Straßenrestaurants nur wenig variierte, reichte mein Malagasy inzwischen aus, um die wenig umfangreiche Speisekarte zu übersetzen: *hen'anandro* (Fisch), *hen'akoho* (Huhn) und *hen'omby* (Rind). Diese Speisen machten erfahrungsgemäß nur einen kleinen Teil der Mahlzeit aus, die hauptsächlich aus gekochtem Reis bestand. Der Fisch war oft grätig und das Huhn meist zäh, aber Zebufleisch schmeckte manchmal köstlich, wie ich inzwischen herausgefunden hatte. Wir bestellten beide *hen'omby,* und es gab junge Cassava-Blätter dazu, die wie Spinat zubereitet waren. Das Rind schmeckte gut, und es gab genügend Sauce für den Reis.

Landry döste auf einem Haufen Säcke in der Nähe der Zebus, als wir zurückkamen.

»Fiarena war schon da, Mann«, sagte er. »Er hat gesagt, ich soll euch ausrichten: *Adieu et bon voyage*. Er übernachtet hier bei Verwandten und fährt morgen mit einem Buschtaxi nach Anivorano zurück.«

Auf der anderen Seite der Verkehrsinsel stand eine kleine Bretterbudenbar mit einer Veranda, von der man die Zebus gut im Auge behalten konnte.

»Wir haben jetzt über ein Drittel der Strecke bis Nosy Be geschafft«, sagte ich zu Christian, während Landry zum *hôtely* hinübertrottete. »Ich finde, das muss gefeiert werden.«

Obwohl ich den Eindruck hatte, dass Christian mir insgeheim beipflichtete, war er doch sichtlich froh, dass der Vorschlag von mir kam. Wir saßen auf wackligen Stühlen um einen niedrigen Tisch und beobachteten die Vorüberkommenden, die dem Markt zustrebten oder von dort zurückkamen. Meine Satteltaschen waren an der Hauswand der Bar aufgetürmt, und auf der gegenüberliegenden Straßenseite grasten unsere Zebus. In der »besten aller Welten« sollte ein Three-Horses-Bier immer so gut gekühlt sein, dass man Frostbeulen am Kopf bekommt, und nachdem wir die ersten beiden kältebeschlagenen Flaschen hinuntergestürzt hatten, verwandelte sich Ambilobe im Handumdrehen in den etwas verlotterten Vorort dieser idealen Welt.

Als Landry schließlich zu uns hochgerannt kam, war die Welt rundum in Ordnung. »Schade, dass wir nur bis Nosy Be mit dir kommen«, meinte er und hob sein Glas. »Wir möchten am liebsten den ganzen Weg bis Cap Sainte Marie mit dir zusammen reisen, Mann.«

Christian sprach ihm aus dem Herzen, als er sagte: »Das würde ich auch tun, wenn ich nicht nach Hause zurückmüsste.«

»Ich könnte es mir gar nicht leisten, dass wir zu dritt den ganzen Weg machen. Wir gehen zusammen nach Nosy Be – ich muss dort ein paar Sachen auf dem Postamt aufgeben –, und dann muss ich allein weiter«, erwiderte ich.

Jobi hielt sich bisher gut, soweit ich es beurteilen konnte: Sein Buckel war nach wie vor groß und fest, und sein Fell glänzte. Er hatte keine Schrunden unter den Satteltaschen, und seine Hufe wiesen keine Schäden auf. Ich war dankbar für Christians und Landrys Hilfe, aber ich hatte das Gefühl, dass meine Lehrzeit jetzt hinter mir lag, und ich freute mich darauf, mit Jobi allein weiterzumarschieren.

Ein paar Schaulustige rotteten sich zusammen, während ich Jobi belud. Er schüttelte die Hörner und fing an zu stoßen. Die Hitze und ein voller Bauch hatten ihn träge und langsam gemacht, sodass es kein Problem für mich war, ihn mit dem Seil im Griff zu behalten. Ich hievte mir den Rucksack auf den Rücken, und unser kleiner Konvoi machte sich wieder auf den Weg und schlängelte sich durch den Verkehrsstau auf der staubigen Straße: ein paar alte französische Lastwagen, ein Dutzend Peugeot-Pickups und ein kunterbunt durcheinander gewürfeltes Motorrad-Chaos. Frauen, die mit Bananenstauden oder Baguette-Körben auf dem Kopf dem Markt zustrebten, blieben stehen und starrten uns an, wenn wir vorüberkamen, um dann ihre Verblüffung schnell mit einem Lächeln zu überspielen.

Barfüßige Schulkinder in gestärkten blau-weißen Uniformen, die von der Schule nach Hause liefen, grüßten mich im Vorbeigehen mit einem freundlichen »*Salut, vazaha*!«. Die Kinder verschönerten mir den ohnehin prächtigen Tag, an dem ein richtiges Bilderbuchwetter herrschte und eine strahlende Sonne vom tiefblauen afrikanischen Himmel lachte.

Ein alter Mann in einem weißen Lamba und einem verbeulten Homburg hielt an und lehnte sich mit beiden Händen auf seinen knorrigen Gehstock. »*Bon voyage, monsieur*«, sagte er in stolzem, sorgfältig artikuliertem Französisch, um den Kindern zu zeigen, dass er auch gebildet war.

Nach kurzer Zeit waren wir am nördlichen Ufer des mächtigen Mahavavy-Flusses, einem breiten, rostbraunen Wildbach, der in der Regenzeit das Aussehen eines Urwaldstroms annimmt und gewaltige Vegetationsmassen in die Straße von Mosambik schwemmt. Die große, weiße Betonbrücke wirkte hier ziemlich fehl am Platz, und es war kein Wunder, dass die Zebus sich misstrauisch zeigten. Aber die einzige Alternative war eine winzige Holzfähre, die an den großen Bäumen vertäut war und wie eine harmlose Nussschale in der Weite dieses reißenden Stroms wirkte. Da ich dem zerbrechlichen Gefährt noch weniger traute als Jobi der Brücke, blieb mir nichts anderes übrig, als ihn hinüberzutreiben.

Von der Mitte der Brücke schaute ich flussaufwärts zum Tsaratanana-Massiv und zum Maromokotro, dem höchsten Berg der Insel, auf dem der Mahavavy entspringt. Für einen Psychologen wäre es sicherlich aufschlussreich, wie jemand einen Fluss sieht. Mich faszinierte instinktiv, wie es in dem fernen Gebiet aussah, in dem der Mahavavy noch jung und reißend war. Ich wollte wissen, wo diese schwimmenden Baumstämme und Vegetationsinseln abgerissen worden waren. Ein ebenso romantischer – und erst recht ein noch romantischerer – Reisender hätte vielleicht eher flussabwärts geblickt, wo der inzwischen gesetztere Mahavavy sich bald in einem riesigen Delta aus Mangrovensümpfen ausbreitete, das mancherorts von Sakalava-Fischern besiedelt war. Oder noch darüber hinaus, zu den glitzernden Riffen und den Inseln der Straße von Mosambik.

Jobis Hufe schlugen hohl auf dem Asphalt auf, und ich nahm an, dass er weder rechts noch links schaute, sondern ganz im Bann des Abgrunds war, der unter seinen Hufen gähnte. Er schien sichtlich erleichtert, als er am südlichen Ufer des Mahavavy wieder festen Boden betrat. Es waren die stillen, brütenden Stunden des Nachmittags, und selbst die Vögel waren in der Hitze verstummt, aber etwa 100 Meter weiter führte Christian uns auf einen Weg, der im Schatten von Bäumen lag. Ich fühlte mich an einen von Brennnesseln überwucherten englischen Reitpfad erinnert, da ein tiefer Kanal auf der rechten Seite des Weges entlangschoss. Ein Angler, der rauchend am anderen Ufer saß, während sein Schwimmer auf dem Wasser herumhüpfte, verstärkte noch dieses Heimatgefühl.

Ich trieb Jobi voran und hielt ihn in Bewegung, indem ich das verknotete Ende des Seils leicht über sein Hinterteil zog. Wenn er allzu langsam wurde, reichte eine Hand auf seinem Schwanz aus, um ihn vorübergehend auf Trab zu bringen. Ich hatte keinen Platz, um ihn zu überholen, und als ich merkte, dass die Kühe dicht hinter mir waren, bediente ich mich dieses Tricks, um sie auf Abstand zu halten. Ich hatte gesehen, wie die Kühe heimtückisch ihre Hörner gegen Christian und Landry geschwungen hatten, und ich wusste, dass jedes Jahr Menschen von angeblich zahmen Zebus getötet werden. Aber die Kühe liefen jetzt los, um mit der »Herde« Schritt zu halten. Ich klammerte mich an Jobis Schwanz fest, außer Reichweite seiner Hörner, und ließ mich mitziehen, als wir zwischen einer Böschung mit Dornengestrüpp und dem steilen Abhang zum Kanal stürmten. Der wilde Lauf auf diesem Pfad erinnerte mich allerdings weniger an *good old England* als vielmehr an Pamplona und die morgendlichen Stierjagden.

Eine Schar nackter Kinder, die von einer Steinbrücke hopsten, hörte mit ihrem Treiben auf und krähten: »*Vazaha, vazaha*!« Christian zeigte auf einen staubigen Gestrüppfleck, an dem der Pfad sich verbreiterte.

»Wir lassen die Tiere hier, während wir uns waschen.«

Dicht an der Straße, wo das schlüpfrige Ufer Zugang zum Wasser bot, zogen Männer und Frauen sich ungeniert aus, um ihr Nachmittagsbad zu nehmen. Als ich zu der Brücke hinüberging, johlten die Kinder mit neuer Begeisterung los: »*Salut, vazaha, salut, vazaha*!« Ein nackter alter Mann, der mit seinen nachmittäglichen Waschungen beschäftigt war, wies sie streng zurecht.

Aller Augen waren auf mich gerichtet, als ich am Ufer entlangging und nach einem freien Badeplatz Ausschau hielt. Ich war mir immer noch nicht sicher, ob ich lieber in der Unterhose baden sollte oder nackt wie alle anderen. Ich kam an eine Stelle, an der eine trügerische Schlammböschung zum Wasser hinunterführte, und machte mich daran, mein Hemd auszuziehen. Während ich meine Shorts aufknöpfte, schaute ich verschämt am Ufer entlang zur Brücke und stellte zu meiner Verwunderung fest, dass mich niemand beachtete. Es war das erste Mal, dass ich in der Öffentlichkeit nicht angestarrt wurde, seit ich das Touristenstammlokal in Diego verlassen hatte. Ich zog mich aus und wusch mich in dem kalten Fluss. Sogar die kleinen Kinder auf der Brücke widerstanden der Versuchung, einen Blick zu riskieren und nachzusehen, ob ich überall *fotsy* (weiß) war. Es war eine wertvolle Lektion für mich: Die einzige Art und Weise, wie ein *vazaha* sich im ländlichen Madagaskar unsichtbar fühlen kann, ist, nackt zu gehen.

Kühl und erfrischt brachen wir wieder auf. Jobi tänzelte nervös zu dem schrillen Chor, der hinter uns ertönte: »*Au revoir, vazaha! Bon voyage, vazaha!*«

Dank Christians willkommenem Querfeldeinabstecher hatten wir die Schnellstraße um eine weite Biegung abgekürzt. Auf einem langen, geraden Abschnitt, der an einem Deich entlang durch eine weite Ebene mit smaragdgrünen Reisfeldern führte, kehrten wir wieder zu ihr zurück. Wir passierten eine Wiese, auf der eine Herde Zebus graste, deren Kälber übermütig herumtollten. Fröhlich flatternde orangerote Flammenwimpel trieben eine Mauer aus mannshohem, wandelnden Gras vor sich her. Dahinter breitete sich eine schwarze, saatbereite Fläche vor den Reisbauern aus. Die Flammen leckten schon an einem kleinen Gehölz – eines der wenigen, die in dieser menschengemachten Landschaft noch existierten. Als wir auf gleicher Höhe waren, sahen wir Männer, die ihre Lambas über die Köpfe gezogen hatten und das Feuer überwachten. Uns schien es, als könnten wir bereits die Blätter kochen und die Stämme auseinander bersten hören.

Wir trieben unsere Zebus von dem Deich zu einem kleinen See hinunter, wo sie wieder ihren Durst löschen konnten. Große Frösche (es gibt keine Kröten auf Madagaskar) platschten vom Ufer ins Wasser, als die drei großen, schwarzen Tiere bis über den Bauch ins kühle Nass des Sees wateten. Die Sonne ging allmählich unter, während wir dasaßen und das Feuer beobachteten. Es war schwer zu sagen, ob die Flammen außer Kontrolle gerieten oder der orangerote Glanz, der sich über die Ebene hinter ihnen legte, sie nur wilder aussehen ließ.

Das Abholzen und Abbrennen kleinerer Flächen war ein Anblick, der mich auf meiner ganzen Reise durch das ländliche Madagaskar begleitete. Sogar in den unbewohntesten Gebieten trug die entblößte Landschaft die tiefen Narben einstiger Erosion. Trotzdem war ich unfähig, das ganze Ausmaß der schrecklichen Wahrheit zu begreifen – was es bedeutet, wenn 75 Prozent der viertgrößten Insel der Welt offiziell als stark erodiert eingestuft werden. Weiterhin werden schätzungsweise 25 Prozent Jahr für Jahr gezielt abgebrannt, um Reis anzubauen oder Grünfutter für das Vieh zu erhalten.

Madagaskar hat sich sogar eine ganz spezielle Art der Landerosion zugelegt. Ich hatte die schrecklichen, krebsartigen roten

Erosionsschrunden, die *lavaka* genannt werden, von einer Air Madagascar 747 aus gesehen, als sie ihren holprigen Landeanflug über der Nordwestküste der Insel begann. Diese Schrunden entstehen dort, wo die gerodete Erde sich an den Talrändern nicht länger halten kann und in immer weiter um sich greifenden Erdrutschen in den Fluss bricht. Aus der Luft sah es wie ein schlechter Witz aus: Wie eine Kinderzeichnung von blühenden Bilderbuchbäumen, die mit blutroten Linien in die grüne Haut der Insel eingeritzt war.

Die »Große Rote Insel« wird von Jahr zu Jahr ärmer, und die immer dünner werdende Lateriterdschicht wird weiterhin mit tiefroten Schlammströmen ins Meer hinausgespült. Von Astronauten hört man, dass Madagaskar regelrecht ausblute. Nachdem über die Hälfte der Inselbewohner unter 15 ist, wird die Bevölkerung sich innerhalb eines Vierteljahrhunderts verdoppelt haben: Bis dahin ist die Insel vielleicht schon verblutet.

Aber ein hungriger Bauer, dessen einzige Sorge es ist, seine Familie satt zu bekommen, und zwar hier und heute, kann sich den Luxus nicht leisten, über solche fernen Desaster nachzudenken.

Die Sonne ging unter, als wir das ferne Ende eines lang gestreckten Dorfes erreichten, das sich zwei Kilometer an der Straße hinzog und dabei nie mehr als zwei Hütten breit war. Der Vorgarten des Dorfvorstehers war laut und betriebsam, von Frauen, Kindern und Hunden bevölkert. Bei unserem Auftauchen brachen die Frauen in lautes Geschrei aus, die Kinder stoben auseinander, und der Dorfvorsteher, dessen Kugelbauch über den Bund seiner Nadelstreifenhose hing, kam uns entgegen, um uns feierlich zu begrüßen.

Sein Haus war der einzige Betonbau in dem Dorf, und es war der ganze Stolz von Monsieur Rabearison, der uns und unsere fußlahmen Zebus ohne viel Aufhebens zur Hintertür scheuchte.

Wir warteten, während Monsieur Rabearison durch das Haus zurückstürzte und gedämpfte Befehle an seine weiblichen Bewohner austeilte. Nach ein paar Minuten kam er zurück, ein weißes Hemd über seinem vor Schweiß glänzenden Bauch zuknöpfend.

Der hintere Raum war das Esszimmer, aber ein rostiger Aktenschrank deutete darauf hin, dass es gelegentlich auch als Büro diente. Nachdem Monsieur Rabearison Christian und mich – Landry kümmerte sich draußen um die Tiere – an eine Seite des Tisches beordert hatte, holte er ein rosa Schulheft, einen Füllhalter, einen Einschwärzballen und die kostbarsten Insignien seines Ranges hervor – die Stempel. Monsieur Rabearison war ein »Acht-Stempel-délégúe«. Zum ersten Mal, seit wir Anivorano verlassen hatten, wurden unsere Pässe eingehend geprüft und alle Angaben in sorgfältiger Schönschrift übertragen. Monsieur Rabearisons Zungenspitze ging vor Anstrengung mit, als der Sachverhalt auf dem blassblauen Karo des Millimeterpapiers der Geschichte überantwortet wurde.

Sodann erhob er sich mit großer Förmlichkeit: »Willkommen in meinem Dorf. Wenn Sie mir die Ehre antun wollen, für die Nacht meine Gäste zu sein, werden wir diesen Tisch gegen die Wand schieben, und meine Frau bringt ein paar Matratzen herein.«

Monsieur Rabearisons Haus lag in unmittelbarer Nähe der Wasserversorgung des Dorfes. Dabei wurde mir bewusst, wie weit man es in einem zwei Kilometer langen madagassischen Dorf bis zum nächsten Wasserhahn haben kann. Wir hielten uns gegenseitig den Wasserschlauch, während wir uns der Reihe nach in unseren Shorts wuschen. Dann durchwühlte ich mein Gepäck nach den am wenigsten schmutzigen Kleidern, die ich noch hatte, und recycelte sie – ein Vorgang, den ich noch mehrmals wiederholen musste, bis ich endlich eine Wäscherei auf Nosy Be fand.

Es klopfte an der Esszimmer-/Empfangsraum-/Gästezimmer-Tür, und Madame Rabearison erschien mit zwei voll gehäuften

Reistellern. Ein junges Mädchen folgte ihr mit einem dritten Teller und einer Schüssel fettigen Wassers, aus dem gekochte Hühnerbeine und drei Löffel hervorschauten.

»*Misaotra*!« – Danke –, sagten wir im Chor, als die beiden Frauen das Essen auf den Tisch stellten und mit stummem Lächeln wieder verschwanden.

Auf der Veranda an der Vorderseite des Hauses fand jetzt ein Palaver zwischen Monsieur Rabearison und drei anderen Männern statt. Monsieur Rabearison saß mit dem Rücken zur Wand, und als wir kamen, standen zwei der Männer auf und gingen. Der dritte, ein junger Bursche unter 20, der eine graue Anzugjacke ohne Hemd darunter trug, rückte ein Stück, um uns Platz zu machen. Monsieur Rabearison stellte ihn als seinen Bruder Jean vor.

Ich saß neben dem *délégué*, den Rücken gegen den kühlen Beton gelehnt, und beobachtete die zuckenden Blitze über den Baumwipfeln. Jenseits der Öllampe, die vor lebensmüden Insekten nur so knisterte, war die Nacht tintenschwarz, aber im Zucken der Blitze erhaschte ich Schwarzweiß-Schnappschüsse von den Kindern, die in einem alten Renault 5 im Hof spielten. Ich fragte mich laut, ob wir in dieses Unwetter hineinmarschiert wären.

»Es geht sicher gleich los«, meinte Christian. »Bis jetzt haben wir verdammt viel Glück gehabt.«

»Es zieht in die Richtung dort rüber, Mann«, bestätigte Landry. »Wir kriegen es entweder heute Nacht oder morgen.«

Monsieur Rabearison unterdrückte ein Gähnen. »Wenn Sie möchten, kann ich Sie heute Abend mit dem Auto in eine Bar bringen lassen.«

Sein Bruder Jean zuckte mit ebenso perfekt gespielter Beiläufigkeit die Schultern. Ich war sicher, dass dieser Barbesuch bereits sorgfältig erwogen und des Langen und Breiten durchdiskutiert worden war. Aber ihr Wunsch sollte mir Befehl sein, denn auf diese Weise konnte ich mich bei dem Dorfvorsteher für seine Gastfreundschaft erkenntlich zeigen.

»Gut«, sagte unser Gastgeber und ließ vergnügt die Maske der Beiläufigkeit fallen. »Mein Chauffeur ist schon auf dem Weg hierher.«

Der Chauffeur entpuppte sich als dritter Bruder und war wiederum ein völlig anderer Typ als der etwas verlotterte ältere Monsieur Rabearison oder der stille junge Jean. Er hieß Olivier, wurde aber Olli gerufen und war der größte Madagasse, den ich je gesehen habe: ein abgebrühter Typ mit Knasttätowierungen – was ein ungewöhnlicher Schmuck für einen Madagassen ist – auf den Unterarmen und einer Narbe, die über die ganze linke Hälfte seines Gesichts verlief und knapp über seinem Schnurrbart endete. Ich fragte mich, wie wohl der Mann aussehen mochte, dem er die Narbe verdankte.

Olli gab uns die Hand, und mit einem herrischen »*On y va!*« führte er uns zu seinem Renault. Die Kinder stoben kreischend auseinander, rotteten sich aber sofort wieder zusammen, um nur ja nicht die Sensation zu verpassen, dass der Wagen sich tatsächlich in Bewegung setzte. Christian, Landry und ich saßen auf der Rückbank. Monsieur Rabearison und Jean quetschten sich zusammen auf den Beifahrersitz, während Olli sich den Hals verrenkte und nach verirrten Kindern und Hunden in der Dunkelheit hinter dem Wagen Ausschau hielt.

»Wir fahren nach Ambilobe«, erklärte er.

Olli war offiziell der Chauffeur und inoffiziell der Leibwächter seines Bruders, aber ich erhielt bald den Eindruck, dass er derjenige war, der das Sagen hatte. Er gehörte zu den wenigen unangenehmen Madagassen, die mir auf meiner Reise begegneten.

Er taxierte lüstern die Barmädchen in der »Bar Oklahoma« in Ambilobe, mit dem Blick eines Mannes, der wusste, was er wollte, und der nicht vor »politischen Druckmitteln« oder Schlimmerem zurückschreckte, um es zu bekommen.

Der Besitzer des »Oklahoma«, ein schmieriger Typ in einem roten Seidenhemd, kam herüber und begrüßte uns mit einem Tablett voller Bierflaschen. Es waren jedoch *petits modèles*, die kleine Ausgabe. Olli schickte den Besitzer zur Theke zurück und beschuldigte ihn, dass er nur Queens serviere statt des guten alten Three Horses, weil sich Queens-Bier leichter verwässern ließe.

Natürlich sahen wir den Besitzer nicht wieder, und Olli glotzte die junge Kellnerin, die stattdessen mit einem Tablett Three-Horses-Bier zurückkam, diesmal in großen Flaschen, so unverhohlen an, dass selbst Landry sich genierte. Ich bezahlte die erste Runde und gab der Kellnerin ein besonders reichliches Trinkgeld, damit sie uns auch beim nächsten Mal noch bedienen würde.

Olli wurde sofort hellhörig, als er das bemerkte.

»Gut, was?«, fragte er grinsend.

»Ja, gut«, bestätigte ich und hielt mein schwitzendes Glas in das geisterhafte blaue Neonlicht, während ich mich absichtlich dumm stellte.

Wir stießen an, und Christian, Landry und ich lehnten uns wohlig seufzend zurück. Aber noch während ich mich in meinem knarzenden Bambusstuhl zurechtsetzte und das Neongeflacker und Gejaule der madagassischen Popmusik über mich hinwegschwappen ließ, spürte ich eine leichte Spannung bei den anderen. Olli beobachtete mich. Er hatte ein gezwungenes Lächeln im Gesicht und hob sein Glas, um mir kaum merklich zuzuprosten. Ich nickte zurück.

Der Abend schritt voran, und das Three Horses floss unsere Kehlen hinunter. Von der anderen Tischseite strömte mir die ruhige Vertrautheit entgegen, die mich mit meinen beiden Reisegefährten verband, und das schläfrige Behagen, das man in Gegenwart von Freunden empfindet, mit denen man sich nicht pausenlos unterhalten muss, um seine Freundschaft unter Beweis zu stellen. Es war ein langer, harter Tag auf der Straße gewesen, und wir genossen nahezu den dumpfen Schmerz in unseren Beinen, der ein Beweis für die zurückgelegte Strecke war.

Noch bevor wir unsere Flaschen ausgetrunken hatten, hob Olli bereits wieder die Hand, und die Kellnerin brachte uns das nächste Tablett. Als die Rechnung auf den Tisch kam, herrschte einen Augenblick peinliches Schweigen. Schließlich griff nur Christian in seine Tasche – also bezahlte ich wieder.

Meine beiden Freunde lehnten sich in ihren Stühlen zurück, und Landry trommelte im Takt der Musik mit den Fingern auf dem Tisch herum. Ich spürte, wie die Spannung rechts von mir immer mehr anstieg, je deutlicher sich zeigte, dass dieser Abend nicht die erhofften Exzesse bringen würde. An Ollis Blick konnte ich ablesen, dass die junge Kellnerin eine Hauptrolle dabei spielen sollte, und ich war ziemlich sicher, dass der Inhalt der Geldbörse eines gewissen *vazaha* als weitere »Trophäe« anvisiert war.

Jean hatte den ganzen Abend nichts gesagt, und Olli und Monsieur Rabearison steckten jetzt ihre Köpfe zusammen und tuschelten miteinander. Sogar an ihrer Körpersprache konnte ich ablesen, dass Olli der Boss war. Es war klar, dass jeder, der die Macht seines Bruders, des Dorfvorstehers, in Frage stellte oder bedrohte, es mit ihm zu tun bekommen würde. Olli selbst hätte sich mit seinem Knastlook und seinem Gangstergehabe nicht lange als Dorfvorsteher halten können. Bei ihm war es einfach zu offensichtlich, aber mit seinem Bruder als Deckmantel konnte er dennoch gewisse Vorteile daraus ziehen. Er wäre ein typischer *petit coq du village*, wie die Franzosen das nennen, ein kleiner Dorfgockel gewesen, wenn er nicht so unberechenbar gefährlich gewirkt hätte.

Als ich für das vierte (und letzte, wie ich mir vornahm) Tablett bezahlte, das diesmal auf Monsieur Rabearisons Bestellung mit einer großen Flasche weißem Zuckerrohrschnaps und zwei Colas beladen war, beugte Olli sich zu mir vor.

»Ich glaube, du magst mich nicht«, rief er über das Musikgejaule hinweg.

Monsieur Rabearison schaute weg, verlegen oder nervös.

»Was? ... Kann nichts verstehn!«, rief ich zurück und rang mir ein Lächeln ab.

»Ich hab gesagt, ich glaube, du magst mich nicht«, wiederholte Olli. Jetzt hatte es offenbar sogar Landry verstanden, denn ich spürte, wie er auf der anderen Tischseite seinen Stuhl leicht zurückschob.

»Ich weiß nicht«, antwortete ich.

Olivier stemmte zwei riesige tätowierte Arme auf den Tisch und versuchte mich niederzustarren.

Durchaus mit Aussicht auf Erfolg.

Obwohl ich ihn nie gern benützt habe, war mein verbeulter, alter Reisewecker aus Nostalgiegründen ein unverzichtbarer Teil meiner Ausrüstung. Der Batteriedeckel war vor langer Zeit verloren gegangen; die Klappe über dem Zifferblatt war abgebrochen, und ich hatte sie mit Isolierband und einem mit Alleskleber fixierten Jeansflicken ersetzt. Aber dieser Wecker hatte immer dafür gesorgt, dass ich rechtzeitig herausgekommen war, um zahlreiche glückliche Reisetage in vielen verschiedenen Teilen der Welt zu erleben.

Als er mich jedoch am nächsten Morgen um zwei Uhr aus dem Schlaf riss, wurde er rundweg verflucht und auf den Boden verbannt. Christian hatte bestimmt, dass wir um drei Uhr aufbruchbereit sein sollten. Jobis Satteltaschen verrutschten immer noch, und ich hatte mir vorgenommen, das Problem ein für alle Mal zu beheben, bevor wir uns wieder auf den Weg machten.

Ich lag im Bett und dachte an die vorige Nacht und war froh, dass wir aus dem Dorf verschwunden sein würden, ehe jemand aufwachte. Monsieur Rabearisons »Chauffeur« hatte uns zähneknirschend gegen elf Uhr zurückgefahren, nachdem er einen Zwischenstopp auf der Mahavavy-Brücke eingelegt hatte, um eine Zigarette zu rauchen und in den Fluss zu starren. Der reißende Strom reflektierte das Wetterleuchten, das von der See hereinkam, und Ollis Laune wurde mit jedem Donner finsterer. Auf dieser dunklen, schmalen Brücke, 20 Meter über dem schlammigen Fluss, war er nicht gerade die angenehmste Gesellschaft. Ich nahm mir vor, dass ich beim geringsten Warnsignal auf ihn losgehen und auf ihn einschlagen würde, so schnell und so fest ich nur konnte. Aber er brachte uns ins Dorf zurück und begnügte sich damit, mir fast die Hand zu zerquetschen, als er uns ein knappes »*Bon voyage*!« wünschte.

Ich war froh, dass ich noch mal davongekommen war.

Bis die anderen ihre Matratzen aufgerollt hatten, war es mir gelungen, Jobis Satteltaschen so fest wie nur irgend möglich zu zurren. Ich hatte auch ein neues System ausgetüftelt, mit Fallschirmseil, das mit den Nylongurten verflochten wurde, sodass ich Jobi in der halben Zeit auf- und abladen und den Stress verringern konnte, den diese Prozedur für ihn bedeutete.

Wir brauchten weitere zehn Minuten im Zebu-Zuckelgang, um aus dem unglaublich lang gestreckten Dorf herauszukommen. Die Tiere wussten offenbar, was jetzt von ihnen erwartet wurde, und die Kühe machten keine Versuche mehr, ins taufeuchte Gras auszubrechen. Das Unwetter, das am Vorabend gedroht hatte, schien sich in vereinzelte Wolkenzusammenballungen aufgelöst zu haben, die die Sterne verdeckten. Ich überprüfte unsere Position mit meinem GPS und trug sie in ein Notizbuch ein. Obwohl das Instrument Distanzen nur in gerader Linie messen konnte, waren die Ergebnisse nicht erfreulich: Wir hatten nur 68 Kilometer in 26 Gehstunden zurückgelegt, was einen Durchschnitt von 2,6 Kilometer pro Stunde bedeutete! Langsam – selbst für ein Zebu. Mag sein, dass es am Mondschein lag – ich stellte außerdem fest, dass ich genau 8008 Kilometer von meiner Freundin und meinem Zuhause in Madrid entfernt war.

Selbst in jenen stillen Stunden vor Tagesanbruch kamen gelegentlich Leute auf der Straße vorüber. Die Madagassen sind von Natur aus unglaublich freundliche, gesellige Menschen: Aus einer Zufallsbegegnung von zwei x-beliebigen Madagassen wird unweigerlich eine Freundschaft und aus einer Schlange von mehr als drei eine Party.

Und doch konnte es geschehen, dass – wie auf Verabredung – weder meine Freunde noch der vorüberkommende Fremde einen Gruß laut werden ließen. Anfangs grüßte ich erst recht und ganz besonders freundlich, und der Vorüberkommende grüßte zurück. Aber später hielt ich, neugierig geworden, den Mund, und nicht ein Wort oder ein Blick wurde zwischen den drei Madagassen gewechselt, die nur wenige Meter voneinander entfernt auf einem dunklen und ansonsten völlig verlassenen Weg aneinander vorübergingen. Es passte so gar nicht ins übliche Bild, und ich konnte nie im Voraus sagen, welche Begegnung ein vielstimmiges Begrüßungskonzert auslösen und welche in absolutem Schweigen verlaufen würde. Es gab Zeiten während meiner Reise durch Madagaskar, in denen ich ständig so viele neue Fragen hegte, dass ich kaum dazu kam, die alten zu beantworten. Mit dem Vazimba-Geheimnis zum Beispiel war ich noch keinen Schritt weitergekommen. Christian und Landry hatten mir Mademoiselle Josephines Beschreibung der Vazimba als haarige Zwerge mit einem Hang zu verbranntem Reis bestätigt, aber dadurch war ich auch nicht klüger.

Um sechs Uhr morgens, als es seit einer halben Stunde hell war, kamen wir durch einen winzigen Weiler. Das Geschrei prahlerischer Gockel und knurrender, balgender Hunde, gemischt mit menschlichem Räuspern, sagte uns, dass auch in diesem Dorf soweit alles in Ordnung war.

Rauchfahnen, lavendelfarben in dem schwachen Morgenlicht, stiegen hinter einigen der Hütten auf, und jetzt sahen wir eine Familie, die sich an ihrem Frühstücksfeuer wärmte. Wir winkten ihnen zu und trieben die Tiere über eine Böschung zu ihnen hinunter. Ein Paar in mittlerem Alter und zwei junge Mädchen hockten um das Feuer, immer noch in die geblümten Laken gehüllt, in denen sie geschlafen hatten.

Landry und Christian banden ihre Kühe auf einem kleinen Grasfleck am Straßenrand an, und ich machte Jobi an einem Bambusgestell fest, auf dem sich bald heimische Erzeugnisse wie Cassava, Yams oder Bananen stapeln würden. Ich holte die Kaffeedose und einen großen Aluminiumbecher aus Jobis rechter Satteltasche und drückte meinen Hut auf seinen Buckel. Die Gruppe am Feuer, die mir dabei zuschaute, brach in Gelächter aus. Der Vater nickte und grüßte fröhlich, um mich wissen zu lassen, dass ich willkommen sei. Auch ich lächelte und verneigte mich leicht, um die dargebotenen Hände höflich in meine beiden zu nehmen. Wir setzten uns dicht ans Feuer und streckten unsere Hände aus, weniger der Kälte als des wohligen Gefühls wegen, das man seit alters her mit einem knisternden Lagerfeuer verbindet. Ein Blechtopf, der wie ein alter Farbeimer aussah, hing über dem Feuer, und brodelnde Wasserblasen lugten unter dem Deckel hervor.

»Frag sie, ob wir ein bisschen Wasser haben können, Christian«, sagte ich. »Und ob sie gern Kaffee trinken möchten.«

Bald schlürften wir drei abwechselnd stark gesüßten, schwarzen Nescafé aus meinem verbeulten Becher, während unsere Gastgeber fröhlich ihre winzigen Emailbecher hoben, als wollten sie uns zuprosten.

Plötzlich sprang Christian mit einem Satz auf. Ich drehte mich um und sah ihn auf Jobi zustürzen, der dabei war, den Bambusstand zu demolieren, weil er unbedingt an einen Grasfleck herankommen wollte, der ihm offenbar saftiger erschien als das Zeug, das direkt vor seiner Nase wuchs. Unsere Gastgeber lachten über den kapriziösen *vazaha*-Ochsen, und ich band Jobi ein Stück weiter entfernt an, während Christian den Stand reparierte.

Eines der jungen Mädchen rührte Teig in einem anderen »Farbeimer« an. Ich fragte mich, wofür die ganze Farbe verbraucht worden war. Die Schwester des Mädchens brachte aus dem Innern der Lehmhütte ein kleines Tablett mit acht schalenförmigen Vertiefungen und harkte ein flaches Glutbett aus dem Feuer heraus. Öl und Teig wurden in die Schalen gelöffelt, und trauliches Frühstücksgebrutzel drang an unsere Ohren.

Jetzt übernahm die Mutter das Kommando und drehte nach kurzer Zeit die aufgehenden weißen Bälle herum, sodass die knusprige, goldene Kruste nach oben schaute. Es war *mofo gasy* – madagassisches Brot, und obwohl ich wusste, dass es nur aus gesüßtem Reisteig bestand, fing mein Magen gierig zu knurren an. Der Vater probierte das erste *mofo gasy*, das fertig wurde, und nickte seiner Frau anerkennend zu, ehe sie das Tablett herumreichte. Die Bällchen schmeckten süß, waren innen weich und außen herum knusprig karamellisiert.

Ich zog einen Geldschein aus meiner Tasche. Mit einem Lächeln auf mich und meine Freunde deutend, überreichte ich ihn dem Mann, der sein Frühstück mit uns teilte, mit beiden Händen. Selbst bei einem so winzigen Gegenstand wie einer Banknote wird ein höflicher Madagasse immer sein rechtes Handgelenk mit der Linken umfassen, damit es nach einer zweihändig ausgeführten Geste aussieht. Als wir wieder aufbrachen, war meine Wasserflasche mit Kaffee gefüllt, und wir hatten ein Büschel winzige, süße Bananen zum Naschen für unterwegs dabei.

Gegen halb acht war es schon gewaltig heiß, und die Landschaft dampfte vor Feuchtigkeit von dem Guss, der gestern Nacht hier niedergegangen war. Seidenspinnen hingen zwischen verkümmerten Bäumen reglos in der brütenden Hitze. Die Sonne knallte unbarmherzig auf uns hernieder: Die Schwüle wurde immer drückender, steigerte sich ins Unerträgliche, und eine wachsende Eintrübung am westlichen Himmel sagte uns, dass es nur eine Frage der Zeit war, bis ein Unwetter losbrechen würde.

Die Gegend hier war viel dichter bevölkert als das weniger zugängliche Bergmassiv. Wir durchquerten eine Reihe von Dörfern, in denen Kinder auf die überfluteten Höfe vor ihren Hütten herausstürzten und uns Grüße zuriefen. Ihre Eltern winkten uns von den Reisfeldern, die einen sumpfigen Malaria-Gürtel um jede der kleinen Siedlungen bildeten. Den ganzen Tag trotteten wir stetig weiter. Nur um die Mittagszeit machten wir zwei Stunden Pause neben einer Wiese, auf der die Zebus reichlich Nahrung fanden. Wir fegten das abgefallene Laub unter den Büschen am Straßenrand weg, da wir keine Lust hatten, mit Skorpionen und Tausendfüßlern Bekanntschaft zu schließen. Dann krochen wir in den Schatten, um ein bisschen zu dösen.

Wir befanden uns im großen Orangenanbaugebiet Madagaskars, und alle Dörfer, durch die wir kamen, hatten sich offenbar auf den Verkauf grüner Orangen verlegt. Die Ernte hatte eben erst begonnen, und sobald die Straßen in den Süden nach dem Ende der Regenzeit wieder passierbar waren, würden die Orangen zum Verkauf über die ganze Insel verschickt werden. Die Früchte waren noch nicht reif, aber die Ernte ist so groß und die Vertriebswege sind so unzuverlässig, dass die Einheimischen die bitteren grünen Orangen pflücken und verkaufen müssen, lange bevor die Haupternte reif ist. Wir kauften ein paar von diesen dunkelgrünen Früchten am Straßenrand und saugten sie beim Gehen aus. Jobi bevorzugte allerdings die Bananen und die selteneren Mangos.

Am späten Nachmittag hatte die Hitze offenbar ihren Kulminationspunkt erreicht, und die Gewitterwolken und zuckenden Blitze verhießen nichts Gutes. Unser Pfad neigte sich jetzt der Küste zu, und als ich meine Karte hervorholte, sah ich, dass wir ungefähr 20 Kilometer von der Straße von Mosambik entfernt sein mussten. Als wir aus der Ebene wieder einmal zu einer Kette niedriger, sanft gewellter Hügel aufstiegen, wurde die Landschaft zusehends malerischer. Die Straße wand sich durch steile Täler, die mit Bäumen der Reisenden bewachsen waren. Diese Form der Landschaft nennt man auf Madagaskar *savoka*: Sekundärwald, wo der Regenwald durch Brandrodung vernichtet, die Bewirtschaftung jedoch aufgegeben oder nie versucht worden war. Hier war es selbst für Reisterrassen zu steil.

Um die Städte im zentralen Hochland herum, in denen die Bevölkerungsdichte höher ist, habe ich Täler gesehen, die so dicht mit winzigen Reisfeldern zugepflastert waren, dass ein Spezialwerkzeug für die Bewirtschaftung von Landparzellen entwickelt wurde, die selbst für einen Spaten zu klein sind! Aber hier im Regenschatten des Tsaratanana waren die Bäume der Reisenden mit ihren Wasserreservoirs und feuerbeständigen Samen die großen Kolonisatoren der steilen *savoka* geworden.

Plötzlich und völlig unerwartet kam ein Fahrrad um die Kurve auf uns zugerast. Der Radfahrer fuhr wie der Teufel und trat mit voller Kraft in die Pedale, um das erste Stück des Hügels hinaufzukommen. Zwei große, silbrige Bündel, die an seiner Lenkstange hingen, blitzten in der Sonne. Einen Augenblick später kamen zwei weitere Räder – wieder die üblichen schwarzen Klapperkisten, mit silbrig schimmernden Bündeln behängt – hinter ihm hergesaust. Verblüfft schaute ich den Radfahrern nach, die nicht minder verdattert zurückstarrten, als sie sich plötzlich Auge in Auge mit einem *vazaha* und einem Zebuochsen fanden.

»Fisch«, erklärte Christian und lachte über meine Verwunderung. »Sie bringen Fisch zum Verkauf ins Landesinnere.«

20 Fahrräder später trafen wir auf einen Unglücklichen, der sich in einer Schlammpfütze am Straßenrand mit einem Loch im Reifen abplagte. Wir gaben ihm unseren letzten Rest kalten Kaffee und ein paar Orangen, und er erzählte uns seine Geschichte. Jeden Tag fuhr er 20 Kilometer von seinem Dorf zur Küste und wartete auf die Sakalava-Fischerboote. Er bekam den Fisch viel billiger, wenn er länger wartete, aber es war unbedingt nötig, dass er zwei große Bündel vom ersten Fang des Tages ergatterte. Diese band er an seine Lenkstange und radelte los, so schnell er konnte, da sein Erfolg davon abhing, ob er mit dem fangfrischen Fisch vor seinen Konkurrenten zurückkam.

Heute hatte er kein Glück gehabt und bezweifelte ernsthaft, ob er in der Lage sein würde, die beiden schimmernden Fischbündel überhaupt zu verkaufen. Ich dankte ihm für seine Geschichte, und wir kauften so viel von dem Fisch, wie wir tragen konnten, für unser Abendessen.

Gegen Sonnenuntergang dampfte die Landschaft wie eine überlastete Wäscherei. Drohende Wolken waren aufgezogen und hatten sich zu einer Gewitterfront zusammengeballt, die die Sonne verdeckte. Während ich das aufkommende Unwetter beobachtete, kamen zwei geisterhafte Silhouetten, vom letzten Leuchten der untergehenden Sonne angestrahlt, aus dem rauchigen Himmel auf uns zu gesegelt. Es folgten noch mehr, und in wenigen Minuten bildete sich ein endloser Strom von hunderten Flughunden, die stetig mit ihren langen Flügeln schlugen. Es war ein überwältigender Anblick – eines der eindrucksvollsten Naturschauspiele, das ich je erlebt habe. Die Tiere schwärmten vom drückenden westlichen Gewitterhimmel aus und flogen in einer Albtraumhorde zu ihren Nahrungsgründen in den Bergwäldern. Manche von ihnen streiften beinahe die Bäume der Reisenden. Ich war fasziniert von ihren süßen Hundebabygesichtern, die in einem so seltsamen Widerspruch zu den gruseligen, knochigen »Fingern« an der Vorderseite ihrer Flügel und ihrem Vampir-Image standen. Ich hatte noch nie einen so schauerlichen Exodus erlebt und starrte nach oben, bis mein Genick fast ebenso sehr schmerzte wie meine Beine.

Auch Christian, der unermüdlich auf seinen müden Beinen und in seinen zerrissenen Sandalen voranschlurfte, hatte einen Augenblick Halt gemacht und nach oben geschaut.

»Gutes Fleisch«, meinte er sehnsüchtig.

Der Regen setzte ungefähr eine Stunde nach Sonnenuntergang ein. Zuerst brodelte die Straße ein paar Sekunden lang unter den dicken Tropfen, und dann stürzte das Wasser in einer undurchdringlichen, silbrigen Wand herunter. Anderswo war der Regen segensreich: Er besprengte sanft die Saaten und tränkte das Vieh.

Aber hier prasselte er erbarmungslos herunter und brach den Bauern das Herz, indem er den jungen Reis niederpeitschte und die Flüsse anschwellen ließ, sodass die rote Erde in wahren »Bloody Mary«-Strömen fortgeschwemmt wurde.

Uns blieb nichts anderes übrig, als weiterzumarschieren. Christians und Landrys Beispiel folgend, zog ich mein Hemd aus und stopfte es in eine Plastiktüte oben in meinen Rucksack. Ich drückte mir den Hut tief in die Stirn und spürte, wie mir das Wasser durch Shorts und Stiefel rann. Es war, als sei die ganze Landschaft überflutet. Sogar die Straße, die zu beiden Seiten von steilen Böschungen begrenzt war, lag zentimetertief unter Wasser: Der Regen stürzte so schnell herunter, dass er keine Zeit zum Ablaufen hatte.

Die größte Gefahr für uns waren die wenigen Buschtaxis, die immer noch hin und wieder vorüberkamen. Ihre Sicht musste gleich null sein, was sie aber nicht von der üblichen Raserei abhielt. Selbst unter guten Bedingungen entsprachen diese Taxis bei weitem nicht den eh schon laxen Sicherheitsvorschriften Madagaskars. Es ist nichts Ungewöhnliches, dass der Besitzer einer Buschtaxiflotte nur über ein einziges gut funktionierendes Bremssystem oder einen einzigen anständigen Satz Reifen verfügt. Dieses kostbare Zubehör ist aber meistens nicht verfügbar, weil es vorübergehend in dem Gefährt installiert ist, das gerade zum jährlichen Sicherheitscheck muss!

Zwei Scheinwerfer flammten in dem Wasserfall vor uns auf, während der Wagen kreischend um die Ecke schoss. Ich schickte ein Stoßgebet zum Himmel, dass der Fahrer uns sehen möge. Jobi war auf dem Abhang hinter mir in Sicherheit, aber die Kühe gingen Seite an Seite auf der Straße. Christian und Landry brüllten und schwenkten ihre Stöcke und taten alles, um die Kühe von der Straße zu treiben, aber die störrischen Tiere ließen sich nicht herüberbewegen. Die Lichter kamen auf uns zugeschossen, als ich der alten Kuh einen harten Stoß gegen die Schulter versetzte. Sie stieß zurück, während sie drohend ihre Hörner zu mir herumschwenkte und sich noch weiter auf die Mitte der Straße zu bewegte.

Christian rief: »*Attention*!«

Ich duckte mich hinter die Kuh, als der Pick-up vorbeischoss. Er musste ihren Kopf um Haaresbreite verfehlt haben! Ich angelte rasch meine Stirnlampe und die Maglite aus meinem Rucksack und gab Christian die Maglite. Mit den Leuchten konnte man uns vielleicht besser und rechtzeitig sehen. Der Regen kam immer noch in unglaublichen Sturzbächen herunter, und wir konnten nichts weiter tun, als voranzutrotten. Irgendwann gegen neun sahen wir die Lichter eines Dorfes, und im selben Moment hörte der Regen so abrupt auf, als hätte man ihn abgedreht wie einen Wasserhahn.

Dunkle, lächelnde Gesichter drängten sich in den Fenstern der Gästehütte, und vom Palmdach tröpfelte der Regen herunter. Als Christian dem Dorfvorsteher unsere Neuigkeiten mitgeteilt hatte, war ich bei meiner dritten Tasse Reiswasser, einer kaffeebraunen Brühe, die beinahe ein Nationalgetränk im ländlichen Madagaskar ist und oft scherzhaft als *whisky malgache* bezeichnet wird. Dafür wird Wasser mehrere Minuten mit angebranntem Reis in einem Topf gekocht. Das Gebräu schmeckt nicht nur überraschend gut, sondern hat auch noch den Vorteil, dass es beruhigend steril ist.

»Wenn Sie in der Nacht Wasser lassen müssen«, erklärte mir der alte Dorfvorsteher, wobei er vermutlich an den vielen *whisky malgache* dachte, den ich getrunken hatte, »dann gehen Sie zum Nordrand des Dorfs und auf keinen Fall in das Brachland hier.« Er zeigte auf die wuchernde Vegetation vor der Tür draußen, wo die Zebus grasten. »Hier würden Sie Ihr Wasser nach Süden lassen, und das ist *fady* in unserem Dorf.«

Selbst von einem Madagassen, der die Insel bereist, könnte man unmöglich verlangen, dass er alle Vorschriften in jedem einzelnen Dorf kennt, und ein *vazaha*, der unwissentlich ein Tabu bricht, geht auch keine große Gefahr ein, wie manche Autoren behaupten. Man sollte jedoch in allen Teilen der Insel sehr vorsichtig in der Nähe von Gräbern sein, und es ist auch nicht ratsam, diese als Hintergrund für Urlaubfotos zu nehmen. Wenn man jedoch ausdrücklich gesagt bekommt, dass es tabu ist, nach Süden zu urinieren, und man es trotzdem tut, bedeutet das, dass man absichtlich einen Fluch über das Dorf heraufbeschwört. Das Mindeste, womit man in diesem Fall rechnen müsste, wäre die sofortige Ausweisung.

Während der Dorfvorsteher redete, schlug ich die ganze Zeit wild nach den Moskitoschwärmen, die vom Unwetter hereingetrieben worden waren, und kratzte mich wie besessen. Ich war froh, als ich die fetten rosa Gestalten zahlreicher Geckos in den Ecken und entlang der Bambusdachsparren unseres Schlafquartiers entdeckte, aber bei diesen Massen an Mücken brauchte es offensichtlich drastischere Maßnahmen als ein paar kleine Echsen. Ich brach eines der kleinen Fläschchen mit meinem Anti-Moskito-Mittel ab und rieb das Zeug in meine Kniekehlen, auf Füße und Knöchel, Hals und Handrücken. Der Dorfvorsteher und die Menge am Fenster verfolgten höchst interessiert das Gebaren dieses seltsamen *vazaha*. Ich beendete die Vorstellung, indem ich mir gegen das nervtötende nächtliche Sirren etwas Mückenschutzmittel in beide Ohren tupfte – mein Publikum brüllte vor Lachen.

Ich durfte nicht den Eindruck erwecken, als seien Moskitostiche für mich unerträglicher als für meine Gastgeber, auch wenn die Malaria, die ich mir dabei einhandeln konnte, bei meinen geringeren Widerstandskräften viel verheerender wäre als bei einem Ortsansässigen. Deshalb reichte ich die Flasche mit beiden Händen an den Dorfvorsteher weiter. Als die kichernde Versammlung uns mit unserem gekochten Fisch und der Aussicht auf baldigen, heiß ersehnten Schlaf allein ließ, war die Flasche leer und die ganze Hütte von süßlichem Zitrusduft erfüllt. Meine

Hüften und Knie hatten sich bereits an die Form der Bambuslatten unter meiner Matratze angepasst, und ich schlief tief und fest, als unsere Pässe vom Sohn des Dorfvorstehers zurückgebracht wurden.

Wir waren über zwei Stunden marschiert, als eine unzeitgemäß dunstige Sonne an einem düsteren, bleigrauen Himmel aufstieg. Der Morgennebel hing in dicken, kalten Schichten in den Gräben und wirbelte wie ein Gespensterheer über die Reisfelder. Als die Sonne höher stieg, wurde die anfängliche Kühle drückend, und wir konnten einen Hitzesturm in der Luft riechen.

Beramanja war eines der vielen verschlafenen Straßendörfer, mit ein paar Bars und Bambusständen, auf denen die üblichen Bananen und Mangos und endlose Pyramiden grüner Orangen auslagen. An einer Betonbaracke, von der die Farbe abblätterte, lud ich Jobi ab und band ihn mit den Kühen auf einer Grasfläche fest. Eine große Frau stürzte in den Hof heraus und schlang sich im Gehen einen Lamba um ihren üppigen Busen.

»*Salut, vazaha! Ny vaovao?*« – Was gibt es Neues?

»*Tsy vaovao!*« – Nichts Neues!

Sie lachte schallend und voll Herzlichkeit.

Sie hieß Helena, war Witwe und die Besitzerin der vermutlich gastlichsten, wenn auch äußerst schlecht sortierten Bar in Nord-Madagaskar. Trotz der vielen Blechschilder, auf denen Erfrischungen aller Art angekündigt waren, wurden wir gebeten, Three-Horses-Bier oder *Bonbon Anglais* in einer anderen Bar um die Ecke zu kaufen. Wir könnten es dann ins »Chez Helena« mitbringen und das Getränk dort in Ruhe genießen. Eine merkwürdige Art, einen Betrieb zu führen …

Wir breiteten eine Decke im Hof unter dem Schatten eines Papayabaums aus, der dicke, rugbyballförmige Früchte trug, die bereits verlockend reif aussahen, aber die Sturmwolken, die sich zusammenballten, trieben uns bald in einen leeren Lagerraum.

Einmal wurde ich von einem seltsamen rhythmischen Wummern geweckt, das ich durch die Pfähle der Hütte und die Ritzen des Bambusbodens nicht so sehr hörte als vielmehr spürte. Erst als ich mich herumwälzte und durch den Eingang hinausschaute, weil ich wissen wollte, was mich aufgeweckt hatte, hörte ich das Wummern tatsächlich und sah Helena unter dem schützenden Giebel einer Nachbarhütte Cassava stampfen.

Es goss bereits heftig, als sie uns mit einem Nachmittagsimbiss aufweckte. Auf Madagaskar gilt Cassava oft als Reis des armen Mannes, weil es in Jahren, in denen die Reisfelder von Heuschreckenschwärmen vernichtet werden, als Grundnahrungsmittel dient. Es erinnert an eine faserige, geschmacklose, gekochte Kartoffel. Im Westen wird Cassava bezeichnenderweise zur Herstellung von Kleister verwendet. Cassava ist jedoch, wenn man sie reichlich mit Zucker bestreut, ganz genießbar. Wir saßen mit gekreuzten Beinen auf dem Boden, aßen gezuckerte Cassava und schauten auf die Pfützen im Hof hinaus, die unter dem stetigen Bombardement des Regens immer mehr zusammenwuchsen. Helena saß da und beobachtete uns.

»Wo stammt Ihre Tätowierung her, *vazaha?*«, stieß sie plötzlich hervor.

Weder Christian noch Landry hatten mich je nach der Tätowierung um meinen linken Bizeps gefragt. Ein altes *fady* besagt, dass man nicht die *fady* der anderen auskundschaften soll. Das war auch der Hauptgrund für meine eigene Zurückhaltung in Bezug auf die Bräuche der Menschen gewesen, mit denen wir zusammengekommen waren. Es handelt sich um eine Vorschrift, die offenbar auf die Angst vor bösen Zauberern zurückgeht, von denen es heißt, dass sie im Land umherreisen und sich die Kräfte der Leute aneignen, indem sie die örtlichen *fady* ausspähen.

Helena hatte ihre Neugier einfach nicht bezähmen können, und jetzt spitzten auch meine Reisegefährten die Ohren, als ich erklärte, dass es eine Tätowierung von einem Stamm auf Borneo sei. Der Ring aus gepunkteten »Straßenbahnlinien« war ein Stammesmotiv, und die Federn waren Schwanzfedern des Hornvogels, dem heiligen Vogel. »Ein *fady*-Vogel des Stammes der Iban«, erklärte ich. Der Häuptling eines Iban-Langhauses hatte einen ganzen Nachmittag lang an dieser Tätowierung gearbeitet, wobei er drei Nadeln verwendete, die in eine Mischung aus Zuckerrohrsaft, Wasser und Ruß vom Reistopf getaucht wurden. »Glauben Sie, dass dieses Ding Sie beschützt, so wie ein Amulett?«, fragte Helena sichtlich angewidert.

»Wer weiß? Bis jetzt hat es offenbar gewirkt.«

»Dann bete ich für Sie, dass es so bleibt, *vazaha*«, versprach sie lächelnd, als wir uns für den Nachmittagstreck fertig machten.

Die Straße war ein reißender Bach, und innerhalb von Minuten war mein Hut so durchgeweicht, dass der Regen durchsickerte. Die Tiere, die vorangingen, trotteten mit gesenktem Kopf in die silbrige Wand hinein, und wir stapften fünf lange, nasse Stunden hinter ihnen her, ohne kaum jemals den Blick von unseren durch den Schlamm watenden Füßen hochzuheben.

Jobis Kampfgeist wurde hauptsächlich von der alten Kuh aufrechterhalten. Sie ging stoisch Schulter an Schulter mit ihm, und sogar Christian meinte, dass sie ihm offenbar Kraft gebe. Die jüngere Kuh war großäugig und ein bisschen meschugge, aber ich fand, dass Jobi ruhig etwas mehr Interesse an ihr hätte zeigen können. Jobi würde seine beiden Reisegefährtinnen vermissen, wenn wir erst allein weiterzogen. Ich würde meine ganze Kraft aufbieten müssen, um ihn vorwärts zu treiben, bis er sie vergessen und sich daran gewöhnt hatte, mit mir als einziger Gesellschaft zu reisen.

Einstweilen fühlte sich jeder von uns für die ganze »Herde« verantwortlich, und wenn ich sah, dass eine der Kühe ins Gras abschwenkte, folgte ich ihr, mit der Zunge schnalzend, und trieb sie auf die Straße zurück. Während ich Kilometer um Kilometer neben ihnen herging, hatte ich ganz unterschiedliche Charaktereigenschaften an diesen drei Tieren entdeckt. Die Nase der alten Kuh war nicht durchbohrt – ein sicheres Zeichen dafür, dass sie nie als Zugtier gedient hatte –, aber an ihrem faltigen, alten Gesicht glaubte ich die traurige Geschichte eines langen Dulderlebens ablesen zu können. Es war kein schöner Gedanke, dass ich das meine dazu beitrug, die Kühe ihrem Henker und Jobi einem ungewissen Schicksal zuzuführen.

Die nächsten Tage verliefen in ähnlicher Weise. Wenn die Sonne aufging, waren wir bereits auf der Straße, und innerhalb einer Stunde wurden die Kleider, die noch nass vom Unwetter des Vortags waren, durch Jobis Satteltaschen hindurch buchstäblich trocken gedämpft. Ich sehnte den Augenblick herbei, in dem wir in irgendeiner namenlosen Siedlung zum Frühstücken anhalten würden, mitten unter gähnenden Dorfkötern und schlaftrunkenen madagassischen Familien, die um ihr Feuer schlurften, behaglich in ihre »Betten« eingehüllt.

Eine Flasche sirupartig süßen, schwarzen Kaffees und ein paar *mofo menakely* – die gezuckerten Doughnuts, aus frittiertem Reismehl gemacht, deren Name »kleine Rote« bedeutet – würden uns genug Brennstoff für den Vormittagsmarsch liefern. Die Landschaft wurde zusehends bevölkerter, je mehr wir uns der Küste näherten. Ständig tauchten jetzt neue Ansammlungen baufälliger Straßenrandbaracken am Horizont auf.

Ich untersuchte jeden Morgen Jobis Hufe nach Rissen und seinen Rücken nach Sattelschrunden, ohne auch nur das leiseste Anzeichen davon zu finden. Sein Buckel war so groß und fleischig wie eh und je, und ich war ziemlich sicher, dass er kein Gewicht verlor. Ich hoffte, dass Jobi, wenn ich ihm alle zwei Wochen ein paar Tage Ruhe gönnte, stark genug bleiben würde, um den ganzen Weg die Insel hinunter mit mir zu machen. Ich würde mir kaum den Zeit- und Geldverlust leisten können, den es bedeutete, wenn ich ihn gegen ein anderes Packtier austauschen musste.

Außerdem hatte ich Jobi ins Herz geschlossen und fand den Gedanken wenig verlockend, dass ich mich wieder an ein anderes Tier gewöhnen musste.

In den letzten paar Tagen hatte Jobi jedoch einen hartnäckigen Husten entwickelt. Eigentlich war es weniger ein Husten als ein Grunzen. Es klang, als ob er sich ständig räuspern müsste. Als Zeburind konnte Jobi nicht muhen, und mit dem Grunzen, der »Sprache« seiner Rasse, brachte er seinen Unwillen zum Ausdruck. Ich hoffte, dass eine kurze Ruhephase ihn wieder auf Vordermann bringen würde.

Um uns an die bevorstehende Trennung von der »Herde« zu gewöhnen, gingen Jobi und ich vor den anderen her, als wir zu unserem vorletzten Vormittagstreck aufbrachen. Nur das stetige Klopp-Klopp von Jobis Hufen unterbrach die Stille. Selbst die Vögel hatten ihren Chor noch nicht begonnen, als ein unerwartetes Geräusch aus dem Waldesdunkel auf dem Hang vor uns zu hören war: das tiefe Dröhnen von Trommeln und der Gesang geisterhafter Stimmen irgendwo zwischen den Bäumen.

Ich wartete auf Christian und Landry, und als wir auf gleicher Höhe mit dem Lärm waren, sahen wir eine winzige Kapelle, nicht viel größer als eine Vorstadtbaracke, mit einem Licht, das durch die offene Tür fiel. Obwohl es noch lange vor Tagesanbruch war, saß die Gemeinde dicht gedrängt zu beiden Seiten des Mittelgangs, und Kerzenreihen spiegelten sich in dem heiligen Gold an der gegenüberliegenden Wand wider. Erst jetzt wurde mir bewusst, dass heute Ostersonntag war. Die gläubigen Christen aus dem ganzen Umkreis hatten sich in dieser einsamen Kapelle versammelt, um zu beten, während die Dämmerung am Tag der Auferstehung anbrach.

Wir zogen weiter. Die Sonne warf einen rosigen Hauch über die Landschaft, in der alles außerordentlich hell und klar wirkte. Im Schatten eines riesigen Mangobaums erwachte ein kleines Dorf zum Leben, und wir konnten hier und da einen geblümten

Lamba flattern sehen, wenn die Frauen ihre Frühstücksfeuer schürten. Blassblauer Rauch kringelte sich in das flaschengrüne Blätterdach, und selbst die getrockneten Palmstrohdächer der baufälligen Hütten sahen frisch und neu aus. Spinnennetze waren mit funkelnden Tau-Diamanten besetzt, und die Blumen am Straßenrand öffneten sich in der ersten Hitze des Tages. Die Landschaft um uns herum erwachte zum Leben, rein gewaschen nach dem Unwetter vom Vorabend und wie frisch gestrichen von einer pfirsichfarbenen Sonne. Es war mein letzter Tag mit Christian und Landry auf der Straße, und ein würdigeres Finale hätte ich mir nicht wünschen können.

Plötzlich kam ein überfülltes Buschtaxi um die nächste Biegung auf uns zu gerast, gefährlich von einer Seite zur anderen schaukelnd, und ein Tier brach aus seiner Deckung am Straßenrand hervor. Dann sah es uns auf der anderen Seite und wollte über die Straße zurücksetzen. Ein grässliches Knirschen ertönte, und der Pick-up raste rücksichtslos weiter in Richtung Diego. Christian lief zu dem zuckenden Körper auf der Straße und hob ihn an seinem langen Schwanz auf. Es war ein großer, gut genährter Tenrek, ein Tier, das aussieht wie ein langbeiniger Igel. Christian band den tropfenden Kadaver mit dem Schwanz an Jobis Satteltaschen fest.

Obwohl er nicht zu den größten Tenrek-Exemplaren Madagaskars gehörte, wog er fast ein Kilogramm. Manche Tenreks mästen sich fett, um in der Trockenzeit in den Sommerschlaf (statt Winterschlaf) zu gehen. Christian erklärte mir, dass sie wie die Flughunde am Ende der Regenzeit, wenn ihr Fleisch süß und zart von der konzentrierten Mangokost geworden ist, als besonderer Leckerbissen gelten.

Als ich später durch ein Dorf in den östlichen Regenwäldern kam, sah ich ein paar Kinder mit drei unglücklichen Exemplaren der vielleicht faszinierendsten Tenrek-Art spielen. Streifentenreks sind nicht viel größer als gewöhnliche Mäuse, haben jedoch ein borstiges, schwarzes Fell und lange, gelbe Stacheln. Ihre Spezialität ist ein Satz Rückenstacheln, die gleichzeitig zu vibrieren anfangen und ein bedrohliches Geräusch hervorrufen, das Angreifer abschreckt, oder ein schrilles Überschallheulen, das als Ortungsruf dient.

Die Dorfkinder hatten Schnüre um die Hinterbeine dieser drei Tierchen gebunden und spielten mit ihnen wie westliche Kinder mit einem Aufziehtier spielen würden. Die Streifentenreks machten ständig neue Fluchtversuche, und die Kinder ließen sie laufen, bis sie das Ende der Schnur erreicht hatten; erst dann zerrten sie sie zurück, stets auf der Hut vor den Stacheln ihrer Opfer, mit denen diese sich zur Wehr setzten. Früher oder später würden die Kinder ihr lebendes Spielzeug satt bekommen, oder ein Dorfhund würde sich die Tenreks schnappen. Ich hätte die Tiere am liebsten gekauft und im Wald freigelassen. Aber ich befand mich in der Nähe des touristenüberlaufenen Périnet-Reservats und wollte den Kindern nicht beibringen, dass sie auf diese Weise Geld mit den heimischen Wildtieren machen konnten.

Schweren Herzens wandte ich mich ab und überließ die Streifentenreks ihrem Schicksal. Im Weggehen tröstete ich mich mit dem Gedanken, dass es dort, wo sie herkamen, keinen Mangel an Nachwuchs geben würde. Der Streifentenrek hat sich einen Platz im Guinness-Buch der Rekorde erobert, da er in nur 35 Tagen seine Geschlechtsreife erreicht. Es gibt zudem eine größere, schwanzlose Unterart, die bis zu 30 Nachkommen auf einmal wirft.

Zum Glück ist der Tenrek für viele Leute auf Madagaskar ein alltägliches *fady*-Tier. Das Fleisch ist tabu für schwangere Frauen, weil man glaubt, dass das Baby eine trockene, stachlige Haut davon bekommt oder der Fötus sich zu einer Kugel zusammenrollt und so eine schwere Geburt bewirkt. Tenreks sind auch ganz allgemein *fady* für Krieger, da die Tiere sich instinktiv einrollen, anstatt zu kämpfen. Viele Madagassen glauben, dass dieser »feige Charakterzug« durch das Fleisch übertragen wird.

Die meisten *fady*-Bestimmungen sind so alt, dass ihr Ursprung in Vergessenheit geraten ist. Wenn man danach fragt, werden sie mit einem Achselzucken und dem unvermeidlichen Satz: »Das war schon immer so!« erklärt. Doch während das Blut des Tenreks von Jobis Schulter tropfte, erzählte mir Christian, wie es zu dem berühmtesten Stammes-*fady* der Betsileo gekommen war.

»Französische Soldaten spürten eine Gruppe von Betsileo-Rebellen in einer Hochlandhöhle auf. Doch als sie gerade hineingehen wollten, sahen sie einen *tandraka*, einen Tenrek, ans Tageslicht heraustrotten. Ein Tier, das so gut schmeckte, konnte unmöglich aus einer Höhle herausspazieren, in der eine ganze Horde Betsileo-Rebellen versteckt war, sagten sie sich und gingen weiter, um anderswo nach ihnen zu suchen. Das Tier hatte den Rebellen also das Leben gerettet, und heute noch würde ein Betsileo eher sterben, als einen *tandraka* zu essen.«

Dennoch gibt es offenbar genug Leute, die nur zu bereitwillig die Gefahren in Kauf nehmen, die dieses schmackhafte Fleisch in sich birgt. Unser unglückliches Straßenverkehrsopfer wurde noch am selben Abend in Lehm gebacken, damit die Stacheln sich ablösten, und das zarte Fleisch Stück für Stück unter unseren Gastgebern aufgeteilt. Die großen Wangenmuskeln gelten als besondere Delikatesse, die den Alten vorbehalten ist.

Die Straße überquerte jetzt einen Bach, und wir kamen in eine lange, gerade Allee, durch ein Wäldchen aus Palmen und wilden Orangenbäumen, die üppig mit grünen Orangen behängt waren. Dieser Straßenabschnitt verlief sieben Kilometer lang ohne den mindesten Knick oder die geringste Steigung, sodass wir in einer ungebrochenen Perspektive sehen konnten, wo die Reise in den nächsten zwei Stunden in unserem eintönigen Zebu-Zuckelgang hinführte. Ungefähr auf halbem Weg an diesem Straßenabschnitt kamen wir an einem kleinen, weiß getünchten Schild vorüber, auf dem »Ambanja – 20 Kilometer« stand.

Jobis Husten wurde immer schlimmer. Ich wollte ihm so

schnell wie möglich die nötige Ruhepause verschaffen, aber gleichzeitig bedrückte mich der Gedanke, dass wir bald die beiden Kühe an das Messer des Metzgers liefern würden. Sie hatten noch genug Kraft, um hin und wieder auf den Grasstreifen am Straßenrand auszubrechen, und ich rief sie dann mit einem lauten Schnalzen zurück. Meistens ignorierten sie mich und mussten mit dem Stock zurückgetrieben werden. Aber ich fühlte mich wie ein herzloser Verräter, wenn mein Schnalzen sie ausnahmsweise dazu brachte, brav auf den Weg zurückzukehren, der sie über kurz oder lang zum Metzger führen würde. Obwohl es meinen Fleischfresserinstinkten widerstrebte, hatte ich die Kühe nach den vielen Kilometern, die wir zusammen zurückgelegt hatten, regelrecht ins Herz geschlossen. Ich tröstete mich mit dem Gedanken, dass dieses Gefühl wohl kaum auf Gegenseitigkeit beruhen dürfte.

»Heute übernachten wir in meinem Heimatort«, sagte Christian plötzlich. »Ich war über 20 Jahre nicht mehr in Antsakoamanodro, aber ich habe noch Familie dort.«

»Die Königin ist auf Nosy Be, da können wir in ihrem Haus wohnen«, warf Landry ein. »*Pa't problème.*«

»Lebt die Königin auf Nosy Be oder in … diesem Dorf?«, fragte ich und versuchte gar nicht erst, einen Namen auszusprechen, mit dem sogar Madagassen ihre Schwierigkeiten hatten.

Als Radama I. verfügte, dass Malagasy in lateinischer Schrift transkribiert werden sollte, erwies er sich als geschickter Diplomat, indem er folgende Regelung traf: Seine englischen Ratgeber von der London Missionary Society sollten für die Konsonanten und die Franzosen für die Vokale zuständig sein. Als unbestrittener Meister der englischen Sprache galt damals ein walisischer Missionar namens David Jones. Er war in Dörfern wie *Llanfairpwllgwyngyllwllllgogerychwyrindrobllantysiliogogogoch* (47 Konsonanten, 14 Vokale!) aufgewachsen und daher zweifellos gegenüber den anderen im Vorteil. Doch die Franzosen kämpften tapfer (die meisten madagassischen Wörter enden mit einem veralteten Vokal), und man kann sich die endlose Feilscherei vorstellen, die sich schließlich in dem Malagasy-Wörterbuch von heute niederschlug.

»Antsakoamanodro«, wiederholte Christian. »Sie ist die Königin von Antsakoamanodro und Nosy Be.«

Während der Eroberungszüge der Sakalava-Krieger und der späteren Epoche der Merina-Expansion wurden viele der kleineren Häuptlingsgeschlechter von weniger mächtigen Stämmen ins Exil auf die Inseln der Straße von Mosambik vertrieben. Es gibt heute noch Leute auf Nosy Be, die behaupten, sie stammten von Sakalava-Königinnen ab, die ihrerseits von den Merina ins Inselexil gejagt worden waren. So kam es, dass die Königin von Antsakoamanodro zugleich Königin der Antàkarana-Siedler von Nosy Be und »Großmutter« von Christian, Landry und ihren übrigen Untertanen sein konnte.

Das Erste, was mir an Antsakoamanodro auffiel, war ein riesiger Mangobaum, dessen dichtes Blätterdach einen weiten Schattenkreis um seinen knorrigen Stamm warf. Der Boden war voller Mangokerne, und ein loser Lattenzaun trennte den verbotenen Bereich unter dem Baum ab. Christian erklärte, dass es *fady* für alle war, dort einzudringen, und dass auch die reiche Ernte des heiligen Baums niemals gegessen werden dürfe. Ein Missionar und Entdecker, der 1875 durch West-Madagaskar gereist war, beschrieb solche heiligen Bäume: *unter denen üblicherweise hundert Ochsen Schutz finden, und nicht eines ihrer Hörner bekommt die Sonne zu spüren.*

»Wir gehen jetzt zu meinem Onkel und melden uns an, und dort fragen wir, ob wir im Haus der Königin schlafen können«, meinte Christian.

Ich hatte den eindrucksvollen Rova-Palast der Hauptstadt gesehen, einst Sitz von Ranavalona der Grausamen. Sein Dach war – bevor es 1995 von Brandstiftern zerstört wurde – mit einem 39 Meter hohen Rosenholzstamm abgestützt, von dem es heißt, er sei von 10 000 Sklaven aus dem östlichen Regenwald herbeigeschafft worden. Doch unter dem Haus der Königin von Antsakoamanodro hatte ich mir keinen Augenblick etwas anderes vorgestellt als die übliche schlichte Reisighütte. So war es denn auch. Die Hütte, in der wir drei uns bald darauf eingerichtet hatten, war höchstens etwas größer als die übrigen.

Ein alter Mann, der allein in der Nachbarhütte lebte, stand in dem Ruf, einst der berühmteste Jäger von Antsakoamanodro gewesen zu sein. Er besaß einen jungen Mohrenmaki, der so zutraulich zu Menschen war, dass er sofort auf meine Schulter sprang, als ich ihm ein Stück Banane hinhielt. Es war ein Weibchen, rotbraun mit weißen Ohrbüscheln, und außer ihrem Namen, ihren Pfoten und ihrem Gesicht war absolut nichts Schwarzes an ihr. Bei den Mohrenmakis sehen die beiden Geschlechter völlig verschieden aus: Das Mohrenmaki-Männchen besitzt ein glänzend schwarzes Fell und hat mit dem Weibchen nur die Augen, zwei funkelnde Bernsteinknöpfe, gemeinsam.

Nach meiner Ankunft in der Hauptstadt hatte ich auch den Tsimbazaza-Zoo besichtigt, eine Einrichtung, die weitgehend vom Gerald Durrell's Wildlife Preservation Trust subventioniert wird. Ich weiß nicht, ob jemand die Käfige oder ihre Bewohner vertauscht hatte, aber meine Lemuren-Klassifikationsversuche lesen sich wie folgt: *Rotbauchmakis haben weiße Bäuche; blauäugige Mohrenmakis sind braun; weißbrüstige Braune Makis sind tatsächlich braun – aber sie haben keine weiße Brust; rotbrüstige Braune Makis sind hell kastanienbraun* – und so weiter.

Wie bei der Nomenklatur der madagassischen Fleischfresser – *fosa, Fossa fossana, fanalouc* und *falanouc* – hat man bei den Namen vieler Lemurenarten den Eindruck, sie seien eigens dazu ersonnen, den naturkundlichen Laien in die tiefste Verwirrung zu stürzen. Einige der angesehensten Autoritäten auf dem Gebiet der madagassischen Fauna haben sich ebenfalls über dieses Thema ausgelassen:

Jane Wilson behauptet in »Lemurs of the Lost World«, es gebe kein phlegmatischeres Geschöpf als den *sportive lemur*. Sie beschreibt ihn in der Tat ziemlich unsportlich als *plumpen, kugelbäuchigen Teddybär*. Gerald Durrell wiederum weiß zu berichten, dass der *gentle lemur* trotz seines sanften Namens ziemlich bösartige Bisse auszuteilen vermag.

In der Bretterbudenbar von Antsakoamanodro machte ich an jenem Abend eine wunderbare Entdeckung. Djamandjary-Rum, naturbelassener, mit Vanille gewürzter Zuckerrohrschnaps, ist ein köstliches Getränk, das auf Nosy Be gebraut wird und weit eher als Reiswasser den Ehrentitel *whisky malgache* verdient hätte.

Am nächsten Morgen würden wir im Hafen von Antsahampano ankommen. Ich konnte dort bei Christians Freunden eine Unterkunft für Jobi auftreiben und die anderen auf einem Ausflug begleiten, der uns die Wonnen von *paradise island*, der Paradiesinsel und frühesten Ferienkolonie Madagaskars, in Aussicht stellte.

Wir schleppten den Tisch und ein paar Ölfass-Hocker in die Abendbrise hinaus, ganz in die Nähe des *fady*-Baums, und der Barmann gesellte sich zu uns, um auf das Ende unserer geglückten Pilgerreise anzustoßen.

»Wenn du willst, komme ich mit dir nach Süden«, schlug Landry vor. »Ich kümmere mich um die Unterkünfte … Und ich kenne ein paar Girls … Du brauchst nur Rum und Essen zu kaufen.«

Als ich am nächsten Tag um drei Uhr morgens aufwachte, mit dröhnendem Schädel und dem Abdruck der Flechtmatte in meinem Gesicht, kehrte ich reumütig zum Reiswasser und seiner heilkräftigen Wirkung zurück. Mit behutsamen, fließenden Bewegungen – nur nichts Abruptes, nichts, was den Kopf unnötig erschütterte – lud ich Jobi auf und trottete zwischen zwei ebenso reumütigen madagassischen Pilgern aus der Stadt hinaus. An diesem Tag legten wir die ersten 25 Kilometer in völligem Schweigen zurück.

Nicht lange nachdem wir das Dunkel eines ausgedehnten Kiefernwaldes verlassen hatten und in eine Schonung mit merkwürdig verkümmerten Bäumen kamen, brach ein kühler, klarer Morgen an. Die Bäume waren verdreht und verzwirbelt, aber sie hatten gelbgrüne, saftig aussehende Blätter, die direkt aus ihren knotigen alten Ästen wuchsen. Es waren die ersten Ylang-Ylang-Pflanzungen dieser Region, eine weitere indonesische Erfolgsstory – auch wenn dieses Gewächs erst viel später von den Franzosen importiert worden war. Die Blüten werden von Hand geerntet und zu ätherischen Ölen für die Parfümhersteller des Westens verarbeitet. Sobald ich in die Pflanzung kam, verstand ich, warum Nosy Be auch die »duftende Insel« genannt wird.

Christians Freunde lebten an der Straße nach Antsahampano in einem klobigen Gehöft aus vier solide gebauten Pfahlhütten und einer kleinen, aber viel versprechenden Papayapflanzung, deren Bäume reich mit Knospen bedeckt waren. Auf den ersten Blick wirkte der Hof verlassen. Dann kam ein junges Mädchen, die Haare eingeölt und auf afrikanische Art zu dicken Knubbeln zusammengezwirbelt, hinter einer der Hütten hervor, mit je einem Eimer Wasser in beiden Händen. Sie sah uns bei dem Holztor stehen, ließ die Wassereimer fallen und kam zu Christian herübergerannt.

Christian umarmte sie, und sie wechselten rasch ein paar Worte auf Malagasy, dann drehte Christian sich zu mir um.

»Wir haben nicht viel Zeit. Das Boot nach Nosy Be legt in einer guten Stunde ab. Brigitte zeigt dir, wo du deine Sachen unterstellen kannst, und sie holt jemand, der sich um Jobi kümmert. Dann kommst du zum Hafen nach, *tout de suite.*«

»Es sind nur ein paar Kilometer«, warf Landry ein. »Wir lassen dir unser Gepäck zum Mitnehmen da, Mann. Nimm dir lieber ein Buschtaxi.«

»Gut. Was muss ich dafür bezahlen, dass ich Jobi und meine Sachen hier lasse?« Ich fragte Christian, der bereits die Kühe aus dem feuchten Gras zurücktrieb.

»Keine Sorge, das erledigen wir, wenn Sie zurückkommen«, sagte Brigitte in einem kultivierten Französisch, auf das ich irgendwie nicht gefasst gewesen war.

Ich band Jobi lose an einem Ast fest, der über der Stelle hing, an der er bereits graste. Er schien gar nicht gemerkt zu haben, dass die Kühe fort waren, und ärgerte sich nur über die unliebsame Unterbrechung seiner Mahlzeit, als ich ihm die Satteltaschen abnahm.

»Wenn Sie von der Insel zurückkommen, können Sie sich hier erholen«, meinte Brigitte, während ich unser Gepäck in einen Lastwagen hievte, der zum Hafen fuhr.

»*Merci beaucoup*, Brigitte. Bitte richten Sie Ihrer Familie meinen Dank aus.«

Erst als der Lastwagen in die Gänge kam und in Richtung Hafen davonratterte, wurde mir bewusst, wie absurd die Vorstellung war, dass ich nach ein paar Tagen Aufenthalt auf einer Paradiesinsel Erholung brauchen sollte!

Die Straße nach Hell-Ville

Die Tourismusbranche sondert schwülstige Wortschöpfungen wie »Tropisches Inselparadies« oder »Perle des Indischen Ozeans« ab wie Fleisch fressende Pflanzen den Gestank nach verwesendem Fleisch, um immer neue Schwärme von über 15 000 Touristen pro Jahr nach Nosy Be zu locken. Und tatsächlich sind die meisten Madagaskar-Besucher gerade lange genug in Tana, um sich von der nächsten Air-Madagascar-Maschine auf die »Duftende Insel« bringen zu lassen.

Christian, Landry, die zwei Kühe und ich legten die letzte Etappe unserer Reise in einem britischen Landungsboot aus dem Zweiten Weltkrieg zurück, das für das Verladen von Vieh und Fracht umgebaut worden war. Die Überfahrt dauerte zwei Stunden, und als wir an der winzigen Insel Nosy Komba vorüberkamen, wo ein Vulkan seine dicht bewaldeten Fersen in einem aquamarinblauen Riff kühlte, musste ich zugeben, dass die Reisegesellschaften vielleicht doch nicht zu Unrecht so ins Schwärmen kamen.

Von der Architektur und Atmosphäre her hat sich in der Hauptstadt Nosy Bes vermutlich nicht viel verändert, seit die Franzosen die Insel verlassen haben. Die Betonpromenade der Avenue de la Libération, die vom Hafen in die Stadt führt, mag rissig geworden sein, aber die massiven Eisenkanonen starren noch immer trutzig gen Festland. Kolonialbauten mit gefährlich absackenden Balkonen ragen über einem kleinen, verwilderten Park auf, wo die Avenue de la Libération in den Cours de Hell mündet.

Auch wenn ihr offizieller Name Andoany lautet, ist die Hauptstadt Nosy Bes überall nur unter ihrem französischen Namen bekannt. Hell-Ville beschwört, zumindest bei einem englischsprachigen Besucher, für den *hell* schlichtweg Hölle bedeutet, ein ganzes Kaleidoskop gruseliger Bilder herauf, und keines davon passt zum Inselidyll der Reiseunternehmen. Es ist unglaublich (wiederum aus der Sicht eines englischsprachigen Besuchers), dass dieser Name hängen geblieben ist, und erst recht, dass es einen Admiral de Hell tatsächlich gegeben haben soll.

In ferner Zeit, als Schiffe noch aus Holz gebaut und Männer aus Eisen gemacht waren, herrschte der Admiral Anne Chrêtien Louis de Hell über die Insel La Réunion. 1839 erreichte den Admiral die Nachricht, dass ein gewisses hochgestelltes Fräulein auf Nosy Be in arge Bedrängnis geraten sei, und er ließ sich nicht lange bitten, ihr zu Hilfe zu eilen. Die schöne Dame war keine andere als die Sakalava-Königin Tsiomeko, die vor dem bösen König Radama I. vom Stamm der siegreichen Merina auf Nosy Be Zuflucht gesucht hatte. Admiral de Hell zeigte sich als edler Ritter und schickte französische Streitkräfte hin, um die liebreizende Königin zu beschützen … und zwei Jahre später traten die Sakalava sowohl Nosy Be als auch Nosy Komba an Frankreich ab.

Wir bogen in die Hauptstraße von Hell-Ville ein, den Boulevard de l'Indépendence (warum auf Französisch?) und gingen im Schatten der sonnengebleichten, zweistöckigen Stadthäuser weiter. Ich war froh, dass Christian und Landry sich um die beiden Kühe kümmerten und ich praktisch in Anonymität versank, zum ersten Mal, seit ich die Backpacker-Kaschemmen in Diego frequentiert hatte.

Bars und Läden hatten ihre Türen weit zur Straße geöffnet, und die Waren quollen aufs Pflaster hinaus. Lambas, Schnitzereien, Körbe mit Muscheln, illegale Schildpattartikel und sorgfältig beschriebene Schiefertafeln – *musique vivante, plats du jour, karaoke* – lockten die spärlich bekleideten Touristen mit den rosa Schenkeln und roten Gesichtern an. Indische, arabische und somalische Händler verscherbelten gefälschte Levi's-Jeans, Teppiche und billigen Schmuck, und auf dem Markt von Hell-Ville feilschten madagassische Frauen um Ananas und Mangos.

Auf Nosy Be fehlt es nicht an Touristenunterkünften. Klimatisierte Strandbungalows und Luxushotels, inklusive Spielkasino und Swimmingpool, sind aus dem viel gerühmten »Trauminsel-Urlaub« nicht wegzudenken. Aber ich wollte dort übernachten, wo die madagassischen Händler absteigen, wenn sie nach Big Island, wie Nosy Be auch genannt wird, kommen. Außerdem war ich nur für ein paar Tage hier und musste in der Stadt bleiben, um die Antwort auf ein paar Faxe abzuwarten. Zudem war ich ziemlich knapp bei Kasse.

Die anderen brachen sofort zum Dorf der »Königin« auf, das hoch oben im Zentrum der Insel liegt. Nach dem Opfer würden Christian und Landry wieder nach Anivorano zurückkehren. Wir schüttelten uns die Hand und tauschten die üblichen Phrasen aus, die jeden großen Abschied verderben.

»Also, passt auf euch auf«, sagte ich. »Es war schön, mit euch zu reisen.«

»Ja, und du auch. Sei vorsichtig auf der Straße.«

»Und nimm dich vor den Hell-Ville-Girls in Acht, Mann. Die verspeisen *vazaha* zum Frühstück, zum Mittagessen und zum Abendessen!«

Ich warf einen letzten schuldbewussten Blick auf die alte Kuh, die Jobi so viel geholfen hatte, und die meschuggene Kuh mit den großen, braunen Augen, während sie bereits davontrotteten. »He, Christian, schreib mir, wenn du zurückkommst, und lass mich wissen, wie's euch geht!«

»Ja, sicher.«

Ein Jahr später erhielt ich einen Brief aus Anivorano, den Christian wahrscheinlich seinem ältesten Sohn diktiert hatte und in dem er mir »seine Neuigkeiten« mitteilte, in den wenigen Englischbrocken, die wir je miteinander gewechselt hatten:

Monsieur Marky
13. Juli 2000
Ich war sehr froh, diesen Brief für dich schreiben. Ich habe diesen Brief seit Monat ~~No~~ november gebracht, aber ich sehr Leid tun für die Antwort für diesen Brief für dich. Ich habe die Antwort von dem Brief für dich zufrieden und Mut gemacht. Marky, bitte richte meine Grüße an dich aus.
Ich höre diesen Brief auf, weil ich zum Markt muss.
Bye!
Michel, christian.

Das »Transit Malaky« war ein hässlicher, blassgrüner Betonblock mit vergitterten Fenstern, eine typische Kaltwasserabsteige, die eher wie das Stadtgefängnis aussah als wie ein *hôtely*. Es war Landrys Empfehlung gewesen.

Rosa Plastikbuchstaben über der Tür – TRANSIT MALAKY – verwiesen auf den Durchgangscharakter dieses Etablissements. *Malaky* ist ein madagassisches Wort, das schnell und prompt bedeutet. Der Buchstabe T hing an einer losen Schraube; es war klar, dass er es nicht mehr lange machen würde. Ein anderes Schild an der abblätternden, grünen Wand innen verkündete: *Chambres à louer* – Zimmer zu vermieten. Die Preise waren mit Kreide darunter geschrieben – für die Woche, die Nacht, die Stunde.

Hier würde ich nur eine einzige Nacht bleiben. Ich tauschte ein paar Scherze und Banknoten mit dem verschlafen aussehenden Portier aus, was mir ein Bett und einen quietschenden Ventilator einbrachte. Ein Fenster ging auf die sumpfige Vorstadt hinaus, die Suburbs von Hell-Ville.

Am Abend aß ich ein teures Zebucurry in einem indischen Restaurant und legte einen Zwischenstopp in dem kleinen Kino ein, das Schuhputzerjungen und Taxifahrer mit einer endlosen Folge von Kung-Fu-Filmen unterhielt. Ein Sturm hatte sich während des Nachmittags über den Mangrovensümpfen, die von den Einheimischen *horaka atsinanana* – östliche Reisfelder – genannt werden, zusammengebraut. In der Abenddämmerung brach dann das Unwetter los, und innerhalb von Sekunden waren die Straßen mit Wasser überflutet. Ich flüchtete mich in eine palmstrohgedeckte Bar in der Nähe des Markts und tröstete mich mit mehreren Gläsern Djamandjary und Cola. Regenwasser tropfte durchs Dach, und ich versuchte meine Füße aus den näher rückenden Pfützen herauszuhalten.

Ein madagassisches Schlitzohr, die Mütze verkehrt herum aufgesetzt, fragte mich, wo ich herkäme, und dann – ohne auch nur auf eine Antwort zu warten – fügte er hinzu, ob ich Gras kaufen wolle.

»Kein Gras, nein? Okay, willste vielleicht 'n Mädchen? Oder 'n Jungen?«

»Hör mal, falls ich was brauche, dann meld ich mich bei dir, okay?«

»Okay, okay. Tu das, Mann. Frag einfach nach Jean-Claude. Kennt mich jeder hier. Ich kann alles tricksen.«

Hell-Ville war traurig und einsam. Zu viele Leute hier strebten ein Leben im hektischen Las-Vegas-Stil an, das sie jedoch niemals realisieren konnten und durch das ihnen letztendlich nur die fröhliche Laisser-faire-Mentalität ihres eigenen Volkes verloren ging, die ich auf der Hauptinsel kennen gelernt hatte. Bald würden die Wasserpfützen in der Mitte der Bar zusammenfließen. Hell-Ville war eine Zeitbombe, die jederzeit hochgehen konnte.

In einer Bäckerei neben der katholischen Kirche frühstückte ich ein Croissant und trank dazu einen Café au lait, während ich ein Fax an meine Freundin schrieb. In der spanischen Hauptstadt stand der Frühling jetzt sicher in voller Blüte, und der Parque del

Retiro füllte sich mit Urlaubern, die durch das bunte Treiben von Pantomimen, Puppenspielern, wahrsagenden Zigeunerinnen und ecuadorianischen Musikern schlenderten. Für mich war das alles endlos weit weg. Ich saß hier auf einer sonnigen, aber traurigen, von Katerstimmung erfüllten Terrasse, wo jeder zweite Tisch von einem madagassischen Mädchen und seinem gähnenden französischen Kunden besetzt war.

Was ich jetzt dringend nötig hatte, war ein guter Strand. Die ersten paar Buschtaxis, die ich anzuhalten versuchte, waren voll, und es dauerte eine Weile, bis eines abbremste.

»Los, *vazaha*! Spring auf!«

Der Pick-up hielt gerade mal so lange, dass ich hinten aufs Trittbrett springen und mich am Dachgepäckträger festklammern konnte. So fuhr ich den ganzen Weg bis zum Strand, mit zwei anderen Passagieren über die Straße hinausschwingend, während wir an Bananen- und Zuckerrohrplantagen vorbeirasten, an Feldern mit knorrigen Ylang-Ylang-Sträuchern, deren Duft wie eine warme Woge über uns hinwegschwappte.

20 Minuten später ging ich einen Pfad entlang, der durch das Zuckerrohr zu einer Ansammlung von Fischerhütten unter sturmzerzausten Palmen führte. Die Hütten hatten einst bessere Tage gesehen und waren notdürftig mit Treibholz ausgebessert. Die Fischer reagierten mit feindseligem Anstarren auf mein Grüßen, während ich eingeschüchtert zwischen ihren umgedrehten Einbäumen und Palmen hindurchging. Keine Rede hier von dem Licht der Freundschaft, das sonst aus den Augen der Madagassen strahlte. Aber ich war ja auch nur ein *vazaha*, auf der Suche nach dem »Pittoresken«.

Das Meer lag ziemlich weit draußen vor dem flachen Hang aus gewelltem Sand. Ein großes, in leuchtenden Farben gestrichenes Auslegerboot war direkt bei dem Saum aus Styroporbechern und Plastikflaschen gestrandet, der die Flutlinie markierte. Diese Boote, die so genannten Pirogen, sind Abkömmlinge der Schiffe, mit denen die ersten indonesischen Pioniere Madagaskar erreichten.

Eine Schar Kinder, die im Sand gespielt hatte, kam zu mir herübergestürzt. Aber hier erschallten statt der fröhlichen »*Salut, vazaha*!«-Rufe andere, von Touristen gelernte Sätze. »*Donne-moi bonbons*!«, brüllten sie und zerrten an meinen Shorts. »*Donne moi un stylo*!« Gib mir Süßigkeiten, gib mir einen Kugelschreiber – gib mir … was auch immer.

Ein kleines Mädchen, vielleicht vier Jahre alt, kam zu mir her, aufgewiegelt von ihren älteren Brüdern und Schwestern.

»*Don don bonbon*!«, bettelte sie und hielt mir ihre pummelige kleine Patschhand hin, und die anderen lachten selig.

Das war alles, was sie bis jetzt konnte, aber sie würde dazulernen. Die anderen Kinder oder die reichen französischen Touristen würden ihr bald mehr beibringen.

Die Kinder und die Entdeckung, dass dieser Sandstreifen offenbar als Dorflatrine diente, trieben mich fort zum westlichen Ende des Strands, der weit draußen im Hitzedunst schimmerte. Doch auf halbem Weg dorthin wurde ich wieder mit einem Zeichen des Verfalls konfrontiert. Was einst eine Art Süßwasserlagune gewesen war, von einem Vegetationsgürtel gesäumt, war jetzt ein steriles Lehmbett. Durch die unkontrollierte Rodung, der die Insel im Namen von Zuckerrohr, Vanille, Kaffee und Holz zum Opfer fiel, kam es zu massiven Schlammablagerungen um die Mündungsgebiete und Strände und schließlich zur Zerstörung fast der gesamten Korallenriffe Nosy Bes.

Ich hatte bald genug von Nosy Be. Zweifellos war die Insel das viel gerühmte »Traumparadies«, als Admiral de Hell dort eintraf, um die Sakalava-Königin zu retten. Und vermutlich war sie auch noch ein Inselidyll, eine »Perle des Indischen Ozeans«, als die ersten Backpacker hierher kamen, auf der Suche nach Stränden, an denen sie sich den roten Staub von ihrer Reise durch das Landesinnere abwaschen konnten.

Heute ist Nosy Be vor allem damit beschäftigt, von seinem einstigen Ruhm zu zehren, und so fällt es nicht weiter auf, dass man statt der Wärme und Herzlichkeit, mit der die Madagassen auf der Hauptinsel Fremden begegnen, hier auf Kinder trifft, die um Süßigkeiten betteln, und auf junge Mädchen, die sich für den Preis einer Flasche Rum verkaufen. Zugegeben, der Rum von Nosy Be ist der beste der Welt, aber trotzdem …

Das Handels- und Wirtschaftsministerium hat sich die baldige Verdreifachung der Besucherzahlen auf Madagaskar zum Ziel gesetzt, und der Trend geht dahin, dass die meisten auf Nosy Be landen.

In den paar Tagen, die ich auf meine Faxe wartete, konnte ich feststellen, dass der Touristenboom nur wenige Inselbewohner reicher oder glücklicher gemacht hat. Zehn Minuten nachdem ich Antwort auf meine Faxe erhalten hatte, checkte ich im »Transit Malaky« aus und sagte mir, dass Hell-Ville seinen düsteren Namen nicht ganz zu Unrecht trug.

Als ich die letzten Stellungskanonen der Avenue de la Libération passierte, erfuhr ich von einem jungen Burschen, der sich bei den Skippern eine Provision verdiente, dass in wenigen Minuten ein Boot nach Ambanja ablegen würde.

»Wie viel nach Ambanja?«, fragte ich eine madagassische Mitreisende, während ich meinen Rucksack ins Schlagwasser fallen ließ. Die Frau antwortete, ohne zu überlegen, und wurde von dem erbosten Schlepper zusammengestaucht, der offenbar der Meinung war, ein *vazaha* in Eile sei der Glückstreffer der Woche, die Gans, die ihm goldene Eier legen würde.

Der Bug pflügte hoch über dem Wasser dahin, als wir aus der Bucht hinausröhrten, und die Fischer, deren kleine Auslegerboote gefährlich im Kielwasser des Schnellboots hüpften, schrien wütend hinter unserem Steuermann mit der Baseballmütze her. In nur 40 Minuten schipperten wir an den steilen, grünen Wänden des großen Felsens entlang, der Ambanja vom Meer abschirmt.

Ambanja zieht sich am letzten Asphaltstück der Route Nationale 6 vor dem Tsaratanana-Massiv hin. Der Ort ist vor allem deshalb so bekannt, weil er an der Route Nationale 6, der Verbindungsstraße zu Diego, liegt und als Proviantdepot für alle Expeditionen in den Süden dient – und jede Reise, die von hier nach Süden führt, kann nach gängigen Kriterien als Expedition durchgehen.

Ambanja ist auch die Grenzstadt zur Maevatanana-Region, und so ging ich umgehend zu dem imposanten Regierungssitz, ein würdiges Monument der *mission civilisatrice,* um einen weiterführenden Pass für Jobi zu beantragen. Das geschäftige *Bureau des Permis* mit seinen hölzernen Aktenschränken, den ratternden Deckenventilatoren und dem Amtsbeige an den Wänden erweckte den Eindruck, als ob sich nichts geändert hätte, seit die Franzosen fort waren. Ein junger Bürokrat im Nadelstreifenanzug, der auf einer alten elektrischen Schreibmaschine herumhämmerte, hielt in seiner Arbeit inne und fragte mich, was er für mich tun könne. Meine diskrete Ankündigung, dass ich einen neuen Pass für mein Zebu brauchte, löste große Heiterkeit unter seinen Amtskollegen aus, als er meine Bitte auf Französisch wiederholte.

»*Mais c'est pas possible*! Wie wollen Sie mit *diesen* Tieren über *diese* Berge kommen?«

»Ich bin mit diesen Tieren schon von Anivorano hergekommen.«

»Von Anivorano? ... *Vous êtes sérieux*?«

Ich versicherte ihm, dass ich das sehr im Ernst meine, und reichte ihm den abgelaufenen Zebupass als Beweis.

Daraufhin wurde mein Antrag in unerwartet zügigem Tempo bearbeitet. Kaum eine halbe Stunde später kam ich mit einem neuen Pass, diesmal in Rot von Mohamad gestempelt, heraus. In dem Papier waren – vielleicht etwas voreilig – alle Städte aufgelistet, durch die ich auf der nächsten Etappe meiner Reise kommen würde: Maromandia – Antsohihy – Port Bergé – Mampikony – Maevatanana.

Auf dem Markt von Ambanja herrschte die abendliche Rushhour, als ich in ein kleines Renault-5-Taxi sprang, das – *tout de suite* – nach Antsahampano fahren würde. Zwei indische Frauen mit kleinen Kindern auf dem Schoß saßen auf dem Beifahrersitz, und so hatte ich – welch unverhoffter Luxus! – die gesamte Rückbank für mich.

Dieser Zustand währte jedoch nicht lange, denn als der klapprige Renault endlich über den Marktplatz hinausratterte, wobei die Auspuffrohre bedenklich über den Boden kratzten, waren wir zu elft: sechs Erwachsene auf der Rückbank, so dicht zusammengequetscht, dass auf jeder Seite ein verirrtes Hinterteil aus dem Fenster lugte. Wenn man auf so enge Tuchfühlung mit seinen Mitreisenden gehen muss, fällt es schwer, die gewohnte, kaltschnäuzige Londoner U-Bahn-Distanziertheit aufrechtzuerhalten. Das kleine Auto vibrierte vor guter Laune und übermütigem Gelächter, so unbequem die Lage auch sein mochte, und ich war froh, dass ich wieder auf der Hauptinsel war.

Ich will nicht behaupten, dass Jobis Augen geradezu aufleuchteten, als er mich wieder sah, aber er freute sich über die Bananen, die ich ihm vom Markt mitgebracht hatte. Ich hatte inzwischen begriffen, dass Zebus nur über längere Entfernungen getrieben werden, wenn sie zum Schlachter kommen, sodass niemand Tränen über ihre nachlassenden Kräfte vergießt.

Jobis Husten hatte mir Sorgen gemacht. Als ich ihn jetzt im Hof herumführte, merkte ich, dass er immer noch mühsam atmete, aber sonst sah er recht kräftig aus. Brigitte versicherte mir, dass ihr Bruder Patrick ihn gut versorgt und regelrecht ins Herz geschlossen habe.

Brigittes Mutter, Madame Ana, war Hebamme im General Hospital von Ambanja, und ihre Schwester Louise arbeitete in der großen Fabrik, in der Ylang-Ylang destilliert wurde. Die attraktive Louise hatte sich aus einer kurzlebigen Ehe mit einem Franzosen hierher geflüchtet, und das Beste, was ihr von dieser bitteren Erfahrung geblieben war, sei ihre schöne Tochter, wie sie erklärte. Tanya, das Mädchen mit den großen, schwarzen Augen und den vielen bunten Bändern in ihren Haarknubbeln, wurde zum Star meiner madagassischen Fotoporträts. Ob ihr *vazaha*-Vater auch nur die geringste Ahnung hatte, was er da in Antsahampano zurückgelassen hatte?

Ich hatte es jetzt eilig, wieder auf die Straße zu kommen, und ich wollte am nächsten Morgen um vier Uhr aufbrechen und aus Ambanja hinaus, solange es noch ruhig war. Doch einstweilen lehnte ich mich zufrieden zurück, lauschte auf das madagassische Stimmengewirr und freute mich, dass ich wieder in der Gesellschaft dieser unbeschwerten und glücklichen Menschen sein durfte.

Doch am nächsten Morgen gab es ein böses Erwachen. Jobi war krank und schwach. Er stolperte ständig und sackte zweimal beinahe in die Knie. Er hustete und grunzte und trottete mit einem blinden, geradezu schicksalsergebenen Gehorsam die Straße entlang, der mir beinahe das Herz brach. Am Ortsrand von Ambanja hielt ich auf einer saftigen Wiese an, um das Gepäck abzuladen. Ich konnte keine wunden Stellen auf Jobis Rücken oder um seinen Bauch herum entdecken, wo die doppelten Nylongurte verknotet waren, aber er fühlte sich sichtlich unwohl. Ein paar Tage wie dieser hier, ganz zu schweigen von der gesamten Gebirgstour, konnten sein Ende bedeuten. Mit mulmigem Gefühl kehrte ich um.

Ich würde natürlich den Treck sofort abbrechen, wenn das Leben meines vierbeinigen Reisegefährten auf dem Spiel stand, aber ich musste auch an den Erfolg meiner Expedition denken. Wenn ich Jobi verkaufen würde, könnte ich mir vielleicht ein frisches Packtier zulegen, aber ich würde einen beträchtlichen Teil meines ohnehin schon schwindenden Budgets verlieren, zumal ich Jobi nicht jedem x-Beliebigen überlassen würde. Dieser erste, relativ einfache Abschnitt des Trails war offensichtlich viel anstrengender gewesen, als ich gedacht hatte, und vielleicht war ein Zebu der Gebirgsüberquerung einfach nicht gewachsen. Wenn ich die Möglichkeit gehabt hätte, mein Gepäck zu reduzieren, indem ich den Medikamentenbeutel, die Nachschlagewerke und die schwere Fotoausrüstung zurückließ, hätte ich es selbst tragen können. Aber ohne Fotos würde ich kaum die Artikel veröffentlichen können, die ich meinen Sponsoren versprochen hatte.

Als ich in den Hof zurückkehrte, der allmählich zum Leben erwachte, hatte ich von der ganzen Reise die Nase voll. Vielleicht war ich zu optimistisch und zu naiv bei der Planung gewesen, die mich über ein Jahr gekostet hatte. Die Reiseführer hatten großartig versprochen, dass es Pferde auf Madagaskar gebe, aber die einzige Gegend, in der sie meines Wissens überlebt hatten, war das Hochland südlich von Tana. Wenn Geld kein Thema war, vielleicht… aber davon konnte bei mir leider keine Rede sein. Schweren Herzens lud ich Jobi zum letzten Mal ab und ließ ihn zum Grasen frei. Ohne die Satteltaschen ging er ganz normal, und ich betete, dass er sich mit etwas Ruhe bald wieder erholen würde.

Patrick versprach mir, einen Käufer für Jobi aufzutreiben und nach einem geeigneten Ersatz Ausschau zu halten, aber in den nächsten drei Tagen ging mir die Vorstellung, ein weiteres Tier zu diesem Gewaltmarsch zu zwingen, immer mehr gegen den Strich. Ein Metzger in Ambanja bot 300 000 Francs Malgaches (etwa 75 Euro) für Jobi. Ich lehnte das Angebot höflich, aber entschieden ab und hämmerte Patrick ein: »Kein Metzger für Jobi!«

Ich versuchte so viel wie möglich über die Route nach Süden herauszufinden. In einem staubigen *hôtely* lernte ich einen Buschtaxifahrer kennen, der die Fahrt in den Süden schon viele Male gemacht hatte. Er war ein Mann in mittleren Jahren, dessen Gesicht viel zerfurchter war, als es seinem Alter entsprach, und er trug eine staubige Jeansjacke über einem Holzfällerhemd.

Dieser neuzeitliche Wells-Fargo-Postillon der madagassischen Wildnis erzählte mir, was mich erwartete. In der Trockenzeit ist Ambanja nur durch einen roten Staubpfad, den unteren Abschnitt der Route Nationale 6, mit dem gesamten Hauptteil der »Großen Roten Insel« verbunden. Fast 500 Kilometer lang besteht der Pfad fast nur aus tiefen Staubpfannen und zerklüfteten Hügeln. Auf den gelegentlichen flachen Abschnitten, die die ausgetrocknete Savanne kreuzen, kann ein Motorrad oder ein Jeep auf das rasante Tempo von 40 Stundenkilometern kommen.

Zu Beginn und am Ende jeder Regenzeit wird der Weg zu einem Hindernisparcours aus blutrotem Schlamm. Hügelige Abschnitte, die selbst in trockenem Zustand schwer zu befahren sind, verwandeln sich in heimtückische Rutschbahnen, die die Fahrzeuge in den tiefen Schlund morastiger Gräben hinunterreißen. Die Route Nationale 6 wird zu einem regelrechten Friedhof für Lastwagen, die an den tankzerfetzenden Felsbrocken zerschellen, welche wie Meuchelmörder direkt unter dem dicken, roten Schlamm liegen. Bis zu vier Monate im Jahr, in der Mitte der Regenzeit, ist Ambanja vom Süden aus überhaupt nicht auf dem Landweg erreichbar.

Die Route Nationale 6 ist berühmt-berüchtigt auf Madagaskar und zu jeder Jahreszeit ein Vabanquespiel. Es gibt immer wieder Desperado-Trucker und Kamikaze-Buschtaxifahrer, die das Schicksal herausfordern. Ihre zertrümmerten Fahrzeuge bleiben manchmal monatelang liegen, als Mahnmal für ihren Wagemut. Zwei Jeeps, die im Konvoi reisten, waren gerade aus dem Süden eingetroffen, aber die Fahrer versicherten mir, es sei in den nächsten vier Wochen unmöglich, zu Fuß hinüberzukommen. Ein Zebu mit Gepäck würde es vermutlich nicht einmal bis Antsohihy schaffen, warnten sie mich, und es würde mit Sicherheit eingehen, bevor ich den fast 500 Kilometer entfernten Highway beim

Hafen von Mahajanga erreichen würde. Nach einigen Stunden qualvoller Gewissensprüfung war mir klar, dass ich das Jobi nicht zumuten konnte.

Ich erwog die Möglichkeit, Jobi zur Hälfte des Preises, den ich für ihn bezahlt hatte, zu verkaufen. Nachdem ich ihn von Christians Gehöft fortgebracht hatte, war es mir wichtiger, ein ebenso gutes Zuhause für ihn zu finden, wo man ihm Zeit zum Ausruhen lassen würde. Ich wusste, dass Madame Ana und ihre Familie eine aufrichtige Zuneigung zu Jobi gefasst hatten – teils, weil er eine Neuheit für sie war, teils aber auch wegen seines unwiderstehlichen Charmes. Ich ging also mit dem Preis für Jobi noch weiter runter und fragte Madame Ana, ob sie ihn kaufen wolle. Sie nahm an, und ich war entzückt, dass Jobi sein restliches Leben als pensioniertes Herdenzebu verbringen würde, das seinen neuen Herren keinen anderen Dienst leisten musste, als ihren Besitzerstolz zu nähren.

Meine Wanderung war abrupt zu Ende gegangen, aber ich hatte immerhin einen großen Abschnitt von Nord-Madagaskar gesehen. Es war ein fantastisches Erlebnis gewesen, und wenn Jobi sich wieder ganz erholen würde, hatte ich nichts zu bereuen. Ich wollte einen anderen Teil dieser riesigen und vielfältigen Insel kennen lernen, bevor mir das Geld und die Zeit ausgingen. Deshalb nahm ich mir vor, mit der erstbesten Transportmöglichkeit in die Hauptstadt zurückzukehren und dann dem Weg zu folgen, den die Vazimba-Könige zu ihrem geheimnisvollen Exil im Westen eingeschlagen hatten.

Dass meine Entscheidung richtig gewesen war, die Route Nationale 6 nicht mit einem Packtier in Angriff zu nehmen, bestätigte sich schnell, als ich sah, wie der letzte, durchlöcherte Asphaltstreifen ein paar Kilometer südlich von Ambanja in einen klebrigen, roten Sumpf überging.

»Huuu-huuu! *Ça commence, l'aventure*!«, johlte Arno, der

Fahrer, als er seinen Toyota-Allradantrieb in (ja, ganz richtig *in*, nicht *auf*!) die Route Nationale 6 hineinjagte. Die Fahrgäste lachten und johlten mit. Keiner von uns ahnte bis jetzt, was uns erwartete. Arnos Boss saß vorne auf dem Beifahrersitz und behielt seine Investition scharf im Auge. Neben ihm saß eine junge Frau, die nur bis Antsohihy mitfahren würde, das ungefähr 200 Kilometer, also etwa 13 Stunden weit entfernt lag. Auf der Rückbank drängten sich Mister und Missis Katz, ein Flitterwochenpärchen aus Diego, eine katholische Nonne, auf dem Weg zu einer Missionsschule im Hochland, und ich, dem die lange Rückfahrt in die Hauptstadt bevorstand. Das junge Pärchen wollte den ganzen Weg bis nach Toliara an der Südwestküste mitfahren, eine strapaziöse Überlandreise, die sie – selbst ohne Autopanne – eine ganze Woche kosten konnte. Das Mädchen war groß und kräftig. Sie hatte ihre Fingernägel mit Lack in unterschiedlichen Farben angemalt, der allerdings schon abblätterte. Ihr Ehemann verbrachte den ersten Teil der Reise in seligem Dämmerzustand, indem er ganze Hände voll berauschender *kwat*-Blätter kaute.

»Probier ma«, lallte Mister Katz. »Besser Stoff in Mag-assar, aus Diego.«

Aber die Blätter waren trocken, bitter und produzierten Ekel erregende Mengen grünen Speichels. Die Nonne, eine reizende kleine, vogelähnliche Frau in einem langen, weißen Habit, bot mir eine Orange an, damit ich den *kwat*-Geschmack loswurde.

Ich wunderte mich, dass wir mit nur zwei Stunden Tageslicht vor uns zu einer solchen Expedition aufbrachen, aber bald sollte ich erfahren, dass weder Regen noch Feuer noch Überschwemmungen Arno bei seinem Abenteuer aufhalten konnten. Auf der Ladefläche saßen acht junge Burschen, die Lambas über ihre Köpfe gezogen, um sich vor dem unablässigen Nieselregen zu schützen. Sie fuhren umsonst mit, da sie dazu gebraucht wurden, den Toyota aus den Schlammlöchern herauszuhieven, in denen wir trotz Arnos Fahrkünsten mit Sicherheit landen würden.

Manchmal verwandelte sich die Straße über lange Strecken in einen Sumpf, dann sprang einer der jungen Burschen hinunter, um vorsichtig durchzuwaten und mit einem Stock den solidesten Untergrund für den Toyota auszutesten. Arno schaute ihm zu, so konzentriert wie ein Billardspieler, der einen schwierigen Stoß abschätzt, und dirigierte den Jungen auf gewundenen Pfaden vorwärts, bis er sich ein Bild machen konnte, was unter dem roten See lag. Zwei Stunden nach Einbruch der Dunkelheit prasselte der Regen stetig vor den Scheinwerfern herunter, und das Blut der »Großen Roten Insel« stieg in den Furchen der Route Nationale 6 immer höher. Oft war die Fahrspur so tief abgesackt, dass der schlammige Straßenrand auf gleicher Höhe mit den Wagenfenstern lag, und zweimal mussten wir aussteigen und über die tiefen, matschgefüllten Gräben steigen.

Meine Schenkel schmerzten, so angestrengt musste ich mich am Sitz festklammern, und meine Rippen wurden von den Ellbogen der Mitreisenden malträtiert, die sich auf dem Rücksitz zusammendrängten. Mehrmals knallten wir buchstäblich gegen die Decke, und einmal wurde einer der jungen Typen von der Ladefläche heruntergeschleudert. Unter lautem Gejohle und Gelächter kam er angerannt, schlammig und nass, aber unversehrt, und kletterte wieder auf seinen Platz zurück.

Mit Ausnahme von Arno, der es auf dem Fahrersitz weitaus bequemer hatte als wir, und seinem Boss, der vermutlich die Rechnung bezahlen musste, waren wir alle dankbar für die erste Reifenpanne, die sich auf einem dunklen, verregneten Bergrücken kurz vor Mitternacht ereignete. Die »Economy Class«-Fahrgäste waren nass bis auf die Knochen und zitterten erbärmlich vor Kälte, aber für die Glücklichen, die sich auf dem Rücksitz zusammenquetschen mussten, war es eine Wohltat, endlich die schmerzenden Glieder auszustrecken. Ich konnte mir kaum vorstellen, dass es in dieser Art die nächsten drei oder vier Tage weitergehen sollte!

Sieben Stunden nachdem wir Ambanja hinter uns gelassen hatten, wurden wir von der lärmenden Hundepopulation Ampotakas begrüßt. Ampotaka war nichts weiter als eine Ansammlung von Betonbaracken, vermutlich von den Franzosen als Vorposten für ihre Landsleute gebaut, die mit der undankbaren Aufgabe betraut waren, »das Binnenland zu zivilisieren«. Arno und der »Boss-Chief« nahmen sofort die Autositze in Beschlag, und wir anderen mussten uns auf der Veranda hinlegen, wo immer wir ein trockenes Plätzchen finden konnten. Es war eine kalte Nacht, und als ich mich in einen Lamba wickelte und meinen Rucksack als Kissen zurechtboxte, beneidete ich die Leute, die jetzt sicher und gemütlich in ihren Betonzellen saßen.

So lagen wir an der Wand aufgereiht, ein Trupp lädierter und mitgenommener Gestalten, mitten unter den zusammengerollten Dorfkötern. Ich war dankbar für die wenigen Minuten Schlaf, die ich ergatterte, wenn die Moskitos ihre schrillen Luftangriffe einen Augenblick stoppten. Nach drei kurzen Stunden scheuchte Arno uns wieder hoch, mit unangebrachter Munterkeit, wie ich fand, und der Ankündigung, dass es vier Uhr sei und Zeit, auf die Straße zurückzukehren. Ich war überzeugt, dass ich im Pick-up weiterschlafen würde, so müde wie ich war, aber die pausenlose Folter, der wir auf der Route Nationale 6 ausgesetzt waren, machte mir einen Strich durch die Rechnung.

Sechs volle Stunden pflügten wir durch den Schlamm und wurden durchgerüttelt, dass die Knochen ratterten. Wir klammerten uns an den Vordersitzen fest, damit wir nicht ständig übereinander geschleudert wurden, und pressten die Zähne zusammen, um uns nicht die Zunge zu zerbeißen. Die Nonne beklagte sich, dass sie durch das Fenster mit Schlamm voll gespritzt würde, und ich bot ihr an, den Platz mit ihr zu tauschen. Diese gute Tat brachte mir, wenn ich einen Arm hinausstreckte, zehn Zentimeter zusätzlichen Schulterspielraum ein – eine wahre Wonne!

Auf der Ladefläche fuhren jetzt nur noch drei »Economy Class«-Passagiere mit, nachdem die anderen auf mysteriöse Art in Ampotaka verschwunden waren oder aufgegeben hatten. Trotz Arnos Umsichtigkeit blieb der Toyota mehrmals stecken, und bis auf die Nonne und die junge Frau mussten alle mit anpacken, um ihn wieder herauszuhieven. Das erste Mal war die Straße nur ein dicker, träger Strom gewesen, und wir stolperten nach hinten zur Ladefläche, ohne loszulassen, wie Schwimmer in einer Strömung. Ein Hinterrad hatte sich tief in den Schlamm eingewühlt, aber das andere berührte kaum die Straße. Wir stemmten unsere Schultern gegen die schlüpfrige hintere Wagenklappe und suchten nach einem Halt für unsere Füße.

Auf Arnos Kommando – »*Allez! Pousse! Pousse!*« – schoben wir mit aller Kraft. Rostfarbener Schlamm schwirrte durch die Luft, regnete auf mich herunter, aber das andere Rad fraß sich in den Rand des Abflussgrabens, und wir mussten gegenhalten. Nach einiger Zeit trudelte der Toyota von uns weg, wobei er wild nach der Seite zog, sodass wir dastanden und mit den Armen ruderten, um wieder ins Gleichgewicht zu kommen.

Ich wischte mir den Schlamm aus den Augen, während die anderen sich hilflos aneinander festklammerten und vor Lachen brüllten. Ich war von Kopf bis Fuß mit dicken Schlammplacken voll geschmiert, und Mister Katz erstickte fast an den Blättern, während ein grüner Speichelstrahl aus seinem grinsenden Mund geschossen kam.

Ich formulierte eine neue Verhaltensregel für den Rest der Reise: Stell dich nie hinter einen Jeep oder ein Zebu, solange sie ein Rad oder einen Huf in der Luft haben.

Als wir den Jeep schließlich einholten, mussten wir feststellen, dass die weiblichen Fahrgäste wenig Sinn für Situationskomik zeigten und mich und meine schmutzigen Klamotten ganz von der Rückbank zu vertreiben versuchten. Ich zweifelte ernsthaft an der christlichen Einstellung der Nonne, als sie Arno den Vorschlag machte, mich von jetzt an auf der Ladefläche mitfahren zu lassen!

Sie hatte diese Reise schon einmal gemacht und kannte alle Tricks und Kniffe, wie man sich den größtmöglichen Komfort verschaffte. Sobald ich von einem unerwarteten Ruck in die Luft geschleudert wurde, nützte sie die Gelegenheit und rückte schamlos mit ihrem Hinterteil herüber, um ein paar Zentimeter mehr Sitzplatz zu ergattern. Wenn ich mich aus dem Fenster lehnte, um etwas anzuschauen, rammte sie ihren Oberkörper gegen meinen Rücken und gewann so ein paar weitere kostbare Zentimeter. Dann weigerte sie sich standhaft, ihren unrechtmäßig erworbenen Zugewinn aufzugeben, wenn ich meinen Kopf in den Wagen zurückzuziehen versuchte. Ich musste warten, bis sie eine halbe Stunde später, als wir wieder mal einen Straßenbuckel nahmen, zurückrutschte, um schnell meine vorige Position wiederzuerlangen. Sie rächte sich, indem sie mir ihre Ellbogen in die Rippen bohrte, schoss mir wütende Blicke zu und seufzte laut über meine Respektlosigkeit.

In den nächsten sechs Stunden passierten wir kein Dorf und begegneten keinem einzigen Auto, bis wir die Stadt Antsohihy erreichten, wo das Mädchen auf dem Vordersitz und die drei restlichen Mitfahrer von der Ladefläche uns verließen. Antsohihy war eigentlich nur eine Ausbuchtung in der Straße, wo Durchreisende Essen und Ersatzteile kaufen konnten. Das war mehr, als man erwarten durfte, wenn man bedenkt, dass diese Region mehrere Monate im Jahr gänzlich von der Zivilisation abgeschnitten ist. Während Arno den kaputten Reifen reparieren ließ, entdeckten wir ein *hôtely* mit einer Speisekarte, auf der nichts als Huhn und Reis vermerkt war. Ich schlenderte eine Stunde lang gemächlich um die Verkaufsstände herum, um mir die Beine zu vertreten.

Im nachmittäglichen Nieselregen hielten wir bei dem Wrack eines nach Norden weisenden Lastwagens an. Die Fahrer, die unter der Plane kampierten, warteten auf Ersatzteile aus einer mysteriösen und zweifelhaften Quelle. Wir gaben ihnen frisches Wasser, ein paar Früchte und Reiskuchen, die wir in Antsohihy gekauft hatten, und fuhren weiter. Ich wunderte mich, dass man mit einem Lastwagen überhaupt so weit die Straße hinaufkommen konnte, aber Arno klagte, dass es in zwei oder drei Wochen mehr als genug Leute geben würde, die mit Fahrzeugen aller Art ihr Glück auf der Route Nationale 6 versuchen würden. Manchmal blieben sie stecken, und es konnte drei Tage dauern, bis man sie herausgehievt oder eine Umgehungsspur um sie herum freigelegt hatte.

Inzwischen war ich unendlich froh, dass ich auf die Warnungen der Einheimischen gehört und nicht den Versuch gemacht hatte, diese schlammige Straße zu Fuß zu bewältigen. Ich konnte gut verstehen, warum auf Madagaskar weder Einheimische noch Fremde große Strecken auf dem Landweg zurücklegen, sondern lieber auf die billigen, zeitsparenden Inlandsflüge zurückgreifen. Ich war verschwitzt, schlammverschmiert und fühlte mich gerädert, als wir bei Sonnenuntergang die staubige Hauptstraße von Mampikony hinunterröhrten und Hühner und Hunde aus dem Weg scheuchten. Auf dem Gehsteig vor den Holzgebäuden saßen alte Männer, rauchten wilden Tabak und plauderten träge miteinander. Ich brauchte dringend eine Dusche und noch viel dringender ein paar Stunden ungestörten Schlaf. Glücklicherweise war das *hôtely*, in dem wir abstiegen, für madagassische Verhältnisse ein Viersternehotel. Die Zimmer waren einfache Bretterbungalows und befanden sich im Hof hinter dem »Restaurant«, in dem nur Three-Horses-Bier und Rum auf dem Speiseplan standen, aber es gab Strom und Wasser. Kakerlaken huschten in Deckung, als ich meinen Rucksack gegen die Wand lehnte, den Ventilator anstellte und mein Handtuch und meine Seife hervorholte. Ich rasierte meinen schlammverkrusteten Mehr-Tage-Bart ab und stellte mich reglos und genüsslich unter das spuckende Rohr, das als Dusche fungierte.

Wir warteten mit angehaltenem Atem auf Erlösung in Gestalt des blaugrauen Asphaltbands, das Mahajanga mit der Hauptstadt verbindet. Arno schätzte, dass wir – sofern wir keine Reifenpanne hatten – gegen elf Uhr morgens in den Genuss dieser seidenglatten Straße kommen würden.

In den ersten Stunden nach Tagesanbruch ließen wir die sumpfige Küstenregion hinter uns und fuhren von jetzt an bergauf. An den steilsten, unberechenbarsten Abschnitten mussten wir zu Fuß gehen. Der Weg war aber jetzt zumindest nicht mehr so matschig, auch wenn wir nach wie vor herumgeschleudert wurden, während es unter erbarmungslosem Gerüttel zwischen den Hügeln hindurchging. An einer Stelle war der rote Staub dick mit schwarzen Flecken gesprenkelt, als seien Öltropfen aus dem lecken Tank eines Lastwagens gespritzt. Im Toyota entstand sofort eine erregte Diskussion. Ich fragte mich schläfrig, wo der zerschellte Lastwagen sein mochte, und lehnte mich zum Fenster hinaus, um besser sehen zu können. Die Straße war mit tausenden und abertausenden winziger schwarzer Heuschrecken übersät. Es waren diese Heuschreckenmassen, die meine Reisegefährten so in Aufruhr versetzten, und als wir anhielten, um einen größeren Schwarm zu begutachten, bestätigten sich ihre Befürchtungen. Selbst der sonst schweigsame »Boss-Chief« fühlte sich zu einem Kommentar genötigt:

»Sie kommen jedes Jahr nach der Regenzeit. Aber ich habe noch nie so viele gesehen. Wenn sie hungrig werden …« Er ließ seinen Satz unvollendet …

Ich schätzte, dass es selbst auf diesem nackten, roten Staub 50 Heuschrecken pro Quadratmeter sein mussten. Im saftigen Gras war es noch schlimmer. Ich packte meine Kamera und ging ein Stück die Straße hinunter, um ein paar Fotos mit dem Pick-up im Hintergrund zu schießen. Die Heuschrecken hier waren größer und weiter entwickelt als die des letzten Schwarms. Sie waren ungefähr vier Zentimeter lang, kupferrot und traten in solchen

Massen auf, dass es unmöglich war, auf der Straße zu gehen, ohne sie zu zertreten. Beim Gehen flatterten sie mir um die Beine wie ein kupferfarbener Wirbelsturm.

Die sonst so harmlose Heuschrecke, die gern von kleinen Jungen und Hunden gejagt wird, verfällt bisweilen in eine wilde, unvorhersehbare Raserei und wird von einem irrwitzigen Zusammenrottungstrieb erfasst. Niemand weiß genau, wie es zugeht, aber plötzlich sammeln sich aus heiterem Himmel Millionen von Heuschrecken an einem Fleck. Dann vollzieht sich eine mysteriöse hormonelle Veränderung in der Masse, und die Heuschrecken mutieren zu einer Plage biblischen Ausmaßes. Innerhalb kurzer Zeit verwandelt sich der kleine Grashüpfer in den Mr. Hyde des Insektenreichs. Ein englischer Missionar, der in diesem Gebiet lebte, schrieb 1883:

Die Plage kam über uns wie windgepeitschter Rauch, und die Herzen der Menschen gefroren zu Eis bei diesem Anblick… Die ganze Atmosphäre war ein einziges Heuschreckenmeer, ein wahrhaft verschlingendes Element, und der Mensch – was sollte er anderes tun? – rächte sich, indem er die Eindringlinge büschelweise aufklaubte, ihnen Beine und Flügel ausriss und die fetten Leiber als Leckerbissen zum Abendessen briet.

Der Toyota fuhr weiter, und am selben Nachmittag rollten wir auf dem göttlichen Asphalt der Hochlandstraße um eine Biegung, als Arno plötzlich auf die Bremse trat und wir buchstäblich in eine Mauer von Heuschrecken hineinschlitterten. Es war ein vergleichsweise kleiner Schwarm, doch als er über uns hinwegbrauste, sah die Landschaft einen Augenblick wie eine Bildstörung im Fernsehen aus. Ein paar von den Heuschrecken kamen durch die halb offenen Fenster hereingeschossen, und Missis Katz hob eine auf und zeigte sie mir.

Dieses Exemplar war heller als die Heuschrecken, die ich zuvor gesehen hatte. Es maß fast zehn Zentimeter vom Kopf bis zum Schwanz. Ich konnte mir kaum vorstellen, dass dieses Monster noch vor kurzem eine harmlose kleine Heuschrecke gewesen sein sollte. Missis Katz bedeutete mir jetzt ungeduldig, dass ich die Heuschrecke nehmen und anschauen sollte. Obwohl ich mich hartnäckig dumm stellte, brachte sie mich schließlich dazu, den abstoßenden, gepanzerten Rumpf in der Hand zu halten. Die langen Beine mit ihren scharfen Sporen krallten sich in meine Finger, und die vorquellenden Augen starrten mich herausfordernd an. »Glaub ja nicht, dass du mir Angst machen kannst«, hörte ich das Ungetüm in meiner Fantasie sagen. »Es spielt keine Rolle, was du mit mir anstellst. Da draußen warten meine Kumpels, und das sind Millionen!«

Heuschreckenschwärme können rasend schnell anwachsen, weil die Tiere sich mehrmals im Jahr paaren und bis zu 100 Eier legen. In den letzten Jahren ist die Heuschreckenpopulation auf Madagaskar stetig gestiegen, und einige Experten sind der Meinung, dass zwei Drittel der Insel regelrecht damit verseucht seien. Äste brechen unter dem geballten Gewicht der Insektenleiber, und sie fegen wie ein Buschfeuer über die Reisfelder und lassen nur kahle, schwarze Flächen zurück. Bei günstigem Wind können Heuschrecken riesige Distanzen überwinden: Schwärme (oft kilometerbreit), die sich während des Monsuns in Indien gebildet hatten, wurden im Herbst in Arabien und im Winter in Ostafrika gesichtet.

Nachdem ich Missis Katz gefragt hatte, ob sie die Bestie zurückhaben wolle, und sie verneinte, kurbelte ich das Fenster herunter und ließ die Heuschrecke frei. Der Schwarm war bereits weitergezogen – halb fliegend, halb vom Wind getrieben –, und ich fragte mich, ob meine Heuschrecke, nachdem sie dem schlechten Einfluss der Horde entzogen war, irgendwie zu ihrem friedlichen, einsamen Dasein zurückfinden würde. Der Zusammenrottungstrieb, durch den die Heuschreckenschwärme ausgelöst werden, bewirkt wiederum auch deren Zerfall. Krankheiten breiten sich rasch in der Masse aus, und es dauert nicht lange, bis ein ganzer Schwarm eingegangen ist.

Wir hatten 23 Stunden gebraucht, um die 463 Kilometer von Ambanja zu dem Highway-Kreuz in der Nähe von Mahajanga zurückzulegen (gut 20 Stundenkilometer, was Arno als respektables Durchschnittstempo ansah). Das einschläfernde Asphaltband, von der Sonne aufgeweicht, trug uns über die ausgedehnten, malariaverseuchten Mangrovenniederungen des Betsiboka-Flusses und beförderte uns zügig ins Hochland hinauf. Außer Heuschreckenschwärmen, Konvois von Zebukarren und kleinen Ansiedlungen aus zweistöckigen Backsteinhäusern mit Balkonen gab es wenig, was uns auf der letzten Siebenstundentour nach Tana aufhalten konnte.

Die französischen Expeditionsstreitkräfte stießen vor genau 100 Jahren auf weitaus mehr Unannehmlichkeiten, die sie an ihrem Fortkommen hinderten. Fast 15 000 Soldaten traten den Marsch von Mahajanga an, und als sie sechs Monate und 400 Kilometer später Tana sichteten, hatten sich »General Tazo« (das Fieber) und »General Hazo« (der Dschungel) bereits sehr verdient um die Verteidigung Madagaskars gemacht. Hitze, Durchfall, Erschöpfung und das gefürchtete Madagassische Fieber, die zerebrale Malaria, hatten fast zwei Drittel der Invasoren dahingerafft. Hingegen konnte, bevor Tana an die Franzosen fiel, die Verteidigungsarmee der Merina – die ein letztes Mal unter dem Oberbefehl von Major Graves antrat, einem ehemaligen britischen Artillerieoffizier und Veteranen des Zulukrieges – nur 14 der geschwächten Überlebenden niedermachen.

Als ich mir eine Jacke um die Schultern legte, um mich vor der unerwarteten Hochlandkälte zu schützen, ahnte ich nicht, dass ich ebenfalls unter den ersten Symptomen von Malaria litt. Zum

Glück war es nicht die zerebrale Malaria, die so viele Soldaten der Invasionsarmee dahingerafft hatte und der auch heute noch weltweit fast zwei Millionen Menschen pro Jahr zum Opfer fallen, sondern mein zweiter Schub von Malaria tertiana. Trotz der starken und umstrittenen Lariam-Prophylaxe, die ich gewissenhaft befolgt hatte, litt ich in den paar Tagen in der Hauptstadt an ständigen Kälteattacken, was symptomatisch für die erste explosionsartige Vermehrung der Malaria-Erreger in meinem Blut war. Als ich eines Morgens in Tana erwachte, stellte ich fest, dass das Fieber während der Nacht ausgebrochen war und dass ich, während eine Ratte in meinem Bett verendete, die Laken buchstäblich mit meinem Schweiß getränkt hatte. Ich fühlte mich sofort wieder kräftiger und schob das Fieber auf eine der vielen rätselhaften Krankheiten, die einen Reisenden in den Tropen befallen können. Es sollten noch weitere fünf Monate vergehen, ehe ich in Madrid ins Krankenhaus ging, um die Malaria-Schüttelfröste zu bekämpfen, die mich periodisch befielen.

Tana ist eine bezaubernde Ansammlung farbenprächtiger Häuser, die oft atemberaubend schief auf den Hängen der zwölf Hügel kleben. Terrakottadächer, verwitterte Backsteinmauern und baufällige Holzläden schieben sich waghalsig übereinander, wie um sich gegenseitig am Abrutschen zu hindern. An den Fassaden dieser Märchenhäuser sind Holzbalkone verankert, die ungewisse Schatten in die engen, gepflasterten Gässchen werfen: ein Labyrinth aus Fluren und Stiegenhäusern, das mehr an ein weitläufiges altes Hotel erinnert als an eine Stadt im westlichem Sinn, aber für Mister und Missis Katz war es, als hätten sie zum ersten Mal die Champs-Élysées gesehen.

Ich fand es hinreißend, wie aufgeregt das Flitterpärchen war, als der frisch gewaschene Toyota (Arno hoffte auf eine nächtliche *aventure* in Tana) sie an den modernen Büroblöcken um den Place de l'Indépendance vorübertrug. Der Abschied von ihnen und den anderen Mitreisenden – selbst von der raumgreifenden Nonne – fiel mir schwer, nach allem, was wir zusammen durchgemacht hatten. Aber ich war auch froh, dass ich mich wieder auf vertrautem Boden befand, und steuerte schnurstracks das Backpacker-Mekka im Stadtviertel Analakely (kleiner Wald) an.

Die Souterrain-Kojen des »Hôtel Lambert«, von den fragwürdigeren Vorgängen im Haus nur durch einen schmutzigen Vorhang getrennt, waren die billigsten in ganz Tana, was einem Neuling nicht unbedingt auf die Nase gebunden wurde, während ein Insider dort für drei US-Dollar pro Nacht absteigen konnte. Mein alter Freund Claude, ein Insider par excellence, hauste immer noch im Souterrain. Wir stolperten zusammen die steilen, düsteren Stiegen von Analakely hinunter, um ein paar riesige Zebusteaks im »Tina's« zu verdrücken und sie danach mit mehreren Three-Horses-Bieren in der »Hôtel Glacier Bar« hinunterzuspülen.

Teil II

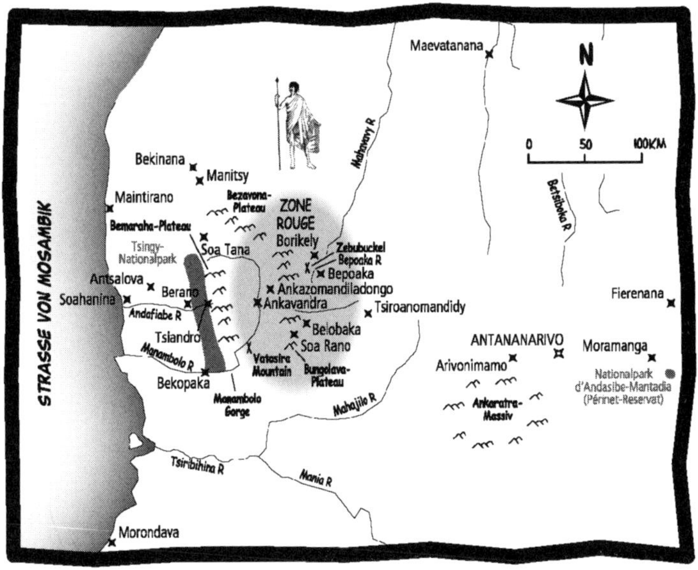
Maevatanana
N
0
50
100KM
Mahavavy R
Betsiboka R
Bekinana
Manitsy
Maintirano
Bezavona-
Plateau
ZONE
ROUGE
Borikely
Bemaraha-Plateau
Tsingy-
Nationalpark
Soa Tana
Zebubuckel
Bepoaka R
Bepoaka
Antsalova
Berano
Ankazomandiladongo
Soahanina
Ankavandra
Tsiroanomandidy
Fierenana
Andafiabe R
Belobaka
Tsiandro
Soa Rano
ANTANANARIVO
Moramanga
Manambolo R
Vatasira
Mountain
Bungolava-
Plateau
Arivonimamo
Nationalpark
d'Andasibe-Mantadia
(Périnet-Reservat)
Bekopaka
Manambolo
Gorge
Mahajilo R
Ankaratra-
Massiv
STRASSE VON MOSAMBIK
Tsiribihina R
Mania R
Morondava

Durch die »Langen Täler«

> Ich verließ mein Zuhause in Ambòhibelòma am Freitag, den 11. Juni 1875 mit 16 Männern: acht Lastenträger und weitere acht, die den Besitzer derselben tragen sollten. Wir waren kaum recht unterwegs, als einer der acht Lastenträger unter dem Gewicht zusammenzubrechen drohte …
>
> Reverend William Clayton Pickersgill
> »From Twilight to Gross Darkness«

In den entlegenen Teilen Madagaskars bleiben einem Wanderer, der auf dem Landweg reisen und nicht fliegen will, wenig Möglichkeiten. Im Mittelwesten gibt es nur eine. Und als die Schlaglöcher der Route Nationale 1 sich schließlich in einer Erdspur verloren, bevor der Weg im hohen Gras der Savanne ganz verschwand, entschied ich mich, zu Fuß aufzubrechen.

Das Buschtaxi war aus Tana heraus Richtung Westen durch saftige grüne Reisfeldterrassen gerattert. Wenige Stunden fuhren wir in einer dicken Staubwolke durch ein Gefüge von langen, weit geschwungenen Senkungsgräben, eine Landschaft, die ich in meinem Reisetagebuch nur als *ungeheuer afrikanisch* beschreiben konnte. 40 Minuten lang sahen wir einen steil aufragenden Felsen am Horizont, hier und da mit dem dunklen Grün von Bäumen gesprenkelt, der haargenau wie ein landumschlossener Gibraltarfelsen aussah.

In der mündlichen Überlieferung der Merina werden Kriege erwähnt, die die Könige führten, um das Vazimba-Volk aus seiner

Hauptstadt in Analamanga – dem Blauen Wald –, wo sich heute Antananarivo befindet, zu vertreiben. Die »weißen Pygmäen« gingen damals vermutlich ins Exil nach Westen, und dort verschwand ihr Stamm auf rätselhafte Weise.

Als ich aufbrach, hatte ich keine weiteren Pläne, als der Route zu folgen, die sie möglicherweise genommen haben.

Gleich westlich von Tana, in einer nahezu geraden Linie, liegen die Städte Tsiroanomandidy, Ankavandra, Tsiandro und Antsalova. Meine Karten gaben wenig Aufschluss darüber, was dazwischen lag, und in meinen Reiseführern war nichts über die gesamte Region vom Hochland bis zur Westküste zu finden – einem Gebiet, das ungefähr die Größe von El Salvador hat. Es war *das Land der kämpfenden Sakalava*, wie Reverend William Clayton Pickersgill es 1875 nannte. Nach fünf Stunden Fahrt im Buschtaxi konnte ich mühelos nachvollziehen, wie der kriegerischste Stamm der Insel zu dem Namen »das Volk der Langen Täler« gekommen war.

Ganz im Geist der großen viktorianischen Entdecker machte Reverend Pickersgill sich auf, *um Licht ins Dunkel der Sakalava* zu bringen. Er war, soweit es sich zurückverfolgen lässt, der erste Europäer, der das Land westlich von Tsiroanomandidy zu sehen bekam. Im Vergleich zu den steifen, offiziellen Tagebüchern seiner Zeitgenossen sind die von Pickersgill höchst amüsant und ironisch. Sie wurden vor über 100 Jahren im »Antananarivo Annual« publiziert.

Pickersgill war nicht nur ein geachtetes Mitglied der London Missionary Society, sondern auch ein eifriger Jäger, *dem das Blutvergießen Genuss bereitete*, wie er selbst schrieb, und *der mörderische Absichten hinsichtlich aller Wildrinder, Vögel und samtpfotiger Raubkatzen hegte*. Er reiste mit Joseph S. Sewell (Mister S.), einem Landvermesser und Quäker, der *einen kleinen Dreifuß und eine Falle* an seinem Palankin befestigt mit sich führte, *um Berggipfel einzufangen*.

Ich hatte mehrere Tage schlotternd vor Fieber in der Hauptstadt verbracht, aber als ich meine Weiterreise plante, hatte ich, so seltsam das auch klingen mag, immer noch von niemandem gehört – außer von Pickersgill und Mister S. –, der auch nur bis Tsiroanomandidy gekommen war. Doch kaum zehn Minuten nachdem ich meinen Rucksack vom Dach des Pick-ups heruntergezerrt hatte, sollte ich Bekanntschaft mit dem Banditenland des Mittelwestens schließen. Ich hielt in einem Laden an, um den Straßenstaub mit einem Three-Horses-Bier (*grand modèle*) hinunterzuspülen, und der Mann an der Theke schockierte mich mit seinen Horrorstorys über Viehdiebstahl, Mord und Totschlag und abgefackelte Dörfer in der *Zone Rouge*, der Roten Zone, wie er das Gebiet nannte.

In Tsiro, wie die Stadt von den Einheimischen genannt wird, hatte gerade eine politische Versammlung stattgefunden. In den Straßen herrschte eine aufgeladene Grenzstadtatmosphäre, Armeelastwagen und -jeeps, strotzend vor Waffen, pflügten laut hupend durch die Massen, die dem Markt zustrebten. Ich folgte der Menge die rote Erdstraße hinunter, zwischen zweistöckigen Backsteinbauten hindurch, und fand durch pures Glück ein Zimmer in dem nicht ausgeschilderten »Hôtel Iarivo Andrefanana« (unter dem Namen »Best Western« bekannt, obwohl es wörtlich übersetzt »Western Arrival« bedeutet). Mein Zimmer war mit vergilbten Seiten aus der Zeitung »Midi Madagasikara« tapeziert. Im Hof draußen spielten Kinder, und ihr Geschrei und Gelächter gelangte durch zwei Schiebefenster herein, die mit Pflanzen und Spitzenvorhängen wohnlich gemacht waren.

»Und wohin wollen Sie von hier aus gehen?«, fragte mich eine junge Dame mit unverkennbar chinesischen Augen, während sie mir Kaffee aus einer riesigen Aluminiumkanne im *hôtely* des Hotels einschenkte. Tiana war Lehrerin an der Grundschule von Tsiro, die erste Englisch sprechende madagassische Frau, die mir außerhalb der Hauptstadt begegnet war.

»Na ja, zuerst nach Ankavandra und dann hoffentlich weiter nach Westen«, sagte ich und war froh, dass ich mein holpriges Französisch für einen Augenblick vergessen konnte.

»Kein Problem – in zwei Tagen geht ein Flugzeug.«

»Aber ich will nicht fliegen. Ich will den Landweg nehmen.«

»Das können Sie nicht. Es gibt keine Straßen durch die *Zone Rouge* und nur wenige Dörfer. Die Leute wandern immer mehr nach Tsiro ab. Es ist zu gefährlich, in ungeschützten Dörfern dort auf dem Land zu leben.«

Die Armee hat einsame Militärposten von drei bis fünf Männern in abgelegenen Dörfern errichtet und hin und wieder sogar Hubschrauber-Razzien im Zentrum der *Zone Rouge* durchgeführt. Aber die Banditen, die *dahalo*, wie sie hier genannt werden, kannten das Gelände und wurden von den Dorfbewohnern, die unter ihrem Schutz zu stehen glaubten, gewarnt und versteckt. Ihre Anführer – Briganten mit Namen wie Ratsibahaka (»Böser Lemur«) und Menasanga, auch »Red Hair« (»Rothaar«) genannt – waren berühmt-berüchtigt wegen der Waffen, die sie trugen. Es wurde gemunkelt, dass sie in den frühen 1980er-Jahren von der Regierung Südafrikas oder der CIA (oder beiden) mit automatischen Gewehren versorgt worden waren, um die sozialistische Regierung aus den Angeln zu heben. Einige von ihnen hatten den Rang von kleinen Königen inne, hauptsächlich weil sie im Besitz einer AK47 waren. Und doch waren die Banditen weder Revolutionäre noch Guerilleros: Sie lebten in erster Linie vom Terror und ihrer brutalen Form des Viehdiebstahls. Jede Woche werden hunderte Zebus aus den riesigen Savannen der westlichen Täler nach Tsiro und zum größten Viehmarkt des Landes getrieben, der *raison d'être* der *Zone Rouge*.

Tiana nützte die seltene Gelegenheit, Englisch zu sprechen, und ging mit mir zu der Staubpfanne am Stadtrand, wo Sakalava-Hirten mit ihren Speeren in kleinen Trupps an die 300 Zebus bewachten. Es gibt wenig Gewehre in der *Zone Rouge*, aber die Hirten, die ihre Herden zu Fuß treiben – oft sind sie mit 250 Zebus zwei Wochen lang unterwegs –, haben ihre *assagai*, ihre Speere, immer griffbereit.

»Viele von den Hirten, die ihre Zebus zum Markt bringen, müssen kämpfen, um dorthin zu kommen«, erzählte Tiana. »Sie können die Tiere auf dem Markt mit gutem Gewinn verkaufen, aber oft werden die Leute unterwegs getötet.«

Ich konnte nur schwer abschätzen, wie viel von dem, was ich zu hören bekam, in dem Verfolgungswahn der Städter wurzelte, die die unbekannten Dorfgemeinschaften im Busch fürchteten, und wie viel davon auf Tatsachen beruhte. Ich wollte der Sache auf den Grund gehen und herausfinden, wie ernst die Lage in der *Zone Rouge* tatsächlich war. Auf dem Polizeirevier warnte mich ein aufgeregter Schreibstuben-Sergeant: »Sie können nicht dorthin gehen! Nicht einmal die Armee traut sich dorthin! Die *dahalo* haben magische Kräfte und AK47. Sie vergewaltigen und töten. Diese Banditen sind in der Lage, ganze Dörfer in den Bungolava-Bergen abzufackeln, und tagelang erfährt niemand etwas davon.«

Mir schien, dass die Tsiromandidy-Jungs in Blau einem ahnungslosen *vazaha* in aller Deutlichkeit vor Augen halten wollten, welch erbitterten Kampf sie gegen die vereinten Mächte der Finsternis führten.

Ich war immer skeptisch, wenn ich von Reisenden hörte, die prompt in Schwierigkeiten gerieten, sobald sie sich in »no-go areas« vorgewagt hatten. Als ich noch ein junger »Nomade« war, der in den langen Londoner Wintermonaten in wärmere Gefilde auswanderte, dachte ich nie viel über Gefahren nach. Natürlich wurde ich ausgeraubt, die kleinere Schmach, die jeden Reisenden irgendwann ereilt, und ich trug einen Faustkampf mit ein paar jugendlichen Ganoven in der Toreinfahrt eines südamerikanischen Altstadt-Hotels aus – erst hinterher dachte ich an Messer. Ich verbot mir den Gedanken, dass es schlimmere Gefahren auf der Welt gebe. Zweimal hatte ich, wie ich glaubte, dem sicheren Tod ins Auge geblickt, einmal in einer Bergbahn in Venezuela und einmal bei einem Malaria-Anfall im Dschungel von Borneo. Es hatte mich nur darin bestärkt, so viel wie möglich in der Welt herumzureisen und zu erleben, ehe der große Boss »Schluss jetzt!« sagt.

Heute dachte ich anders darüber. Meine Einstellung hatte sich geändert, und mein sesshaftes Leben als freier Journalist in Madrid war auf seine Weise ebenso fordernd und spannend, wie dieser alte Reisetrieb einst übermächtig gewesen war und alles andere in den Schatten gestellt hatte. Vielleicht war es eine Alterserscheinung, oder es lag an meiner bevorstehenden Heirat, aber ich schloss nicht mehr die Augen vor der Gefahr. Also überlegte ich mir, was ich unter Umständen verlieren würde, falls die *Zone Rouge*-Geschichten auf Tatsachen beruhten. Unter normalen Umständen hätte ich vielleicht kehrtgemacht und mich aus der *Zone Rouge* hinausgerettet. Aber das Sponsoring hatte mir ein gesteigertes Pflichtgefühl aufgebürdet. Ich hatte bereits meinen »Packpferde«-Treck die Insel hinunter abbrechen müssen, und kaum war ich im Westen, bekam ich zu hören, dass ich nicht weiter auf dem Landweg reisen könne. Daher ignorierte ich das wachsende Unbehagen, das mich beschlich, während ich mich weiter in Tsiro herumtrieb und jeden ausquetschte, der mir etwas über die *Zone Rouge* sagen konnte.

Ich streunte auf dem Viehmarkt und um das schauerliche Schlachthaus beim Bach herum. Ich sprach mit den Hirten, den *hôtely*-Besitzern, die sie mit Essen versorgten, und mit den Händlern, die in Konvois aus leuchtend bunt bemalten Karren nach Osten kamen, aber ich konnte keinen dazu bewegen, mich durch die *Zone Rouge* zu führen. Sobald sie ihre Tiere verkauft und Geld in der Tasche hatten, flogen die Viehhirten in einem Air-Madagascar-Bushhopper in ihre Dörfer im fernen Westen zurück.

Der Schlachthofveterinär erzählte mir von der Seuche, der die madagassischen schwarzen Schweine zum Opfer gefallen waren: »70 Prozent der Schweine sind an der *Peste Porcine Africaine (PPA)*, der afrikanischen Schweinepest, gestorben. Eine Familie hatte 100 Schweine, nur zwei sind ihnen geblieben. Wir mussten hunderte kranker Schweine töten, es war scheußlich … Ja, ich habe von dem Pferdesterben gehört, aber ich glaube nicht, dass es da einen Zusammenhang gibt.«

Ich wusste, dass Tianas drei Schweine an PPA gestorben waren, trotzdem war Schweinefleisch im »Best Western« das einzige Gericht auf der Speisekarte. Tianas Mann, Mick, arbeitete abends als DJ für »Radio Bungolava«. Tiana und ihre Mutter, die ich Maman Suzanne nennen durfte, bedienten mich bei Tisch und tranken Cola, lehnten Rum jedoch ab, während wir Micks schmachtender Stimme lauschten (untermalt von Boney M und UB40), die aus dem ramponierten Radio schallte. Plötzlich stieß Maman Suzanne etwas in rasend schnellem Malagasy hervor.

»Sie sagt: ›Gehen Sie nicht nach Bungolava‹«, übersetzte Tiana. »Es ist sehr gefährlich.«

Bungolava bedeutet »Langer Berg«. So heißt das Gebiet, das zwischen Tsiro und der Stadt Ankavandra liegt, im riesigen Manambolo-Tal. Die Bungolava-Berge sind das Kernland der *Zone Rouge*.

»Wenn Sie westwärts nach Ankavandra müssen, nehmen Sie erst ein Buschtaxi nach Süden bis zum Dorf Belobaka, dann nach Norden um die *Zone Rouge* herum.«

Als ich Maman Suzannes bekümmerten Blick sah, wechselte ich vorläufig das Thema und fragte sie nach den Vazimba. Wie üblich konnten sich die beiden Damen nicht über die genaue Beschaffenheit der »weißen Pygmäen« einigen, aber zumindest stimmten sie in der Ansicht überein, dass es drei Arten von Pygmäen auf Madagaskar gebe:

1. Die Vazimba, die magische Kräfte besitzen und in den Wäldern im Westen leben.
2. Gewöhnliche Pygmäen, die in den Dörfern im fernen Süden leben.
3. Der *kalanoro*, ein Geist mit langem Haar und langen Nägeln, auf den dieselbe Beschreibung passt wie auf die Vazimba im Norden.

Mit aller gebotenen Diskretion gelang es den Damen des »Best Western«, mir verständlich zu machen, dass es einen Dämon (außer dem Rum) gebe, vor dem ich mich ganz besonders hüten müsse. Ein *lolo vakotro*, so heißt der Dämon, nimmt die Gestalt eines schönen Mädchens an, das empfängliche junge Männer zu sich in ihr Boudoir lockt. Ein *lolo*, erfuhr ich, ist der einsam umherirrende Geist eines Toten, der fern von zu Hause gestorben ist; der Geist findet keine Ruhe, bis er nicht in seine Stammesheimat und zu den Gräbern seiner Ahnen zurückgekehrt ist.

»Es gibt nur eine Möglichkeit, wie man herausfinden kann, ob ein Mädchen ein *lolo vakotro* ist«, erklärte mir Tiana, »man muss ihr etwas zu essen vorsetzen: Ein *lolo vakotro* kann nicht essen. Die Speisen fallen auf den Boden, unter den Tisch. Aber wenn Sie mit ihm nach Hause gehen und am nächsten Morgen aufwachen, dann werden Sie sehen, dass er Sie dazu gebracht hat, auf einem Grab zu schlafen, und Sie werden für alle Zeiten verflucht sein – wie der *lolo* selbst.«

Ich holte meine Karten hervor, um die Belobaka-Route zu studieren, aber sie führte in einem derart weiten Bogen um die *Zone Rouge* herum, dass sie nicht mit dem alten Vazimba-Weg übereinstimmen konnte, dem ich folgen wollte. Trotzdem hörte ich gerüchteweise von einem Führer, der mich vielleicht auf diesem Weg begleiten würde, sodass ich wieder etwas Hoffnung schöpfte. Falls sich tatsächlich jemand finden sollte, der bereit war, mich so dicht an die *Zone Rouge* heranzuführen, konnte es nicht das gesetzlose Räubernest sein, als das es in den Gerüchten hingestellt wurde. Ich wollte den Preis abwarten, den der Führer verlangte, denn darin würde sich in gewisser Weise die Gefährlichkeit des Weges spiegeln. Dann wurde mir im »Best Western« die Nachricht hinterlegt, dass der angebliche Führer einen Rückzieher gemacht hatte, ohne auch nur seinen Preis zu nennen!

Ich war mir bewusst, dass meine Lage mit jedem Tag, den ich in Tsiro verweilte, und mit jeder weiteren Person, die ich in meine Pläne einweihte, noch brenzliger wurde. Eines Tages blieb ich stehen, um mit den Rikscha-Fahrern zu reden, die mit ihren farbenprächtigen *pousse-pousses* auf dem Markt herumstanden. Der Name *pousse-pousse* rührt daher, dass die jungen Burschen, wenn sie eine schwere Last einen steilen Hang hinaufschleppen müssen, manchmal einen Vorübergehenden um Hilfe angehen: »*Pousse! Pousse!*« – Schieb, schieb! Zu meiner Überraschung erfuhr ich, dass sie bereits alle von meinen Plänen wussten und sogar die Route voraussagen konnten, die ich vermutlich nehmen würde.

Selbst wenn die *Zone Rouge* nicht so schlimm war, wie die Einheimischen behaupteten, erschien es mir nur logisch, dass ein schwer beladener *vazaha,* dessen Route bekannt war, geradezu ein Geschenk des Himmels für einen einheimischen Banditen sein musste. Als ich die Hoffnung auf einen Führer schon aufgeben wollte, machte Mick mich mit Eloi Razafimandimby bekannt. Eloi war Ende 20 und hatte die kaffeebraune Haut, die schönen Gesichtszüge und die kräftige Statur der Betsileo-Krieger. Er war beseelt von einer tiefen Liebe zu seiner Insel und dem Wunsch, so viel wie möglich von ihr zu sehen. Die Betsileo sind der reisefreudigste unter den 18 Stämmen Madagaskars, und vielleicht wird deshalb ihr Dialekt fast überall verstanden. Eloi, der früher Lehrer in einem abgelegenen Dorf in der *Zone Rouge* gewesen war, überraschte mich mit seinem ausgezeichneten Englisch und war sofort Feuer und Flamme für meine Suche nach dem Vazimba-Pfad.

»Es könnte gefährlich werden, wenn Sie allein wären«, meinte er schulterzuckend. »Aber ich kenne viele Leute in der *Zone Rouge*. Sie werden ihnen nichts tun, wenn Sie mit mir zusammen sind.«

Das waren die ersten positiven Kommentare, die ich gehört hatte, seit ich im Westen angekommen war, und ich klammerte mich daran fest.

Ich hatte am eigenen Leib erfahren, welch ein rasantes Tempo ein einheimischer Führer vorlegen kann, wenn man ihn für die ganze Tour bezahlt anstatt pro Tag. Eloi machte zwar einen ehrlichen Eindruck, aber nachdem ich seine kräftige, durchtrainierte Gestalt studiert hatte, zog ich es vor, ihm einen Tageslohn anzubieten. Auf diese Weise hatte ich die Möglichkeit, unterwegs anzuhalten, wo und wann es mir gefiel. Unser kleiner Zwei-Mann-Konvoi würde kaum so viel Aufmerksamkeit erregen wie einst Pickersgills Karawane, die zeitweise 70 Mann zählte, *wie eine Guerillabande* aussah und *bis an die Zähne mit Gewehren und Speeren bewaffnet* war. Erst zwei Tage später, am Rand der *Zone Rouge*, als Eloi in seine »Rüstung« schlüpfte, bedauerte ich es allmählich, dass ich nicht auch eine ganze Armee rekrutiert hatte.

Am »Kalaschnikow-Fluss«

Es gibt also Königreiche im wilden Westen zu gewinnen und mehr als genug Männer auf madagassischer Seite, die willens sind, die erste Attacke anzuführen.

Reverend William Clayton Pickersgill
»From Twilight to Gross Darkness«

Die Straße rüttelte den verbeulten, alten Pick-up durch, wie ein Hund, der eine Ratte verbeißt. Nur weil die Fahrgäste so eng eingekeilt saßen, wurde niemand ganz über die Ladefläche hinausgeschleudert. Ich zog meine Jacke bis oben hin zu und drückte meinen Hut so tief in die Stirn wie möglich, während die Sonne ihre wohltuenden Strahlen aus der weiten Savanne zurückzog. Eloi saß mir gegenüber, und seine Verlobte Poussy lehnte an seiner Schulter. Wir hatten vor, heute Abend bei Poussys Familie zu bleiben und am nächsten Morgen in den »Wilden Westen« aufzubrechen.

Eloi und ich hatten Karten studiert, Berechnungen angestellt und Vorräte in Tsiro gekauft: Reis, Kaffee, Zucker, Instantnudeln, Ölsardinen, Kondensmilch und Kekspackungen als Geschenke. Ich hinterließ Briefe bei Tiana, in denen ich meiner Familie unsere geplante Route und unser Ziel mitteilte und ihnen schrieb, dass sie sich keine Sorgen machen sollten, wenn sie in den nächsten sechs Wochen nichts von mir hörten. Maman Suzanne umarmte mich mit Tränen in den Augen und wollte mich daran hindern, mein Zimmer zu bezahlen. »Ich werde für Sie beten, mein Sohn«, schluchzte sie und bemühte bei dieser Gelegenheit sogar ihr spärliches Französisch.

Der Weg war so zerfurcht und löchrig, dass die 20-Kilometer-Fahrt nach Norden zu Poussys Dorf, Borikely, über drei Stunden dauerte – und das ohne eine einzige Reifenpanne! Es dunkelte, als wir endlich in Borikely anhielten. Aber was hier anbrach, war nicht einfach Dunkelheit. Es war eine undurchdringliche, pechschwarze Finsternis, der *würgenden Dunkelheit* aus Pickersgills Tagebuch vergleichbar. Sie legte sich undurchdringlich über das Bepoaka-Tal und die geheimnisvollen Grasländer von Bezavona, dem »Ort der vielen Nebel«. Ein paar ineffiziente elektrische Lampen, vom Generator eines einsamen Missionars gespeist, drangen einen Augenblick schwach durch das dichte Dunkel in Ankavandra. Die Schwärze drang weiter über den breiten Strom des Manambolo-Flusses und zum Bemaraha-Plateau hinauf. Sie stürmte durch die Wälder und die spitzen Felsen des Tsingy-Gebiets, bevor sie endlich von den summenden Straßenlampen des Marktplatzes von Antsalova zerrissen wurde. Das Auftauchen unseres doppelten Scheinwerferpaars, mit nur einer kaputten Birne, löste große Aufregung in Borikely aus, und eine Menschenmenge lief zusammen, um den Pick-up zu begrüßen. Eine Horde kreischender Kinder sprang umher und warf unheimliche Schatten über die roten Lehmhäuser. Sie tobten mit einer derart zügellosen Freude in den beiden Zwillingsspuren silbrigen Lichts herum, dass ich befürchten musste, der Anblick eines *vazaha*, der mitten in der Nacht in ihrem Dorf auftauchte, könnte sie vollends um den Verstand bringen. Im Schutz des Tumults und des aufgewirbelten Staubs zog ich meinen Rucksack aus dem Pick-up heraus und folgte Eloi und Poussy stumm durch die Schwärze der Nacht zu einem der Häuser.

Auf Elois Hämmern ging die Tür auf, und ein Mann trat heraus, dessen Gesichtszüge im flackernden Lampenlicht wie gemeißelt wirkten. »*Tonga soa*!« – Willkommen!

Er schüttelte uns die Hände, das rechte Handgelenk mit den Fingern der linken Hand umschlungen, und zog mich ins Haus, als hätte er auf meine Ankunft gewartet. Obwohl er unmöglich wissen konnte, dass wir kommen würden, gestattete er es sich nicht, auch nur die mindeste Überraschung zu zeigen.

Der Raum war nur mit einem primitiven Holzbett und einer alten, selbst gemachten Vorratstruhe möbliert. In der Tür zum anderen Zimmer standen drei Frauen, Poussys Schwestern und ihre Mutter. Sie begrüßten uns lächelnd und mit raschem Kopfnicken. Eine Flechtmatte diente als Esstisch, und Poussy fegte sie mit einer Bürste aus 30 Zentimeter langen, getrockneten Grasstängeln sauber. Diese Bürste war ein geniales Gerät, das ich in jedem Dorf im Westen sah. Nachdem die Krümel zu einem Haufen zusammengekehrt waren, zog Poussy die Bürste auseinander und ließ sie wieder zuschnappen, sodass der Abfall beim Zuschnappen von den Stängeln aufgenommen wurde. Dann brauchte man die Bürste nur noch an die Wand draußen zu schlagen, damit die Krümel herausfielen.

Da niemand in Poussys Familie Französisch sprach, konnte Eloi seine Fähigkeiten als Übersetzer unter Beweis stellen, während wir unser Mahl aus gekochtem Reis und kleinen Omelettbrocken aus einer gemeinsamen Schüssel verzehrten. Das Ganze wurde mit Café au lait hinuntergespült, der aber, da es unerklärlicherweise keine Milch gab, mit einem Eigelb angerührt wurde, was überraschend gut schmeckte, wenn es auch nicht gerade kostengünstig war. Ich nahm mir vor, ihnen ein paar von unseren entsetzlich schweren Lucky-Cow-Milchdosen dazulassen.

»Möchtest du Rum trinken?«, fragte Eloi, während er sich zufrieden zurücklehnte, um in seinen Zähnen zu stochern.

»Ja, gut, wenn du welchen bekommen kannst.« In Wahrheit war Rum das Letzte, was ich wollte, aber ich hatte das Gefühl, dass ich Poussys Dad damit einen Gefallen tun würde. »Aber sieh zu, dass du auch Cola kriegen kannst«, bat ich ihn und reichte ihm ein paar

Tausenderscheine Francs Malgaches. Ein wohl gestalteter, geblümter Lamba mit zwei honiggoldenen Waden darunter schlüpfte in die Furcht erregende Dunkelheit hinaus, um kurz darauf mit zwei Flaschen Coke (*petit modèle*) und einer Flasche einheimischen Feuerwassers (eindeutig *grand modèle*) zurückzukommen. Als Eloi die Drinks in ein paar Emailbecher goss – die Coke ging hauptsächlich an die Damen, die es verschmähten, ihr Getränk mit Rum zu »frisieren« –, trat Poussys Vater wie zufällig ins Dunkel hinaus. Er warf den Kopf zurück und rief in die Schwärze hinein. Seine Stimme tönte ruhig und klar durch das Dorf, wie der Ruf eines Nachtwächters: »Mitternacht, und alles schläft!«

Als er mein verwundertes Gesicht sah, erklärte Eloi: »Vor zwei Jahren wurde das Dorf von Banditen überfallen, und es hat einen Kampf gegeben. Zwei Dorfbewohner wurden getötet und mehrere verletzt. Jetzt ist es Pflicht in Borikely, dass jeder Besucher offiziell angekündigt werden muss, damit sich keine Fremden unbemerkt hier herumtreiben können.«

Mit einem Schauder wurde mir klar, dass wir bereits mitten im Banditenland waren. Dort draußen, in der großen Dunkelheit, lauerten die *dahalo*. Die Gefahr war immerhin so real, dass sie ein brandneues *fady* ins Leben gerufen hatte. Eines Tages, sinnierte ich, würde die *Zone Rouge* vielleicht befriedet sein, und 100 Jahre später würde ein *vazaha* in Borikely übernachten und sich über dieses Ankündigungs-*fady* wundern. Die Einheimischen würden dann nur mit den Schultern zucken und sagen: »Das war immer so.«

Am nächsten Morgen fuhren wir in aller Frühe weiter. Ohne die offizielle Ankündigung hätten die meisten Bewohner von Borikely wahrscheinlich nie gemerkt, dass ich überhaupt da war.

Poussys Vater zog seinen Strohhut in einem kühnen Winkel in die Stirn und schnalzte mit den Zügeln, bis der kleine Karren sich widerstrebend in Bewegung setzte. Seine Frau saß in dem blauweiß gestreiften Gefährt und umklammerte einen riesigen Golfschirm, der in rote, gelbe und grüne Abschnitte unterteilt war. Die ganze Frauenschar, die im Wagenkasten zusammengedrängt war, fand Schutz unter diesem eindrucksvollen Dach. Eloi und ich fuhren hinten mit. In dieser Weise schleppten uns die beiden trägen Zebus über ein riesiges, hügeliges Grasland, das als Kulisse für »Unsere kleine Farm« hätte dienen können.

In der »Grenzstadt« Fierenana kaufte ich *mofo menakely* und schwarzen Kaffee zum Frühstück, während Eloi und Poussy sich flüsternd voneinander verabschiedeten. Wir ließen den staubigen Marktplatz hinter uns und hielten an der Missionsschule, einem rechteckigen Betonbau. Eine junge madagassische Nonne stürzte davon, um ein paar Sachen zusammenzusuchen, die zu Elois Reiseausrüstung gehörten. Eine Zeit lang hatte sich Eloi, der Sohn eines angesehenen Arztes aus den Central Highlands, mit dem Gedanken getragen, seine Gelübde als katholischer Priester abzulegen. (Vielleicht war Eloi nicht der einzige hoffnungsvolle Priesteranwärter in der Geschichte der madagassischen Kirche, der von einer Poussy dazu gebracht wurde, der Soutane abzuschwören.)

Je mehr ich über Eloi erfuhr, desto optimistischer wurde ich hinsichtlich unserer Expedition in die *Zone Rouge*. Doch dann passierte etwas, das meine Zuversicht wieder zunichte machte: Eloi Razafimandimby, in dessen Hände ich das Gelingen meiner Expedition und vielleicht – wer konnte es wissen – mein Leben gelegt hatte, schnallte sich sorgfältig einen glänzenden, schwarzen Lederpanzer um! Zwei Platten aus verstärktem Leder schützten seine Brust und seinen Rücken und wurden mit Riemen über seinen Schultern und um die Hüfte fixiert.

»Äh, Eloi«, begann ich widerstrebend. »Was ist das denn?«

»Kugelsichere Weste.«

»Was? Davon hast du mir aber nichts erzählt.«

»Na ja, kann sein, dass es nötig ist ... aber wahrscheinlich nicht, denk ich.«

»Du glaubst doch nicht, dass sie uns erschießen?«

»Mich nicht«, sagte er lachend und schlug sich kräftig auf die Brust. »Nein, keine Sorge ... wahrscheinlich brauchen wir das gar nicht.«

Die Rüstung sah nicht so aus, als könne sie eine Kugel abhalten, aber zumindest gab sie einem ein bisschen mehr Sicherheit, so wie ein madagassisches *ody* (ein Amulett oder Talisman), wenn man der abergläubische Typ war. Ich brütete noch immer darüber, als wir Fierenana den Rücken kehrten und in das wogende Grasland hineinwanderten, das für die nächsten vier Wochen unser Zuhause sein würde. »Eloi, du kannst mir nicht auch so eine kugelsichere Weste machen, oder?«, fragte ich.

Das Gras, das nach den Regenfällen kniehoch wuchs, zog sich über eine scheinbar endlose Kette niedriger, runder Buckel hin. Wir gingen den Morgen über weiter, an Hängen vorbei, die mit wogendem Gras bewachsen waren, und von Zeit zu Zeit stiegen wir in dicht bewaldete Täler hinab. In den ganzen sechs Stunden stießen wir auf keinerlei menschliche Spuren, ein gutes Zeichen, wie Eloi meinte. Der Pfad führte an einer Uferbank vorbei, die von *lavaka*-Kratern zerfressen war. Dann ging er abwärts in ein dicht bewaldetes Tal, dessen Name Eloi mit »der Ort der vielen Schlangen« übersetzte.

Ich zog meine Stiefel auf dem Kiesstrand aus und schnallte meinen Rucksack so auf, dass er mir nur lose über eine Schulter hing. Dann folgte ich Eloi zum anderen Ufer hinüber, bis zu den Schenkeln in der Strömung, die wild um mich herumstrudelte.

»Das ist der Bepoaka-Fluss«, erklärte er, ohne zurückzuschauen. »Er ist nach dem Geknatter einer AK47 benannt – Be-Poak, Be-Poak!«

Er setzte sich auf den rissigen Lehm und schnürte seine Basketballstiefel aus Leinen zu. »Der Manambo-Fluss wird unser größtes Problem sein. Wenn er Hochwasser hat, müssen wir mit Seilen und Flößen für das Gepäck übersetzen.«

Am frühen Nachmittag hielten wir an einer engen Biegung des Bepoaka an, sammelten Treibholz und kochten Reis, den wir mit Ölsardinen vermatschten. Ich schrubbte den Feldkessel mit Sand aus, schöpfte Wasser für den Kaffee und lehnte mich im Schatten zurück. Eloi genoss offensichtlich genauso wie ich das wohlige Gefühl, das von einem Lagerfeuer ausgeht. Er träumte selig vor sich hin, an seinen Rucksack gelehnt, ein ziemlich hässliches, aber weit gereistes Utensil, das an den Schulterriemen die Narben zahlreicher Reparaturen aufwies. Der Deckel des Feldkessels wackelte fröhlich im Dampf, und die Welt war rundum in Ordnung, bis Eloi sagte: »Der Flussabschnitt hier heißt Analaturk. Das bedeutet ›Hinterhalt‹, weil es ein guter Platz für einen Angriff ist – man sieht rein gar nichts, bis man bereits hier unten ist.«

»Na ja«, meinte ich, verzweifelt nach dem berühmten Strohhalm greifend, »das bedeutet dann aber, dass uns auch niemand sieht, bevor er bereits hier unten ist.«

»Genau!«

Tatsächlich kampierten wir in einem abgeschlossenen Talstück, wo der »Kalaschnikow-Fluss« sich nach links krümmte. Als wir tropfnass auf das weite, rissige, in der Sonne glühende Lehmufer an der Innenseite der Biegung traten, zeigte Eloi auf die Abdrücke dreier Krokodile. Sie hatten mit ihren Bäuchen und Schwänzen die Stelle geglättet, an der sie zum Sonnenbaden aus dem Wasser gekrochen waren. Meiner Schätzung nach war das größte nicht mehr als 1,80 Meter lang. Die Spuren waren vermutlich vor zwei Wochen entstanden, kurz nach den schweren Regenfällen. Ich war dennoch überzeugt, dass die Krokodile noch immer hier hausten und still ins Wasser zurückgeglitten waren, als sie uns kommen hörten.

Die Grasbuckel wurden stetig größer, als wir in der Hitze des Nachmittags zu einem einsamen Bergdorf marschierten, das den wunderbar friedlichen Namen Bellevue trug. Auf den Reisfeldern unter dem Dorf trafen wir zwei Freunde von Eloi, Victor und Cyril, deren Namen nicht gerade sehr madagassisch klangen.

Victor hielt seinen *assagai*, der oben mit einer Eisenspitze bewehrt war, in der Armbeuge, als er sich vorbeugte, um uns die Hand zu geben; Cyril gestikulierte aufgeregt mit seinem *coupe-coupe*, während er uns seine jüngsten Abenteuer in Bellevue berichtete. Erst vor zwei Monaten hatte eine *dahalo*-Bande das Dorf in der Morgendämmerung überfallen, als die Zebus noch im Kral waren. Aber die Verteidiger hatten ein paar Gewehre zur Hand gehabt und kein einziges Tier verloren. Jetzt fürchtete man, dass dieser Sieg Vergeltungsmaßnahmen nach sich ziehen würde, und niemand ging allein und unbewaffnet aus dem Haus, nicht einmal bis zum Reisfeld.

»Wir warten auf das Pfeifsignal«, sagte Victor geheimnisvoll, während er sich umdrehte und uns in das Dorf führte.

»Manchmal schicken die *dahalo* einen Boten«, erklärte Eloi. »Oder sie geben ein Pfeifsignal, kurz bevor sie angreifen. Wenn die Leute dann fliehen und ihre Zebus und ihren Reis im Stich lassen, gibt es kein Blutvergießen. Aber die Leute von Bellevue laufen nicht weg.«

Pickersgill hatte über eine ähnliche Siedlung wie Bellevue geschrieben:

Die Bewohner dieser Wüstendörfer führen wahrhaftig ein elendes Leben. Keine Seele wagt sich unbewaffnet aus der Umzäunung, und Hunger und Durst sind die allgegenwärtigen inneren Feinde. Vor ein oder zwei Tagen gingen ein Mann und seine Frau auf die Felder, um nach ihrem Reis zu sehen. Sie wurden unversehens von einer marodierenden Bande überfallen, und die Frau wurde niedergemacht. Der Mann kam nur mit dem Leben davon, weil ein Schuss nicht losging.

Pickersgill und Mister S. kamen durch dieses Gebiet, lange bevor der Ausdruck *Zone Rouge* geprägt wurde, als es noch das Weideland der Merino-Fürsten war, die sich fälschlicherweise für die Herren der kämpfenden Sakalava-Clans hielten, die auf den sonnenverbrannten Grasländern umherzogen.

> *Mehrere solcher Weiler sind in großen Abständen in diesem Teil des Landes anzutreffen, der als Wüste bezeichnet wird. Die Siedlungen sind hauptsächlich von Sklaven bewohnt, die das Vieh weiden, schwer zugänglich, und dienen als Zufluchtsorte für die Herden, wenn diese von räuberischen Sakalava bedroht werden… Dies ist das Màvohàzo-Land (Gelber Wald), von rastlosen Sakalava durchstreift, bei denen alles, was Hosen trägt, bewaffnet ist und kämpfen wird – schon beim geringsten Anlass.*

Die Dorfbewohner von Bellevue waren Betsileo aus dem zentralen Hochland. Sie hatten alle jung geheiratet und waren in die *Zone Rouge* gekommen, um ein Dorf aufzubauen, um – wenn man sie in Ruhe ließ – schließlich zu einer Dorfgemeinschaft zusammenzuwachsen. Ihre einzigen Verteidigungsvorteile bestanden in der Hügellage und ihrer Kampfbereitschaft, denn für diese Menschen stand alles auf dem Spiel, was sie auf der Welt besaßen. Sie waren von dem Pioniergeist erfüllt, der sie in dieses gesetzlose Gebiet gebracht hatte, in dem es gutes, reiches Land im Überfluss gibt, wenn man sich seiner Haut zu wehren verstand.

Bellevue war eine Ansammlung von acht Hütten, aus Baumschösslingen geflochten und mit Zebudung und Schlamm verputzt, jener Mischung, die in der afrikanischen Sonne innerhalb weniger Tage hart wird. Die Leute mochten noch so arm sein, wir wurden dennoch nicht durchgelassen, ohne an einer Mahlzeit aus gekochter Cassava und Bohnen teilzunehmen. Diese schönen Menschen lebten Tag für Tag mit der Bedrohung, einem Massaker zum Opfer zu fallen, aber dank ihres Gemeinschaftsgefühls und ihrer Fröhlichkeit waren sie Welten von jenem elenden Leben entfernt, das Pickersgill beschrieben hatte.

Ich wusste inzwischen, dass die meisten, wenn auch nicht alle Horrorgeschichten, die ich gehört hatte, auf Tatsachen beruhten. Als wir von Bellevue aufbrachen und das Dorf seinem ungewissen Schicksal überließen, suchte ich die Savanne vor uns mit wachsameren Augen ab. Der Gelbe Wald dehnte sich in einer Reihe sanft gewellter Hügel vor uns aus. Falls es stimmte, dass dieses Gebiet jemals stärker besiedelt war, dann hätte man zumindest auf einige der wuchtigen, verlassenen Steingräber stoßen müssen, wie man sie sonst auf der Insel findet. Aber es gab hier überhaupt nur wenig Lebens- oder vielmehr Todeszeichen.

Selbst die Vögel und Chamäleons, die ich im Norden in so großer Zahl gesehen hatte, fehlten hier seltsamerweise. Die Kargheit der Vegetation – der größte Teil des Gebiets ist nur spärlich mit Gräsern bedeckt – bietet nur wenig Nahrung für Lebewesen. Obwohl die Wissenschaft heute davon ausgeht, dass ein großer Teil West-Madagaskars schon vor dem Auftauchen des Menschen (und Viehs) Savannenlandschaft war, brachten diese Ebenen früher eine weitaus vielfältigere Vegetation hervor. Vor 2000 Jahren gab es hier Scharen von Elefantenvögeln (bis zu einem Dutzend Arten), Zwergnilpferden und trägen Riesenlemuren.

Wir wateten viermal durch die schlammige, rote Strömung des »Kalaschnikow-Flusses«, ohne einer Menschenseele zu begegnen, und als wir dann zu einer Uferbank abstiegen, fanden wir uns plötzlich am Rand eines Reisfelds wieder! Hier kampierte unerklärlicherweise eine Familie in einem winzigen Strohunterstand fern von jeglichem Dorf. Es sei Heuschreckenzeit, erklärte der Vater, und sie kampierten hier, um sofort zur Stelle zu sein und die gefräßigen Heerscharen mit Rauch und Lärm zu vertreiben. Auch hier wurden wir fast nicht durchgelassen, ohne eine angemessene Portion des kostbaren Reisvorrats der Familie zu verzehren. Ein gebräuchliches madagassisches Sprichwort lautet: *Fluch über den Elenden, der Essen vor einem Fremden verbirgt.* Ein anderes besagt: *Das Essen, das auf dem Herd steht, hat keinen Herrn.*

Ich wollte ihnen jedoch nicht ihre Vorräte wegessen, und Eloi erklärte, wir hätten es eilig, nach Soa Rano zu kommen. Sie ließen uns erst ziehen, nachdem wir ihnen das Versprechen gegeben hatten, dass wir das nächste Mal mit ihnen essen würden.

Wir hielten bereits sorgenvoll nach den ersten Gewitterwolken am Nachmittagshimmel Ausschau, als die Strohdächer von Soa Rano (Süßes Wasser) in der Talmulde in Sicht kamen. Es gibt ein madagassisches Sprichwort, das davon abrät, nach Einbruch der Dunkelheit in ein Dorf zu kommen: *Nur die Hunde werden dich empfangen.* Das gilt jedoch längst nicht mehr für die *Zone Rouge.* Wer bei Dunkelheit einfach in ein Dorf geht, läuft Gefahr, erschossen zu werden.

»Wenn wir noch später gekommen wären, hätten wir auf dem Hügel oben ein Signalfeuer machen müssen«, erklärte mir Eloi. »Und dann hätten wir warten müssen, bis die Wächter uns abgeholt hätten.«

Mit seinen soliden, zweistöckigen Lehmhäusern, dem wuchtigen Kral für die nächtliche Unterbringung der kostbaren Zebus und einer Kampftruppe von ungefähr 50 Kriegern, darunter viele Sakalava, war Soa Rano eine regelrechte Buschfestung und ein idealer Übernachtungsort für jeden Reisenden in der *Zone Rouge.* Sechs junge Männer empfingen uns am Dorfrand und eskortierten uns zum Haus des Dorfvorstehers. Die lächelnden Gesichter und höflichen Verbeugungen machten die einschüchternde Wirkung so vieler blitzender Speerspitzen fast, aber nicht ganz zunichte. Wir zogen unsere Stiefel aus und stiegen über eine extrem enge, gewundene Treppe zum Hauptwohnbereich hinauf – eine Anlage, die praktisch uneinnehmbar war, es sei denn, die Strohdächer wurden in Brand gesetzt.

Der Dorfvorsteher war ein Betsileo, von jenem schlanken, indonesischen Typus, wie ihn einige der hübschesten Inselbewohner verkörpern. In Soa Rano war es Sitte, dass ein Besucher von jedem Sippenoberhaupt persönlich begrüßt wurde, ein Brauch, der möglicherweise auf dieselben Ängste zurückging wie das Ankündigungs-*fady* in Borikely. Sie kamen einzeln oder zu zweit, lehnten ihre Speere an die Tür und reichten uns feierlich die Hand, sodass nach wenigen Minuten 18 Männer an den Wänden des Häuptlingsquartiers herumsaßen.

Ich setzte mich mit gekreuzten Beinen nieder und massierte meine schmerzenden Füße, während Eloi »die Neuigkeiten überbrachte« und unser Vorhaben erklärte. Die Männer waren alle sehnig und abgehärtet. Ihre nackten Füße wiesen die Risse und Narben jahrlanger Feldarbeit in dieser rauen Gegend auf. Sie erzählten davon, wie mühsam es war, Vieh aufzuziehen und Saaten anzupflanzen. Alle waren sie in weiße Lambas gehüllt, und vier junge Männer trugen große, leuchtend bunte Plastikkämme in ihren dichten Locken. Alle außer zweien hatten einfache Ketten aus Leder, mit ein paar Perlen und Holzstücken geschmückt, um den Hals. Drei Frauen huschten ins angrenzende Zimmer, und durch die Türöffnung sah ich schattenhafte Gestalten Wasser aus einem Eimer und Reis aus einem riesigen Flechtkorb schöpfen. Diese Menschen, die das Glück hatten, in zweistöckigen Häusern wohnen zu dürfen, anstatt in einer einfachen Lehmhütte, schliefen vorsichtshalber unter einem Dach mit ihrer kostbaren Reisernte.

Die zwei jungen Söhne des Dorfvorstehers saßen bei ihrem Vater. Einer war ernst und feierlich, und obwohl er höchstens zwölf oder 13 Jahre alt sein konnte, schien er bereits die Verantwortung zu spüren, die seine künftige Stellung in der Gemeinschaft ihm aufbürdete. Der andere, der ein paar Jahre jünger war, wand sich vor Langeweile auf dem Schoß seines Vaters, wo man ihn hingesetzt hatte – er war eine höchst auffällige Gestalt mit seiner sonnengebleichten, fast blonden Haarmähne. Ein Dorf-*fady* schrieb vor, dass jeder neugeborene Junge für unbestimmte Zeit einer dubiosen, aber offenbar harmlosen Medizinkur unterzogen wurde. Solange der kleine Junge dieses *fanafody* nahm, galt es auch als *fady*, ihm die Haare zu schneiden, und diese coole Wuschelfrisur war dabei herausgekommen.

Die Frau des Dorfvorstehers streckte den Kopf zur Tür herein, um anzukündigen, dass das Essen fertig sei. Die Männer, die zur Begrüßung gekommen waren, erhoben sich und defilierten in einem endlosen Reigen von Verbeugungen und zweihändigem Händeschütteln zur Tür hinaus, während sie im Vorbeigehen ihre Speere aufsammelten. Wir aßen gekochten Reis mit ein paar Bohnen als *laoka* (der Name für alles, was zum Reis gereicht wird) und tranken mehrere Tassen Reiswasser, das überraschend erfrischend war. Inzwischen war es draußen dunkel, und der abendliche Chor der Frösche klang von dem kleinen Süßwassersee in der Talmulde zu uns herauf. Ich wühlte meinen Rucksack durch und gab dem Dorfvorsteher Kondensmilch und Ölsardinen, womit ich meine Last noch weiter reduzierte. Als ich ein Foto von dem stolzen Vater mit seinen beiden Söhnen machte, versprach ich, ihm später über Eloi einen Abzug davon zu schicken.

Unten gab es ein Gästezimmer, und dort durften Eloi und ich unsere müden Häupter niederlegen. Als wir unsere Schlafmatten ausrollten, tröpfelte eine Schar junger Männer ins Zimmer herein, die stumm an der Wand standen und uns beobachteten. Sie lehnten alle auf ihren *assagai*, und drei von ihnen waren zusätzlich mit *coupe-coupes* bewaffnet. Ich nickte ihnen der Reihe nach zu, und sie erwiderten meinen Gruß mit einer stummen Verbeugung. Eloi öffnete die Fensterläden, um frische Luft hereinzulassen, und als die Läden aufschwangen, zeigten sich in der Fensteröffnung drei weitere fröhlich grinsende Lockenköpfe. Ein Dutzend bewaffneter »Krieger« schaute mir beim Schlafengehen zu, und doch lag nichts Bedrohliches in der Luft. Die jungen Männer waren nur neugierig und wollten wissen, wie ein *vazaha* schlief. Und ich nahm mir vor – ebenfalls aus Neugier –, ganz still zu liegen und abzuwarten, wie lange es dauern würde, bis es ihnen zu langweilig wurde und sie sich verkrümelten.

Ich musste mich ziemlich lange »schlafend gestellt« haben, denn als ich wieder zu mir kam, strömte helles Sonnenlicht an der Lehmwand entlang, und der Raum war leer.

Ganz Soa Rano war auf den Beinen, um uns zu verabschieden, als wir im Konvoi mit drei Sakalava aufbrachen, die ein paar Zebus zum Verkauf nach Tsiro brachten. Es waren hoch gewachsene, dunkelhäutige Männer mit harten Gesichtszügen und athletischem Körperbau. Ihre schwarzen Locken, die sie auf dem Kopf hochgesteckt trugen, ließen sie noch größer erscheinen. Sie waren seit zehn Tagen unterwegs, hatten zwei Tage in Soa Rano Rast gemacht und schätzten, dass sie in weiteren vier Tagen auf dem Markt ankommen würden.

Ihr Anführer trug ein Gewehr unbestimmten Alters und von zweifelhafter Effizienz über der Schulter. Die anderen beiden führten *assagai* mit sich. Alle drei trugen *coupe-coupes* in den breiten Gürteln, die sie um ihre Lambas geschlungen hatten.

Anders als die jungen Burschen im Dorf mit ihren frischen Gesichtern waren das hier abgebrühte, kampferprobte Männer, die so aussahen, als seien sie willens und fähig, ihre Tiere zu verteidigen. Es war ein seltsamer Gedanke, dass sie mit Sicherheit irgendwann in einen Speerkampf verwickelt gewesen waren und vielleicht erfahren hatten, was es bedeutet, in heißer Wut mit kaltem Stahl zu töten.

Reverend William Clayton Pickersgill war in ähnlicher Weise von einem »edlen Wilden« aus der Sakalava-Stadt Ambongo beeindruckt gewesen:

Ein Stück dunkelblauen Baumwolltuchs umhüllt seine Lenden, aufgelockert von einem achtlosen Streifen Weiß, der sich von seiner schwarzen Haut abhebt. Der ganze Rest ist martialisches Gepränge. Sein Ledergürtel und der Munitionsbeutel sind prall und schwer von glänzenden Beschlägen aus Messingnägeln. Ein ebenfalls messingbeschlagenes Pulverhorn baumelt an zwei kurzen Ketten daran. Das Glück ist zweifellos mit dem Tapferen! Und es war mir nicht leid, o barbarischer Freund, dich schuldlos am Vergießen von Menschenblut zu finden… obwohl nur der Himmel sagen kann, welche Taten du dieser alten französischen Muskete abverlangt und auf welche Wege du deinen Speer ausgesandt haben magst, seit sie deine unzertrennlichen Gefährten geworden sind.

Die *dahalo* haben ihren Ursprung in einem Mannbarkeitsritus, eine Besonderheit der Sakalava und der Bara, die weiter südlich leben: Ein Junge wurde erst zum Mann, wenn er Zebus gestohlen hatte, oft als Geschenk für seinen künftigen Schwiegervater. Man nimmt an, dass die organisierten *dahalo*-Banden von heute sich hauptsächlich aus diesen beiden Stämmen rekrutieren.

Der norwegische Missionar Arne Walen verbrachte um 1870 zwei, wie es scheint, sehr unangenehme Jahre unter den Sakalava:

…von hochmütigem Gebaren und verwegener Erscheinung, besitzen sie gute geistige Kräfte und starke und leicht erregbare Leidenschaften, die ungehobelte, wilde und oft tobsüchtige Gesellen aus ihnen machen. Alles in allem sind die Sakalava ein hinterhältiges, heimtückisches, brutales und hochmütiges Volk, das sich durch Stehlen, Trinken, Kämpfen und Plündern hervortut, wo immer es in Erscheinung tritt. Ein diebischeres Volk als die Sakalava wird nirgends zu finden sein.

Unsere Gefährten gingen voraus, stumm und wachsam. Krieger wie diese hatten die Sakalava einst zum mächtigsten Stamm auf Madagaskar gemacht, und selbst den hoch organisierten Hova-Wachen der Merina war es nie gelungen, sie zu unterwerfen. Nur der wilde Unabhängigkeitsdrang der Sakalava und ihr extremes Sippengeklüngel konnten letztlich die Macht ihrer größten Könige untergraben. 1965 schrieb Arthur Stratton in »The Great Red Island«:

> *Sakalava, »Bewohner der Langen Täler«; früher der mächtigste der Stämme, dessen Land die westliche Hälfte Madagaskars umfasste ... die Sakalava sind dem Niedergang geweiht, weil sie, so heißt es, das moderne Leben ablehnen.*

Doch vielleicht lag es nur an ihrer Unnahbarkeit und den wilden Landstrichen, über die sie verstreut waren, dass die Sakalava im Lauf der Geschichte zu einer unbekannten Größe wurden. *Wer die Sakalava beherrschen will,* so lautet ein Merino-Sprichwort, *kann ebenso gut Lehm tragen: Wenn man ihn locker in der offenen Handfläche hält, quillt er über, und wenn man die Hand fest darum schließt, schlüpft er einem durch die Finger.* Einige Forscher vertreten die Ansicht, die Sakalava seien möglicherweise sogar der größte madagassische Volksstamm. Ihr hochfahrender Stolz macht sie jedoch bis heute zum unzugänglichsten und geheimnisvollsten aller 18 Stämme. Ich schaffte es jedenfalls nicht, mit diesen drei schroffen Persönlichkeiten in der kurzen Zeit, bevor unsere Wege sich trennten, auch nur ansatzweise vertrauter zu werden.

Der erste Abschnitt unserer Route würde uns an diesem Morgen zu der Stadt Bepoaka führen, die fünf Stunden entfernt in der *Zone Rouge* lag. Dort konnten wir Vorräte in dem einzigen Laden vor Ankavandra kaufen, das drei oder vier Tagesreisen entfernt jenseits der Bungolava-Berge lag. Eloi erzählte mir die Geschichte

Bepoakas: »Es gibt zwei verschiedene Viertel in der Stadt – ein ›schwarzhäutiges‹ und ein ›weißhäutiges‹, und sie haben sich immer bekriegt. Eines Tages, mitten in einer großen Schlacht, sind die *dahalo* mit ungefähr 20 Männern angerückt. Ihr Anführer war Zaza Mola – ›Crazy Baby‹. Er machte dem Kampf ein Ende und sagte zu den Weißen und Schwarzen: ›Bringt alle eure Tiere her!‹ und tötete jedes einzelne Zebu mit seinem Maschinengewehr.

Dann hat er gesagt: ›Es gibt viele Hähne im Hof, und jeder will krähen, aber Menschen sind wie der Rand eines Reistopfs – alle sind Teil desselben Kreises. Ihr seid alle gleich und sollt nicht mehr gegeneinander kämpfen.‹«

Ich merkte, wie meine Fantasie mit mir durchging. Das war auch kein Wunder in einer Gegend, in der Kilometersteine nach einem Hinterhalt oder einer Schießerei benannt wurden und die von Briganten wie »Crazy Baby« oder »Red Hair« – laut Eloi »ein Riese mit einer roten Haarsträhne auf der Stirn, blutroten Kleidern und einer Maschinenpistole« – bevölkert war. Auf jeden Fall konnte ich mir diese *dahalo* nicht anders als eine Horde mexikanischer *bandidos* denken, die auf schäumenden Gäulen dahinjagten und mit schaurigem Gelächter ihre Gewehre in die Luft abfeuerten. Dabei wusste ich aus bitterer Erfahrung, dass es kein einziges Pferd innerhalb hunderten von Meilen gab! Sollten wir also tatsächlich auf einen Trupp *dahalo*-Banditen stoßen, würde ich sicher bald genug feststellen, dass sie nicht die romantischen Gestalten waren, die ich mir in meiner Fantasie ausmalte.

»Wo leben sie, diese *dahalo*?«, fragte ich Eloi.

»Aah, die *dahalo* … die haben in den Tälern gehaust. Bevor sie hier Helden waren – das war der beste Teil ihrer Geschichte. Sie hatten starke Magie und beschützten die Dörfer.«

»Aber jetzt nicht mehr?«

»Die Eltern von Ratsibahaka – ›Böser Lemur‹ – leben immer noch in Bepoaka. Einmal hat die Armee den Versuch gemacht, ihm dort aufzulauern. Aber sie wollten nicht den ganzen Weg zu Fuß gehen und haben die Soldaten mit dem Hubschrauber eingeflogen. Der ›Böse Lemur‹ wusste natürlich, dass sie da waren, also blieb er weg. Die ganzen berühmten Häuptlinge – Zaza Mola, Menasanga, Ratsibahaka – sind alle tot. Die *dahalo* gelten jetzt nur noch als Banditen. Sie sind keine Helden mehr. Es gibt immer Leute, gegen die sie kämpfen wollen. In den Dörfern mag man sie nicht mehr.«

Bepoaka war, wie wir feststellten, als wir schließlich dort eintrafen, noch immer eine Stadt, die aus zwei Hälften bestand. Wir gingen unverzüglich durch *le quartier noir*, wie Eloi es nannte, wo die dunkelhäutigen Menschen des Bara-Stamms leben. Es war früher Nachmittag, und die meisten Bewohner schliefen in ihren roten Lehmhütten. Die hellhäutigeren Sakalava- und Betsileo-Bewohner des *quartier blanc* dösten ebenfalls in der Mittagshitze, und wir erreichten den Armeeposten am anderen Ende des Dorfs nahezu unbemerkt. Eine baufällige Bambuspalisade umschloss den Zweizimmer-Betonblock, wo wir uns mangels eines allmächtigen Dorfvorstehers bei der Wache anmeldeten.

Nur ein einziger Soldat, der am Esszimmertisch schlief, war anwesend. Die anderen waren offenbar auf Patrouille. Antsi hieß der Wachmann, und er empfing uns mit einem verschlafenen Lächeln. Er trug einen verwaschenen Kampfanzug. Seine ramponierte AK47, deren Farbe am Ladestreifen fast ganz abgeblättert war, lehnte in einer Ecke. Antsi sprach gut Französisch, und wir redeten im Hof, während Eloi fortging, um auszukundschaften, ob der Laden geöffnet hatte. Antsi war ein Betsileo aus dem zentralen Hochland und hatte zwei Monate auf diesem Vorposten verbracht. Es war ein recht friedliches Leben, sagte er. Es hatte keinen Ärger gegeben, seit er hierher gekommen war.

Eine Bara-Frau, die »afrikanischer« aussah als die Frauen anderer Stämme, brachte uns einen riesigen Topf Reis mit zwei gekochten Eiern obendrauf und einen Plastikkrug heißen Reiswassers. Der *vazaha* wurde »gefüttert«, und sämtliche Dorfkinder kamen angelaufen und drückten ihre Gesichter an die Stäbe meines Bambuskäfigs. Ich fragte mich, ob sie enttäuscht sein würden, wenn sie sahen, dass ich meinen Reis ganz genauso aß wie sie.

Während ich den Reis mit einem rostigen Löffel aufnahm, der ihm einen Beigeschmack nach alten Münzen verlieh, bat ich Eloi, mir die Magie der *dahalo* zu erklären.

»Die *dahalo* haben Zauberer, die so genannten *mpanandro,* die Zeichen lesen können... Ein *mpanandro* kann dir zum Beispiel sagen, wie und wo du am besten ein Haus bauen kannst. Er liest es aus dem Mond oder den Bäumen ab oder indem er mit den Geistern spricht. Manchmal verwendet der *mpanandro* bestimmte Stoffe oder Innereien von einem Tier. Jeder arbeitet anders, aber wir nennen jeden *mpanandro,* der diese Zeichen lesen kann, egal ob er ein Häuptling, ein Priester oder ein *dahalo* ist.«

»Die *dahalo*-Anführer, von denen du mir erzählt hast – ›Red Hair‹ und ›Crazy Baby‹ –, waren das auch *mpanandro*?«, fragte ich.

»Das weiß ich nicht. Ich kann es nicht sagen. Sie wurden vor ungefähr fünf Jahren erschossen.«

»Haben die *dahalo* viele *fady*?«

»Sehr viele. Es kommt auf ihre *ody* an, die Amulette, die sie um ihren Hals oder ihre Taille tragen. Ich will dir sagen, welche Kräfte so ein *ody* hat.«

Eloi gab gern Beispiele und suchte jetzt nach einem. »... zum Beispiel wenn es Nacht ist und in deinem Zimmer eingebrochen wird und du den Lärm nicht hörst, egal wie viel Krach sie machen. Das kommt daher, dass sie Öl in dein Bett geträufelt haben, oder sie machen ein Feuer mit einem speziellen Holz und tun es unter dein Bett.«

»Nicht Benzin?«

»Ja, nicht Benzin«, bestätigte Eloi. Ein höflicher Madagasse wird niemals mit Nein auf eine Frage antworten, wenn er es irgendwie umgehen kann. »Du kannst nicht aufwachen, und du hörst rein gar nichts. Sie haben Macht über dich.«

»Bekommen sie diese Macht immer von bestimmten Stoffen? Oder ist es mehr ein Bann?«

»Sie erhalten die Macht zum Beispiel von verschiedenen Wurzeln, von Wasser, von Rauch … so in der Art. Aber sie tragen sie mit sich. Die *dahalo* zum Beispiel tragen oft ihre *fanafody*-Medizin in einem Zebuhorn um den Hals, und das nennt sich *mohara*. Hier gibt es viele verschiedene Zauber.«

»Die Halsketten, die die Leute tragen – Holz und Perlen und Glasscherben. Sind das auch *ody*?«

»Ja, aber das ist gute Medizin – zum Schutz, nicht zum Angriff. Es ist zum Schutz gegen schlechte Medizin. Wenn deine Feinde dir schaden wollen, können sie ein Stück Holz auf deinem Weg vergraben, und wenn du drübergehst, brichst du dir ein Bein oder stürzt zu Tode ohne das *ody*.«

»Und woher bekommen sie diese Sachen?«

»Von jemand, der Macht hat. Du kannst es bei einem *mpanandro* kaufen.«

»Dann hat also der *mpanandro* die Macht, Menschen zu töten, wenn er will?«

»Ja, aber es ist nicht leicht, weil viele Leute den Schutz haben. Das ist wie bei einem Gewehr, du musst nicht damit schießen, sondern es genügt, dass du es hast, damit es dich beschützt.«

Der Laden war außer dem Armeeposten der einzige Betonbau in Bepoaka, und weil er kühler war als alle Hütten, bot er sich als idealer Versammlungspunkt für die Dorfältesten an. Es war nicht verwunderlich – da nicht einmal eine Karrenspur zu dem Dorf führte –, dass der Laden kaum Vorräte aufzuweisen hatte. Wir kauften, was wir konnten: ein paar Nudelpackungen, Kaffee, zwei rostige Fischkonserven, sechs Eier, die wir sorgfältig in ein Tuch wickelten, und ein paar Limetten, um den Geschmack meiner chlorhaltigen Wasserreinigungstabletten zu neutralisieren.

Ich hatte keine Lust auf warmes Bier, aber als ich in die lächelnden Augen der vier alten Männer blickte, die an der kühlen Steinwand saßen, gab ich mir einen Ruck und kaufte sechs der verbleibenden acht Three Horses (*grand modèle*). Eine alte Michael-Jackson-Kassette wurde ehrfürchtig in den Kassettenrekorder geschoben, der der ganze Stolz und die ganze Freude des Ladenbesitzers war, und die Party konnte beginnen.

Bis wir Bepoaka hinter uns gelassen hatten, bereute ich bereits diese mittäglichen Three-Horses-Biere. Die Blasen an meinen Fußballen und Fersen machten mir zu schaffen, was durch den Schotter der vielen Flussufer, an denen ich meine Schuhe ausziehen musste, nur noch schlimmer wurde. Außerdem musste ich ständig schmerzhafte, spitze Dornen aus meinen Socken pflücken.

Die Ebene stieg langsam gen Westen an, unendlich weit und wild, an einem einzeln stehenden kuppelförmigen Hügel vorbei, der unter dem Namen Ny Trafo bekannt ist – Zebubuckel. Die Hügel breiteten sich vor uns aus, und es war, als wellten sie sich, wenn der Wind durch das Gras strich. Die blutroten *lavaka*-Wunden waren, dort wo die Hügel sich zu eng in die Falten dunkel bewaldeter Täler schmiegten, deutlich zu sehen.

Bei dem Anblick fielen mir ein paar Liedfetzen aus Countryhits wie »Country Roads« und »El Paso« ein. Eloi, der die Songs kannte, wie ich beeindruckt feststellte, war sogar bereit, »Rhinestone Cowboy« im Duett mit mir zu schmettern. Als uns schließlich die Lieder ausgingen, schwenkte Eloi auf eine andere Schiene um und stimmte »Stille Nacht, heilige Nacht« an. Ich musste ihn zum Schweigen bringen, indem ich ihm erklärte, bei mir zu Hause würden Weihnachtslieder Unglück bringen. »Sie sind *fady*«, sagte ich, »außer eben an Weihnachten.«

»Dann habt ihr auch *fady*?«, fragte er überrascht.

»Ja, manche Leute schon, denke ich.«

»Und was ist dein *fady*?«

»Mein *fady*...« Ich dachte einen Augenblick nach. »Mein *fady* ist, dass ich nur dreimal am Tag Reis essen kann. Viermal ist zu viel!«

Rings um uns im Unterholz lagen seltsame kubische Felsen verstreut, wie riesenhafte Würfel, die uns – wären wir *mpanandro* gewesen – vielleicht verraten hätten, wie groß unsere Chancen waren, das Dorf Soa Tana am Manambolo-Fluss vor Nachteinbruch zu erreichen.

Die Dimensionen der Landschaft waren hier so gewaltig, dass das Panorama sich in der nächsten Stunde kaum änderte, während wir stetig auf eine Reihe kahler Hügel zustrebten. Das hohe Gras wisperte in einer leichten Brise, aber wir wanderten direkt der grellen Sonne entgegen, und ich war froh über meine breite Hutkrempe.

»Weißt du, was ein *kelibetrata* ist?«, fragte Eloi mit betont beiläufiger Miene, wie immer, wenn er mir etwas besonders Kurioses über sein Land oder seine Vorstellungen auftischen wollte.

»Nein. Was ist ein *kleebatata*?«

»Nicht *klee-ba-ta-ta*«, äffte er mich nach. »*Keli* – von klein – und *betrata* – das bedeutet große Brust. *Kelibetrata* ist ein kleines Tier mit einer großen Brust. Ich hab im Dezember 1977 eines in Tana gesehen«, fügte er mit seiner üblichen Genauigkeit hinzu. »Es ist wie ein Hund, aber länger, mit einem langen Schwanz.«

»Aha! Fossa!«, riet ich, obwohl ich mir nicht vorstellen konnte, was der größte Fleischfresser von Madagaskar in Tana verloren hatte.

»Nein, nicht *foosh*! Fossa ist wie ein Panther, *kelibetratra* ist mehr wie ein Hund. Seine Augen leuchten in der Nacht, und er greift Menschen an oder Hunde, sobald er welche sieht. Er frisst sie nicht, er greift sie nur an.«

Ich brauchte jetzt meine ganze Puste, um den Pass über den ersten Hügel zu ersteigen und dann an der Wand des zweiten, höheren, hinaufzuklettern. Als wir den Kamm überquert hatten, standen wir vor einem steil aufragenden Felshang, der doppelt so hoch wie der letzte war. Ja, schlimmer noch, wir mussten zunächst wieder hinuntersteigen und damit einiges von unserer mühsam gewonnenen Höhe in einer dunkel bewaldeten Schlucht opfern.

Wir kletterten in den Schatten eines Trockenwaldes hinunter und durchstiegen eine Kluft in den steilen Wänden der Schlucht. Am Fuß des Berges ging die Rinne unerwartet in eine staubige, schüsselförmige Senke über. Ein wuchtiger, solide gebauter Kral, groß genug, um mehrere hundert Zebus aufzunehmen, war hier errichtet worden. Die Wand der Schlucht und der Bergsockel dienten ihm an zwei Seiten als natürliche Einfriedung. Wir waren bereits wieder außerhalb des Krals, als wir vier Männer bemerkten, die an einem Zaun arbeiteten!

Die Männer waren nicht minder überrascht als wir und lächelten nur stumm auf unseren Gruß, während sie uns vom Fuß des Berges beobachteten. Sie wirkten irgendwie kalt und bedrohlich, ganz anders, als ich es sonst von den Dorfbewohnern auf Madagaskar gewöhnt war. Wir gingen weiter, ohne unser Gespräch zu unterbrechen, in der Hoffnung, dass sie nicht merkten, wie sehr sie uns gegenüber im Vorteil waren.

Als wir den Steilhang in Angriff nahmen, rief einer von ihnen hinter uns her: »Seid nur vorsichtig! Wenn ihr dort hinaufgeht, wissen die *dahalo*, wo ihr seid. Sie werden euch folgen!«

Wir lachten und winkten zurück, hielten aber nicht an.

»Sie werden euch ausrauben! Vielleicht sogar umbringen!«

Ihr Lachen hallte uns weiter in den Ohren, als wir mit frischer Kraft den Hang hinaufkraxelten, nur noch von dem Wunsch beseelt, so schnell wie möglich hier wegzukommen – oder zumindest genug Höhe zu gewinnen, falls sie die Absicht hatten, uns zu verfolgen. Die Zebuherde, die in diesem verborgenen Kral Platz finden sollte, würde eine ganze Armee zu ihrem Schutz brauchen, und in der *Zone Rouge* gab es nur eine Streitmacht in dieser Größenordnung: die *dahalo* selbst. Ich war fest überzeugt, dass wir auf die Aladin-Höhle einer großen *dahalo*-Bande gestoßen waren. Mir fehlte allerdings der Atem, um mir diesen Verdacht von Eloi bestätigen zu lassen, bis wir endlich anhielten, um an den sonnenwarmen Felsen in der Nähe des Berggrats zu rasten. Der Kral war jetzt wieder unserem Blick entzogen, aber ich suchte den Hang unter uns mit dem Teleskop ab und stellte erleichtert fest, dass sich dort unten nichts rührte.

»Waren das *dahalo?*«, fragte ich.

»Könnte sein … Vielleicht keine richtigen *dahalo*. Nur Banditen.«

»Was meinst du mit richtige *dahalo?*«

»Richtige *dahalo* sind mehr als nur Banditen. Sie haben ihre eigene Magie … Zum Beispiel tragen sie Amulette bei sich. Wenn du auf einen echten *dahalo* schießt, muss er nur ›*rano*‹ sagen – Wasser –, und deine Kugeln verflüssigen sich zu Regentropfen. Sie dürfen keine Tenreks oder Schafe oder andere feige Tiere essen«, fuhr Eloi fort, während er seinen Rucksack aufnahm und sich zum Weitergehen anschickte. »Und vor allem dürfen sie nie und nimmer ihre Hemden waschen.« Das Thema schien ihn zu beflügeln. »Du kannst einen richtigen *dahalo* daran erkennen, dass seine Augen leuchtend rot sind und sein Hemd gelb vor Schmutz … Deshalb nennt man sie auch manchmal *mavo*, die Gelben.«

Wir eilten weiter und warfen einen letzten Blick über den Grat zurück, während wir ein riesiges, mit Grasbuckeln bewachsenes Plateau betraten. Es wurde Bezavona, »Ort der vielen Nebel«, genannt, und in der Stunde vor Sonnenuntergang hing ein dunstiges, blaues Licht träumerisch über dem ganzen Plateau. Es war mit Sicherheit die unheimlichste Landschaft, die ich je gesehen habe. Sanft gewellte Hügel, auf denen hohes Gras wogte, dehnten sich vor uns aus – sie sahen aus wie wandernde Wale. Zwischen diesen Hügeln waren einst *lavaka*-Rinnen entstanden und hatten *tsingy* hinterlassen, die sich wie ein steinerner Wald ausnahmen. Die weiten Trichter waren von der wuchernden Vegetation zurückerobert worden. Die Landschaft sah wie gemalt aus: große, knollige Bilderbuchbäume, auf die Kulisse der Hügel hingetupft – Dunkelgrün auf Hellgrün. Wildblumen in allen Farben hatten sich zwischen den Gräsern eingenistet und gediehen prächtig in dem ständigen Nebel. Hier und da ragten Termitenhügel auf wie schneebedeckte Vulkane über einer grünen See. Es gibt über 70 endemische Termitenarten auf Madagaskar, und diese besondere Spezies hatte die seltsame Gewohnheit, ihre Festung mit einem schweren, weißen Quarzblock zu »überdachen«. Vielleicht hatten die Termiten ihre Hügel zum Schutz gegen den Regen ursprünglich unter den Felsen angelegt. Mit der vereinten Kraft unzähliger winziger Arbeiter, die den roten Zement der Festung verstärkt hatten, war es ihnen schließlich gelungen, »Termitenberge zu versetzen« und den Felsen 90 Zentimeter über den Boden hochzustemmen! Das Bezavona-Plateau war ein verwunschenes Land von märchenhafter Schönheit, aber der Gedanke an die Banditen trieb uns weiter, und wir marschierten mit der Sonne um die Wette nach Westen zu dem Dorf Soa Tana.

In der »Süßen Stadt«

> Jenseits einer unbevölkerten Hügelregion … liegt ein mächtiges Tal. Und wir spähten vom Rand jener langen Ostwand hinein und fragten uns, ob sich jemals eine große Meeresflut zwischen dort und den dazugehörigen Höhen ergossen hatte, weit hingebreitet im felsengepanzerten Kliff, dem Sonnenuntergang um 30 Meilen näher über der Leere.
>
> Reverend William Clayton Pickersgill
> »From Twilight to Gross Darkness«

»Können wir nicht unsere Taschenlampen anmachen?«, flüsterte ich, während wir über lose Steine und Grasbuckel in den undurchdringlichen Schatten der Bergrinne stolperten.

»Ja, können wir nicht«, erwiderte Eloi in der verdrehten Weise, die mich immer noch aus der Fassung brachte. Er zog mich in die Hocke herunter und wisperte: »Das Dorf hat sicher einen Wächter draußen, und wenn wir ein Licht anmachen, schießt er vielleicht auf uns.«

»Aber wenn wir so herumschleichen, werden sie uns niemals glauben, dass wir nichts Böses im Schild führen«, gab ich zu bedenken. Am liebsten wäre ich aufgestanden und hätte gerufen: »Hu-hu, ich bin's nur!« Aber ich wusste zu gut, wer das Greenhorn in unserem Team war, und verließ mich auf Elois Erfahrung. »Können wir nicht wenigstens ein Signalfeuer machen?«

»Ja, können wir nicht … und psst! Wenn wir ein Feuer anzünden, finden uns die *dahalo* vielleicht vor den Wächtern. Wir bleiben einfach hier sitzen und warten. Das Dorf ist gleich dort drüben, und der Wächter patrouilliert vielleicht auf diesem Weg vorbei.«

Ich starrte in die Dunkelheit, in die Elois ausgestreckter Finger wies, aber dort war nichts zu sehen. Während wir warteten, betete ich, dass der Wächter nicht genauso nervös war wie ich.

»*On y va*!« Plötzlich stand Eloi auf und bewegte sich zielstrebig vorwärts.

Als ich zögernd aufstand, um ihm zu folgen, löste sich ein Schatten aus den Bäumen am Bachufer und kam auf uns zu. Ein Gewehrlauf schimmerte im Mondlicht, und ich fragte mich, wer hier wen beobachtet hatte.

»*Bonsoir, m'sieur.*« Der Wächter, ein ganz junger Bursche, streckte seine freie Hand aus. Ich war nicht überrascht, als sich herausstellte, dass dieser eine Satz sein ganzes Französischrepertoire darstellte. Er schnatterte angeregt mit Eloi auf Malagasy, während ich hinter ihnen her in das dunkle Dorf schlurfte.

Soa Tana, die »Süße Stadt«, entpuppte sich bei Tageslicht als eine schlichte Ansammlung von acht kleinen, aber gut gebauten Hütten, deren Lehm- und Dungwände messerscharfe rechte Winkel bildeten, von geschwungenen, breitgiebeligen Strohdächern überragt. Die Hütte des Dorfvorstehers war zweimal so lang wie die anderen, und obwohl aus der linken Hälfte des »Präsidentenpalastes« Gelächter zu hören war, führte uns der Wächter schnurstracks zur rechten Tür. Eloi war überzeugt, dass der Dorfvorsteher uns ein »sicheres Haus« für die nächsten paar Tage anbieten würde, aber der alte Mann war weg, um Vorräte zu kaufen, und so blieb es seiner Frau überlassen, uns willkommen zu heißen.

Madame Laza war Ende 40 und damit für madagassische Verhältnisse bereits an der Schwelle zum Greisenalter. Sie war eine fröhliche Frau mit wunderbar lebhaften Augen. Selbst das dünne Ziegenbärtchen, das sich in Gestalt von ein paar langen Haaren auf ihrer Kinnspitze kräuselte, tat ihrem unbeschwerten Wesen keinen Abbruch. Munter schwatzend und lachend bereitete sie uns eine Mahlzeit aus Reis, klein geschnittenem Rindfleisch (mit undefinierbaren geronnenen Klumpen, die ich als Magen identifizierte) und bitteren Cassava-Blättern zu. Das Rindfleisch schmeckte verdächtig alt, und ich war froh, als Eloi mir versicherte, dass es der übliche Geschmack von Wildrind sei. Es gab offenbar viele Wildrinder um Soa Tana herum, und während wir aus dem Nebenzimmer mit madagassischer Popmusik zugedröhnt wurden, beschrieb mir Eloi diverse Rinder »der anderen Art«, die angeblich die *Zone Rouge* bevölkerten.

»*Songaomby* läuft wie der Wind und lebt von Menschenblut! Er ist größer als ein Zebuochse, aber er ist fett und hat keine Hörner. *Tokantongotra* – »Ein-Fuß« – ist kleiner, mehr wie eine zottige Ziege ... aber er hat nur einen Fuß auf der Stirn und einen auf seinem Rücken.«

Madama Laza, die intelligent genug war, um der Unterhaltung folgen zu können, obwohl sie in einer Sprache geführt wurde, die sie noch nie gehört hatte, fuchtelte mit den Händen, um mir begreiflich zu machen, wie schnell der *songaomby* war und wie die Füße des *tokantongotra* aussahen.

»Und selbst mit diesen Füßen kann der *tokantongotra* fast genauso schnell laufen wie der *songaomby*«, fuhr Eloi fort. »Er ernährt sich von Menschen, aber Hunde hasst er wie die Pest. Ich weiß nicht, warum, aber er stiehlt die Augen der Hunde. Ein Mann aus meiner Heimatstadt wollte sich einmal in einem Baum verstecken, als er einen *songaomby* gesehen hat. Das war sehr dumm, denn jedes Kind weiß, dass der *songaomby* einen ganz üblen Trick hat, mit dem er dich herunterkriegt. Er stellt sich unter den Baum und er ... wie soll ich es sagen?« Eloi hielt inne, suchte nach dem Wort »... pinkelte. Und er peitschte seinen Schwanz hin und her. Die Pisse brennt wie Säure, und der Mann fiel vom Baum herunter, als er angespritzt wurde. Der *songaomby* hat ihn aufgefressen.«

Ich war froh, dass Madame Laza Abstand davon nahm, diese Szene nachzuspielen; stattdessen erhob sie sich und führte uns in den anderen Raum, wo offenbar die ganze Dorfgemeinschaft versammelt war. »Radio Bungolava« gab sein Bestes, um die Klänge des 21. Jahrhunderts in die *Zone Rouge* zu leiten.

»Soa-Tana-Disco!« Eloi lachte, als, unter heftigem Gekicher, drei Mädchen mitten in der Bewegung erstarrten. Ihre Haut glänzte vor Schweiß im Lampenlicht. Es gelang ihnen, ihre Überraschung zu verbergen, als sie wie die anderen Dorfbewohner vortraten und uns beide Hände zum Gruß hinhielten. Außer einem flüchtigen Erstaunen verriet nichts in den Gesichtern dieser Leute, dass sie nicht mit unserer Ankunft gerechnet hatten.

Ich war bereits früher dieser Form der Höflichkeit auf den Leim gegangen, und zwar in Indonesien. Es hatte mich ziemlich irritiert, dass man in Dörfern, die völlig isoliert in einem fast unerforschten Regenwald lagen, so offensichtlich meine Ankunft vorausgesehen hatte. Ich nahm an, dass der Buschtelegraf mir vorausgeeilt war, wie es fast immer der Fall ist, doch als wir uns dann auf abgelegeneren, einsameren Pfaden vorwärts bewegten, wurde mir klar, dass das unmöglich war. Selbst in den entlegensten Dörfern galt es als guter Ton, dass man mich nicht anders behandelte als einen alten Freund, der seinen wöchentlichen Besuch machte.

Aber jetzt knarzte die Tür auf, und Madame Laza kam herein, in der Hand den, wie ich später herausfand, einzigen Stuhl von Soa Tana. Er bestand einfach aus einem Blechgestell mit Holzlatten, aber es war ein Schatz: Jemand hatte diesen Stuhl drei Tage lang hierher ins Dorf tragen müssen! Jetzt wurde er mir als Ehrensitz angeboten, für den ersten *vazaha*, der je zu Besuch nach Soa Tana gekommen war. Ich stellte ihn an die Wand und neigte den Kopf: »*Misaotra.*«

Ich wusste Madame Lazas Aufmerksamkeit zu schätzen, aber es war mir unangenehm, so hoch über den Köpfen der anderen im

Raum zu thronen. Ich wollte nicht als der *vazaha* behandelt werden, der ich war, und während Eloi die Abenteuer des heutigen Tages zu Ende erzählte, schlüpfte ich von meinem Thron herunter und setzte mich mit gekreuzten Beinen auf den Fußboden.

»*Tsy misy vazaha*«, sagte ich in holperigem Malagasy und lächelte Madame Laza an. »Ich bin kein Fremder, ich bin Madagasse.«

Alles um mich herum brach in Gelächter aus, sodass die elfenbeinweißen Zähne in den braunen Gesichtern zu Tage traten. Die Mädchen fingen wieder an zu tanzen, und ich lehnte mich zurück und schaute zu, erleichtert, dass ich es unversehrt bis Soa Tana geschafft hatte und unter Freunden war.

Ich fand es seltsam, dass hier keine Kinder waren, und fragte Eloi, der neben mir an der Wand lehnte, nach dem Grund dafür.

»Um diese Jahreszeit sind sie mit ein paar Erwachsenen am anderen Ende der Reisfelder, im nächsten Tal. Sie müssen Wache halten und die Heuschrecken vertreiben.«

Wir müssen »entspannter« ausgesehen haben, als wir uns fühlten, denn sehr bald machte Madame Laza der Abendunterhaltung ein Ende und sorgte dafür, dass die Musik abgestellt wurde. Keiner der Anwesenden ließ sich seine Enttäuschung anmerken, doch es war offensichtlich, dass die Ankunft des *vazaha* der »Soa-Tana-Disco« einen schmerzlichen Dämpfer versetzt hatte.

»Kannst du sie bitten, dass sie die Musik wieder anstellen?«, sagte ich zu Eloi. »Dann tanzen wir auch.«

Der gestampfte Lehmboden fühlte sich glatt und kühl unter den Wasserblasen an meinen Fußsohlen an. Mick brachte die Party von seinem Studio in Tsiroanomandidy in Schwung, mit dem hüpfenden Rhythmus von Jaojobys *salegy*-Tanzmusik. Das ganze Dorf war auf den Beinen und tanzte, und Madame Laza stürzte sich mitten ins Gedränge und brüllte vor Lachen, während sie einen regelrechten Twist hinlegte.

Als Eloi und ich später unsere Schlafmatten in dem leeren

»Tanzsaal« auslegten, klopfte Madame Laza an die Tür. Wie eine fürsorgliche Gastgeberin, die ihren Gästen einen heißen Kakao vor dem Schlafengehen bringt, reichte sie jedem von uns einen Speer. »Erschrecken Sie nicht zu sehr, wenn Sie Schritte in der Nacht hören«, erklärte sie. »Mein Sohn bleibt mit seinem Gewehr draußen ... Legen Sie einfach den *assagai* neben Ihre Matte, damit Sie ihn schnell zur Hand haben, wenn Sie ihn brauchen.«

Mit dieser beunruhigenden Aussicht im Kopf brauchte ich volle zehn Minuten, bis ich einschlafen konnte.

Es fiel mir schwer genug, morgens um sieben gepökeltes Rindfleisch mit nassem Reis zu essen, aber Elois Frühstücksgespräche waren meist noch schwerer verdaulich: »Gestern Abend habe ich dir vom *songaomby* und *tokantongotra* erzählt«, fing er an und unterdrückte ein Gähnen. »Aber den *sagittaire*, den habe ich ganz vergessen.«

Ich war noch halb im Schlaf, erinnerte mich jedoch vage, dass ich von diesem Geschöpf schon gehört hatte. Dann ging mir plötzlich ein Licht auf: Er redete von Sagittarius, dem Sternbild Schütze. »Du meinst doch nicht den Pferdemenschen?«, fragte ich.

»Habt ihr den auch? Bei uns heißt er *bibyolona* – Tiermann. Ich habe ihn zweimal gesehen ... zum Beispiel einmal, als ich ungefähr zwölf war und darauf gewartet habe, dass mein Vater nach Hause kommt. Ich habe mich aus dem Fenster gelehnt und jemanden die Straße entlangkommen sehen, und da dachte ich, es sei mein Vater, aber es war der *bibyolona*. Ich war wie gelähmt vor Angst. Er hatte unten einen Pferdeleib, und oben war er ein Mann, und wie üblich hatte er einen Mann dabei. Der *bibyolona* kommt nur bei Halbmond und wird immer von einem Mann begleitet, einem *mpanandro* oder einem Politiker oder so, ich weiß auch nicht genau. Aber wenn er mich gesehen hätte, hätte er mich getötet.«

Nach einer Tasse Kaffee, die mich vollends wach machte, drehten Eloi und ich eine gemächliche Runde durch die Reisterrassen, um den Zustand des Flusses zu erkunden. Die Reispflanzen wuchsen in hohen, gleichmäßigen Büscheln aus dem schwarzen Wasser heraus, und wir mussten zwischen den überfluteten Feldern auf dem Deich entlangbalancieren. Ich ging barfuß, damit ich mich notfalls mit den Zehen festklammern konnte. Das Wasser kühlte meine Blasen und linderte das Stechen der Dornen, die sich in meine Knöchel gebohrt hatten. Ich versuchte den Gedanken zu verdrängen, dass es die ideale Gelegenheit war, mich mit Bilharziose zu infizieren.

Der Manambolo-Fluss zog sich in einer weiten, Café-au-lait-braunen Schleife zwischen den neongrünen Reisfeldern und einer schattigen Wand aus lianenüberwuchertem Wald dahin. Obwohl er schnell floss, war der Wasserspiegel erheblich niedriger, als Eloi befürchtet hatte. Wie zum Beweis dafür traten drei junge Männer in zerlumpten Shorts aus den Bäumen am anderen Ufer und gingen den Sandstrand zum Fluss hinab. Sie hielten sich ihren *assagai* an die Brust, als die Strömung sie mit Macht erfasste und an ihnen zerrte. Ihre ungewöhnlich muskulösen Jagdhunde waren schlau genug, um weiter flussaufwärts zu rennen, bevor sie sich in die Strömung stürzten. Ich musste sofort an die Dayak-Hunde Borneos denken. Wie die Dayak bei der Bärenjagd würden diese jungen Krieger furchtlos ihre Speere gegen gefährliche Wildrinder gebrauchen, nachdem ihre Hunde sie eingekreist und gestellt hatten.

1971 schrieb Nigel Heseltine, dass *die Merina-Könige vor 150 Jahren wilde Rinder (baria) jagten, und einige sollen zwischen Belobaka und Ankavandra am westlichen Rand der Hochebenen überlebt haben.* Die jungen Männer, die vom eisigen Flusswasser Gänsehaut bekommen hatten, versicherten uns, es gebe heutzutage keinen Mangel an *baria* in der *Zone Rouge*. Noch am selben Morgen hatte ein junger Bulle einen ihrer Hunde verletzt, bevor er ihnen entkommen war. Sie würden seine Spur später wieder aufnehmen, sagten sie. Die Hunde kamen herbeigelaufen, wedelten mit dem Schwanz, sodass wir mit Wasser voll gespritzt wurden, und ich sah, dass einer von ihnen eine Pfote nachzog.

Die freundlich lächelnden Männer trugen *ody*-Amulette und farbige Perlen um den Hals, und jeder hatte drei kleine Zeichen zwischen den Augenbrauen eintätowiert. Tätowierungen sind selten auf Madagaskar, aber ich erinnerte mich, dass ich von diesen Stirnzeichen schon gehört hatte. James Sibree, Missionar und Herausgeber des »Antananarivo Annual«, schrieb 1870, dass Zeichen auf der Stirn häufig bei der *untersten Kaste der Sklaven* zu finden seien. Eloi sagte, die Tätowierungen seien eine neuere Mode und hätten keine kulturelle Bedeutung. Aber diese Jäger sahen nicht wie Modefreaks aus. Vielleicht stammten sie von den Sklaven ab, die die Herden der Merino-Könige gehütet hatten.

Plötzlich merkte einer der goldhaarigen Hunde, die selig um meine Knöchel herumschnüffelten, dass an mir etwas nicht geheuer war. Er sprang laut aufjaulend weg, die Nackenhaare gesträubt. Erst jetzt fiel auch den anderen Hunden, die noch nie einen *vazaha* gesehen oder gerochen hatten, mein »ekelhafter Gestank« auf, und sie wichen knurrend zurück. Hunde sind in meinen Augen unfehlbare Menschenkenner, und ich war immer stolz darauf gewesen, dass sie auf Anhieb Vertrauen zu mir fassten. Daher war es ein schwerer Schlag für mein Gemüt, dass diese Jagdhunde in der ganzen Zeit, die ich in Soa Tana verbrachte, eine so unüberwindliche Abneigung gegen mich zeigten.

Vielleicht hegten die Bewohner dieser isolierten Dörfer vor gar nicht langer Zeit denselben Widerwillen, den ihre Hunde jetzt erkennen ließen. In manchen Teilen Madagaskars hat sich bis heute der Verdacht gehalten, dass die *vazaha* in Wirklichkeit *mpakafo* sind – Zombies, die auf die Insel kommen, um die gesunden inneren Organe der Madagassen zu stehlen! Möglicherweise geht diese Vorstellung auf die politische Propaganda der fremdenfeindlichen Ranavalona der Grausamen zurück. Vielleicht ist sie aber auch ein Relikt des arabischen Sklavenhandels. Vor 100 Jahren schrieb Sibrees Missionarsfreund Edward Oliver McMahon:

> *Ein Afrikaner, der jetzt frei ist, erzählte uns, wie die Araber, als das Dhow, auf dem sie waren, bei der madagassischen Küste in eine Windstille geriet und ein Kriegsschiff sie verfolgte, die Stärksten unter den Sklaven zum Rudern anhielten, und um sie noch mehr anzufeuern, erzählten sie ihnen, dass die Verfolger Kannibalen seien und sie nur jagten, um sie als Nahrung zu fangen.*

Am späten Nachmittag kämpfte sich ein geheimnisvoller, alter Mann durch die breite Strömung des Manambolo. Aus unerklärlichen Gründen ging er nach Osten, mit einem verbeulten, alten doppelläufigen Gewehr als einzigem Gefährten. Niemand wusste, woher er kam oder wohin er wollte … und dank der üblichen madagassischen Höflichkeit kam niemand auf die Idee, ihn zu fragen. Er trug einen dunkelblauen Lamba, im Sakalava-Stil mit einem breiten Gürtel zusammengehalten, an dem ein Lederbeutel hing. Zwischen seinen Augen waren drei Zeichen tätowiert. Sein Kopf war kahl rasiert, aber auf seinem Kinn spross ein schütteres, graues Ziegenbärtchen, kaum kräftiger als das von Madame Laza.

»Ungefähr 15 *dahalo*«, sagte er und nickte mit dem Kopf, »dort unten im Tal versteckt … sie warten auf jemanden …« Er zuckte gleichmütig mit seinen sehnigen Schultern, als habe er in seinem Leben mehr als genug Banditen zu sehen bekommen.

Wir spähten angestrengt über die smaragdgrünen Reisfeldparzellen, über die schlammbraune Schleife des Manambolo-Flusses und in die Schatten der Bäume hinein. Nichts rührte sich in der abklingenden Tageshitze. Es war ungewöhnlich, dass jemand hier allein reiste, und paradoxerweise erhöhte sich die Gefahr für einen Mann mit einem Gewehr. Es gab viele in der *Zone Rouge*, die für ein Gewehr wie dieses hier jederzeit einen Mord begehen würden. Wir fragten uns, warum er keine Angst hatte, allein zu reisen.

»Woher weiß er, dass sie auf jemanden warten?«, fragte ich.

»Er hat gehört, wie sie einen Zauber vorbereitet haben«, übersetzte Eloi und runzelte mit, wie ich fand, berechtigter Sorge die Stirn.

Ich wog die Möglichkeiten gegeneinander ab. Wir konnten den Rückzug nach Fierenana antreten, durch den »Ort der vielen Nebel« und an den zahlreichen Windungen des »Kalaschnikow-Flusses« entlang – aber das würde bedeuten, dass wir uns an dem großen *dahalo*-Kral vorbeischleichen mussten. Vor uns lag eine riesige Ausdehnung unbewohnter Savanne und bewaldeter Täler bis zu den zerklüfteten Bungolava-Gipfeln. Wir würden das vermutlich wildeste Gebiet von ganz Madagaskar durchqueren müssen, bevor wir Ankavandra erreichten und in die Zivilisation zurückkamen oder vielmehr in eine Oase in der Wildnis, die drei oder vier durch ein paar Kilometer Lehmstraße miteinander verbundene Satellitendörfer aufzuweisen hatte.

Als wir wieder in Madame Lazas Hütte waren, meldete Eloi seine Zweifel in Bezug auf die Aussagen des alten Mannes an. War das eine Falle? War der alte Mann ein *dahalo*? Oder sogar ein *mpanandro*? Wenn die *dahalo* einen *vazaha* fangen wollten, würden sie zweifellos einen *mpanandro* auf ihn ansetzen. Wollte der alte Mann uns dazu bewegen, dass wir unsere Route änderten, und uns so in einen Hinterhalt locken? Die friedfertigen Bewohner der *Zone Rouge*-Dörfer haben gelernt, vor Fremden auf der Hut zu sein. In vielen Fällen war es offensichtlich, dass die Banditen auf Fingerzeige hin gehandelt hatten, die nur aus den Dörfern selbst stammen konnten. Wie Eloi sagte: »Niemand weiß im Grunde genommen, wer ein *dahalo* ist und wer nicht.«

Der alte Mann war ein Gast im Dorf, und wie wir würde er im

»Tanzsaal« schlafen, aber sowohl Eloi als auch Madame Laza machten sich Gedanken, in welche Richtung sein kostbares Gewehr wohl zeigen würde, sollte es einen Überfall auf das Dorf geben. Zum ersten Mal drängte sich mir der Gedanke auf, dass ich womöglich die Bewohner von Soa Tana in ernste Gefahr brachte. Ich war ihr Gast, und sie würden mich sicher verteidigen. Und so rang ich mich in einem einsamen und schmerzlichen Moment zu der Erkenntnis durch, dass es das Beste war, wenn ich weiterzog und diese Last von ihnen nahm.

Außer seinen vielen anderen Fähigkeiten war Eloi auch in Karate trainiert (womit er wahrscheinlich meinte, dass er sich massenhaft Van-Damme-Filme reingezogen hatte). Mit dieser Ausbildung, die nicht so recht zu seinen religiösen Bestrebungen passte, fühlte er sich offenbar berufen, mich zu fragen, wie viele *dahalo* ich »abmurksen« konnte, falls es zu einem Kampf kommen sollte. Ich wollte ihn nicht enttäuschen, indem ich zugab, dass ich überhaupt nicht die Absicht hatte, jemanden mit einer Speerspitze »abzumurksen«, und hielt einen Augenblick inne – so als plante ich meine Schachzüge –, dann flüchtete ich mich in ein hoffnungsvolles: »Zwei … oder vielleicht drei an einem guten Tag.«

Mit einem entsetzlich mulmigen Gefühl tauchten wir im ersten Licht des nächsten Morgens langsam in die wirbelnde Strömung ein. Die Sonne stieg gerade über den Hügel in unserem Rücken, und es war noch kalt unter den schattigen Bäumen. Ich hatte meine Kameras und Filme in einen dicken PVC-Seesack gepackt, der sich bei vielen Tauchpartien in raueren Flüssen bewährt hatte. Ich hielt meinen Rucksack über den Kopf und vertraute den Seesack der Trittsicherheit unseres Führers, Legali, an, der es irgendwie schaffte, seine Füße im Tritt zu halten, selbst wenn ihm die Strömung bis zur Brust reichte.

Pickersgill schrieb am 23. Juni 1875:

Gestern haben wir unversehrt die Stelle passiert, um die sich beständig alle Schrecken dieses einsamen Weges ranken wie gespenstische Schatten. Es sind ein paar Meter Pfad zwischen zwei dunklen Schluchten, in deren Wälder mörderische Männer lauern, die angelegten Gewehre auf eine geeignete Astgabelung gestützt. Mehrere Reisende haben dort ihr Leben gelassen.

Wir blieben ein paar Minuten still sitzen und lauschten auf das Krachen von Ästen unter näher kommenden Tritten. Aber alles blieb friedlich, und ich schnallte den Seesack auf meinen Rucksack. Legali ging voraus und kraxelte durch eine Wand aus Riesenbambus die steilen Hänge des Tals hinauf. Er war ein zäher, schmalbrüstiger, kleiner Bursche, der in meinen Augen seinem Namen alle Ehre machte. Mir fiel sofort die spanische Version dazu ein, und ich nannte ihn insgeheim nur El Gallo, den Gockel.

Legali trug lange, abgewetzte Shorts, die längst jede Spur von Farbe verloren hatten, und ein leuchtend gelbes T-Shirt, das über seinen runden Bauch hochrutschte. Sein Gepäck bestand aus einem *assagai* und einer Plastiktüte, die einen Kamm und ein T-Shirt zum Wechseln enthielt. Um seinen Kopf hatte er einen gelb-grün-roten »Turban« aus einem schmuddeligen, geblümten Lamba gewickelt. Obwohl Madame Laza ihm vertraute, konnte ich mich eines Gedankens nicht erwehren: Sollten die *dahalo* ein Signal brauchen, um auf uns aufmerksam zu werden – Legalis Turban bot es.

Während wir vorsichtig über den Rand des Hügels zu den Bungolava-Bergen hinüberspähten, von wo El Gallos Turban vermutlich als bloßer Farbfleck in der Landschaft erschien, sah ich im Geist noch immer eine johlende *dahalo*-Horde auf donnernden Hengsten auf uns zustürmen. Aber das wogende Grasland vor uns wirkte so leblos wie eh und je, und wir brachen beinahe im Laufschritt auf, direkt auf die Bungolava-Berge zuhaltend. Das war Elois Plan, in den nur Madame Laza und wir drei eingeweiht waren – eine Kriegslist, auf die die *dahalo* als Letztes kommen würden, da wir eine Route gewählt hatten, die uns mitten durch den schlimmsten Teil des Banditenlandes führte.

Wir waren erst ungefähr zehn Minuten unterwegs, als Eloi eine Bewegung auf dem gegenüberliegenden Berggipfel wahrnahm, und wir tauchten blitzschnell im Gras unter. Ich fummelte mein Fernglas hervor, aber bevor ich es eingestellt hatte, hörte ich El Gallo rufen: »*Baria*!«

Es war eine Herde von acht Wildrindern, soweit ich sehen konnte, darunter ein alter Bulle und zwei Kälber. Sie wirkten kräftiger als die zahmen einheimischen Zebus, hatten fast keinen Buckel, und ihr Fell war von einem satten Braunton. Pickersgill hatte auch Wildrinder in diesem Gebiet gesichtet. Er schrieb:

> *Reisende in den Westen dürfen sich als Eigentümer jeglichen Stück Viehs betrachten, das sie unterwegs aufsammeln. Zumindest sagte man mir das, und kraft dieser Information erlegte ich einen der beiden Jungbullen, die auf einem Hang grasten.*

Wir legten den ganzen Morgen ein zügiges Tempo über eine scheinbar endlose Hügelkette vor, deren Hänge mit »Menschenfressergras«, wie ich es im Stillen nannte, überwuchert waren. Das *vero*-Gras, das über einen Meter hoch über unseren Köpfen schwankte, war nicht nur rasiermesserscharf, sondern reduzierte auch drastisch unsere (ohnehin minimale) Chance, Pygmäenspuren zu sichten. Dabei waren diese *vero*-Flächen nur harmlose Inseln in einem Saragossa-Meer weitaus perfiderer Natur.

Das *danga*-Gras, wie Eloi es nannte, war in Kniehöhe von einer Reihe schwarzer Dornen gekrönt, die mit winzigen silbernen Haaren gesprenkelt waren. Es war trügerisch schön, wenn die Sonne darin funkelte, aber von den spitzen Dornen, die einem schmerzhaft ins Fleisch drangen, waren mir schon beide Knöchel angeschwollen und wund geworden. El Gallo ging barfuß und hatte zumindest keine Socken an, die zu Nadelkissen mutierten, aber da er so klein war, peinigten ihn die Dornen, die sich im Saum seiner schlabbrigen Shorts verfingen. Zudem hatten sich die Dornen, die auf den Hängen weiter östlich nur lästig gewesen waren, westlich von Soa Tana zu einer echten Folter gemausert. Auf diesen Hügeln sonderten die Spitzen der Gräser ein Harz ab, sodass sich ein ganzes Meer von *danga*-Gras in Kniehöhe zu einem einzigen stachligen Strohsack zusammenballte. Man kam dort nur durch, indem man die Füße nachschleifte und sich auf diese Weise immer mehr schmerzhafte Stacheln einhandelte.

Auf Madagaskar geht seit langem ein Gerücht über menschenfressende Pflanzen um, wobei es sich jedoch um etwas noch viel Schauerlicheres als die peinigenden *danga*-Dornen handelt. 1878 schrieb ein gewisser Carle Liche einen Brief an Dr. Omelius Fredlowski, in dem er das grauenhafte Spektakel eines Menschenopfers schilderte, das dem »großen Baumteufel«, wie er es nannte, dargebracht wurde. Der entsetzte Augenzeuge schrieb:

> *... der grausige Kannibalenbaum, der so starr und tot gewesen war, erwachte mit einem Schlag zum Leben. Die schlanken, zarten Fühler bebten mit der Wut einer ausgehungerten Schlange einen Augenblick über ihrem Kopf, bevor sie sich, wie von einer teuflischen Intelligenz geleitet, blitzschnell um ihren Hals und ihre Arme ringelten; und während ihre grässlichen Schreie und ihr noch schauerlicheres Gelächter wild die Luft zerrissen, um alsbald zu einem erstickten Gurgeln abgewürgt zu werden, reckten, zogen sich die Ranken, eine nach der anderen, wie große grüne Schlangen, mit brutaler Kraft und bestialischer Schnelligkeit zurück und wickelten sie ein, Bahn um Bahn, immer enger, mit*

der erbarmungslosen Eile und wilden Gier, mit der eine Anakonda ihre Beute verschlingt… Jetzt richteten die großen Blätter sich auf, langsam und steif, wie der Arm eines Krans, reckten sich in die Luft, bewegten sich aufeinander zu und schlossen sich um das tote und gefangene Opfer mit der stummen Kraft einer hydraulischen Presse und der Unausweichlichkeit einer Daumenschraube. Im nächsten Moment, während ich zusah, wie die Fundamente dieser großen Hebel sich noch fester zusammenschraubten, sickerten am Baumstamm dicke Ströme einer klebrigen, honigartigen Flüssigkeit herunter, schauerlich mit dem Blut und den hervorquellenden Eingeweiden des Opfers vermischt… Möge mir nie wieder ein solcher Anblick beschieden sein…
Die zurückgestülpten Blätter des großen Baumes behielten ihre aufrechte Position während zehn Tagen bei, doch als ich eines Morgens hinkam, waren sie herabgesunken… und nichts als ein weißer Schädel am Fuß des Baumes erinnerte an die Opferung, die hier stattgefunden hatte.

Der Brief wurde (trotz der Edgar-Allan-Poe-haften Anhäufung von ersticktem Gurgeln, wilder Gier, Strömen einer klebrigen Flüssigkeit, hervorquellenden Eingeweiden und der zweifelhaften Existenz eines Dr. Omelius Fredlowski) in einer wissenschaftlichen Zeitschrift veröffentlicht und in der ganzen Welt verbreitet. Fast 50 Jahre später inspirierte er den Buchklassiker »Madagascar: Land of the Man-Eating Tree« von Chase Salmon Osborn, der die Detailgenauigkeit und Anschaulichkeit von Liches Bericht rühmte. Doch niemand anderer als Liche hat jemals den menschenfressenden Baum oder den *mkodo*-Stamm gesehen, durch deren Gebiet er angeblich reiste und von dem er schreibt: *…eine der kleinsten Menschenrassen, wobei die Männer selten größer als 1,40 Meter werden…*

Im Augenblick hatte ich genug mit meinem eigenen Nest »großer grüner Schlangen« zu tun, die mich zu »fesseln und zu erwürgen« drohten. Ich war Eloi und El Gallo in eine Senke mit meterhohem *vero*-Gras gefolgt. Kein Lüftchen drang durch dieses Dickicht, und die Hitze war erstickend. Ich hielt meine Arme wie Rammböcke über den Kopf und rannte regelrecht, um mit meinen Führern Schritt zu halten. Mir blieb keine Zeit, darauf zu achten, wohin ich meine Füße setzte, und wenn ich stolperte, schloss sich die Mauer aus Grün nahtlos um mich. Ich konnte unmöglich sehen, in welche Richtung Elois kugelsichere Weste verschwunden war. Es blieb mir nichts anderes übrig, als zu schreien, bis jemand zurückkam und mich holte!

Pickersgill machte kurzen Prozess mit dem *vero*-Gras. Er schrieb: *Auf jeder Etappe hinterließen wir meilenweite, lodernde Graswalzen. Der nächste Reisende wird uns dankbar für die Rodung sein.*

Wir saßen auf einem Hang über der »*vero*-Pflanzung« und kauten das gedörrte Wildrindfleisch, das Madame Laza uns mitgegeben hatte. »In Bungolava«, sagte Eloi, »ist der Rindervogel – der weiße – *fady*.«

Ich nahm an, dass er den langbeinigen Silberreiher meinte, der überall in Afrika anzutreffen ist und die Parasiten aus dem Fell der grasenden Tiere herauspickt.

»Ganz recht, der weiße. Er ist *fady* – man darf ihn nicht essen –, denn wenn die Hirten kommen, um ihre Tiere einzusammeln, finden sie sie nur mit Hilfe dieses Vogels, der auf dem Rücken der Zebus reitet«, bekräftigte Eloi meine Vermutung.

In seinem charakteristischen, ultrainformativen Stil beschrieb Jørgen Ruud ein anderes Vogel-*fady*, das mit *vero*-Gras verknüpft ist. Es gilt in Iavomalaza, das im Mandritsara-Kanton, Betafo-Distrikt liegt – für diejenigen, die es ganz genau wissen wollen. Eines Tages versteckten sich die Dorfbewohner von Iavomalaza wieder einmal im *vero*-Gras, als sie von Banditen gejagt wurden. Sogleich landete ein Schwarm Spatzen auf dem Gras. Die Banditen sagten sich, wenn dort jemand versteckt wäre, hätten die Vögel sich nicht darauf niedergelassen, und die Dorfbewohner blieben unentdeckt. Dieses *fady* weist Parallelen zu dem Tenrek-*fady* der Betsileo auf, und in beiden Fällen brachten die Geretteten ihre Dankbarkeit auf die gleiche Weise zum Ausdruck. Jeder, der einen Spatz beziehungsweise Tenrek tötet oder isst, soll verflucht sein: Mögen sie aussätzig, in Stücke geschnitten oder als Sklaven verkauft werden, mögen sie kinderlos bleiben und ihre Familie aussterben.

Wir bewegten uns im Gänsemarsch weiter, schwitzend in der Mittagssonne, über Hügel, die von dem verhassten *danga*-Gras überzogen waren. Plötzlich ließ sich El Gallo auf den Boden fallen und bedeutete uns, dasselbe zu tun. Auf der anderen Seite des Tals war eine Herde Zebus zu sehen. Als ich den Hang absuchte, konnte ich einen weißen Lamba ausmachen. Ich reichte El Gallo mein Fernglas, der bereits schrecklich stolz auf seine neu erworbene Fähigkeit war, mit diesem Gerät umzugehen. Dann legte ich mich ins Gras zurück und schloss die Augen vor der sengenden Sonne. Nach fünf Minuten, in denen nur ein einziger, unbewaffneter Mann zu sehen gewesen war, stand El Gallo auf. Kaum waren wir ein paar Schritte gegangen, als der weiße Lamba auf die Füße sprang und im Laufschritt davoneilte. Wir hielten an und schauten ihm nach, wie er über den Hügelkamm sprintete … und seine Schützlinge ihrem Schicksal überließ.

Wir waren noch weit entfernt und hatten die Sonne im Rücken, sodass der Hirte nicht sehen konnte, wer wir waren. Die Frage war: Hielt er uns für Banditen? Oder gehörte er zu einer *dahalo*-Bande und lief los, um seine Kumpane zu holen? Wir überlegten eine Weile, aber am Ende war es einfach zu heiß, und das Wasserrauschen, das vom Grund des Tals aufstieg, war zu verlockend. Als ich im kühlen Wasser saß und auf Eloi und El Gallo lauschte, die eine madagassische Ballade zum Besten gaben, während am Kiesstrand ein Topf Reis vor sich hin blubberte, sagte ich mir, dass es das Risiko wert gewesen war.

Weder der Hirte noch seine Freunde tauchten wieder auf, und wir marschierten ungehindert weiter. Als der Nachmittag sich dem Ende zuneigte, lagen die Felsen des Bungolava (»Langer Berg«) vor uns. Die kahlen Gipfel des Vatosira (»Fels-und-Salz-Berg«) ragten hoch über der zerklüfteten Skyline auf. Irgendwo jenseits des Bungolava, in dem großen Abbruchgraben des Manambolo-Flusses, lag die kleine Stadt Ankavandra.

Ein kaum erkennbarer Pfad wand sich im Zickzack die steile Steigung hinauf. Wie Pickersgill anmerkte: *In gerader Linie gemessen, waren wir nicht sehr weit gekommen, da der Weg zwei oder drei scharfe Kehrtwendungen macht – »genau wie ein Schafsdarm«, sagten unsere Träger in ihrer unverblümten Art.*

Ich musste nicht fragen, woher der Vatosira seinen Namen hatte, als wir uns vorsichtig über trügerische Erdrutsche hinaufarbeiteten, die nur aus losen, schwarzen Steinbrocken, wie Vulkanfelsen, bestanden, großzügig mit glitzernden, weißen Quartzflecken gesprenkelt. In der Nähe des Vatosira-Gipfels hielten wir an und schauten auf die wellige Hügellandschaft hinunter, die wir in der letzten Woche überquert hatten: Das gewaltigste Panorama, das ich je gesehen hatte, breitete sich vor uns aus. Es war, als schwappe die Savanne aus dem Berghang hervor, um sich scheinbar ins Endlose auszudehnen. In den 160 Quadratkilometern, die vor uns lagen, gab es keine einzige Hütte, Karrenspur oder auch nur die verkohlten Reste eines Lagerfeuers. Meine Schultern schmerzten, und meine Knöchel pochten von den Kratzern, die ich mir im Gras geholt hatte. Ich musste jedoch zugeben, dass sich die Torturen der Wanderung für diese umwerfende Aussicht beinahe gelohnt hatten.

Unter dem Westhang des Vatosira-Gipfels kamen wir in einem weites Becken heraus, und vor uns lag ein von Schilf umgebener, schöner, tiefblauer Bergsee, in dem sich eine einzige flauschige Wolke spiegelte.

»Das ist ein heiliger See«, erklärte Eloi. »Es sind Krokodile drin.«

Ich wollte schon einwenden, es sei höchst unwahrscheinlich, dass jemals ein Krokodil den Vatosira hinaufgeklettert war, aber es spielte keine Rolle: In einem heiligen See durften wir nicht schwimmen, mochte das Wasser auch noch so verlockend sein. Während wir dastanden und auf die schimmernde Wasserfläche schauten, fiel mir etwas Rundes von der Größe eines Ping-Pong-Balls ins Auge, das an der Spitze eines *vero*-Halms schwankte.

»Was ist das?«, fragte ich und zog den drei Meter langen Stängel auf Gesichtshöhe herunter.

»Aah, das ist ein Ei – von einem Insekt – das immer so macht, weißt du.« Eloi legte seine Hände unter dem Kinn zusammen.

»Eine Gottesanbeterin?«

»Ja, genau die. Wir geben die Eier unseren Babys zur Stärkung. Das gibt Kraft!« Eloi pflückte das Ei ab und zerbrach es in zwei Hälften. Es war cremig weiß, von der Konsistenz und Farbe einer Meringue. Der weiße Schaum hatte sich verfestigt und bildete eine Schutzhülle um die zahllosen kleinen Punkte, die die »Eidotter« darstellten.

»Iss eins«, sagte Eloi.

Ich hatte schon verlockendere kulinarische Angebote erhalten, aber es war eine Erfahrung, die ich nicht so schnell wieder machen würde. Außerdem konnte ich eine kleine Energiezufuhr gut gebrauchen. Das Ei der Gottesanbeterin schmeckte wie eine kalte Fritte – eine von den eklig grünen, die man am Tellerrand liegen lässt. Und was noch schlimmer war: Ich wartete vergeblich auf den Energieschub.

Um die Wahrheit zu sagen, war mir immer noch leicht übel, als wir eine Stunde später die Felswand am westlichen Rand des Langen Bergs erreichten, um von dort in das *mächtige Tal* abzusteigen, von dem Pickersgill vor 100 Jahren so tief beeindruckt gewesen war. Die riesige Silberschlange des Manambolo-Flusses kroch südwärts, und weit hinter seinem westlichen Ufer erhob sich als Dunstsilhouette die *felsengepanzerte Wand* des Bemaraha-Plateaus, *dem Sonnenuntergang um 30 Meilen näher über der Leere*. Aus dieser Entfernung sah die gleichmäßige Linie der Felshänge so unmarkant wie ein Bahndamm aus.

Pickersgills 70-Mann-Karawane, bis an die Zähne mit Gewehren und Speeren bewaffnet, legte höchstwahrscheinlich eine Rast ein, während Mister S. *nach Berggipfeln fahndete*.

Wir drei kauten wieder ein paar Streifen Dörrfleisch, und Eloi rang sich zu dem kühnen Entschluss durch, seine kugelsichere Weste abzulegen, nachdem er gejammert hatte, schlimmer als die steifen Lederriemen könne eine Gewehrkugel auch nicht sein!

Ankavandra lag irgendwo im Norden, unter dem westlichen Rand der Bungolava-Kette verborgen, die dort fast 1000 Meter senkrecht zum Talgrund abstürzt. Wir würden voraussichtlich am nächsten Tag dort ankommen, aber im Augenblick hatte ich nur den Wunsch, irgendwo anzuhalten und unser Nachtlager aufzuschlagen. Doch El Gallo trieb uns weiter, auf einem Pfad, der verheißungsvolle menschliche Spuren in Form einer stetigen Kette von Steinmännchen, genannt *katao*, aufwies. Mit den *katao* dankten die Reisenden ihren wie auch immer gearteten Schutzgeistern, dass sie sie bis hierher geleitet hatten. Da meine eigenen Schutzengel, Eloi und El Gallo, sich anschickten, dieser Tradition zu folgen, musste ich mich ebenfalls unter dem Gewicht meines Rucksacks bücken, um einen Findling aufzulesen und feierlich auf jedem der wachsenden Haufen zu platzieren.

Eine Stunde vor Sonnenuntergang entdeckten wir einen an den Fels gebauten Schuppen auf einem Hügel zu unserer Rechten und gingen vorsichtig hin, um ihn näher zu begutachten. Eloi erklärte, dass die Siedler hier besonders misstrauisch seien und in den Stunden um die Dunkelheit herum die Gewohnheit hätten, auf Fremde zu schießen, sobald sie ihrer ansichtig würden. Aber niemand wohnte hier, und die verlassene Hütte – mit einer Tür, durch die man nur kriechend hineinkommen konnte – bot sich als idealer Übernachtungsort an. Wir hatten seit Tagesanbruch

50 Kilometer in rauem Bergland zurückgelegt. Ich war so weit, dass ich fast überall geschlafen hätte, aber El Gallo wirkte seltsam verstört durch dieses strohgedeckte »Schneewittchenhaus«.

Als das Licht schließlich ganz erlosch, krochen wir auf Händen und Füßen in ein undurchdringliches, moderndes Dickicht am Grund einer Felsrinne hinein. Es war ein grässlicher Lagerplatz, der den einzigen Vorteil hatte, dass niemand hereinklettern konnte, ohne dass wir ihn bemerkten. Ich hackte mit El Gallos *coupe-coupe* drauflos, bis ich ein Minimum an freier Fläche für mein kleines Moskitonetz freigelegt hatte, und suchte mit dem Licht meiner Taschenlampe nach unerwünschten Spinnen, die mich womöglich nachts überraschen würden. Dann setzte ich mich nieder, schnürte sorgfältig meine Stiefel auf, nahm mein Schweizermesser zur Hand und schnitt ein paar *danga*-Dornen heraus, die sich in die Haut gebohrt hatten. Beide Knöchel schmerzten und waren geschwollen, und einige der Splitter hatten sich schon giftig gelb verfärbt. Ich hatte meine letzten Kondensmilch- und Ölsardinendosen Madame Laza gegeben, und das Einzige, was wir noch hatten, war Reis und Dörrfleisch. Das hypnotische Flackern unseres gedämpften »Flüchtlingslagerfeuers«, so klein und rauchlos wie nur möglich, belebte meine Kräfte weitaus nachhaltiger, als eine zweite Portion nasser Reis es vermocht hätte.

Eloi und ich krochen unter das Moskitonetz, und El Gallo wickelte sich in das Laken, das ich ihm gegeben hatte. Ich wurde mehrmals in der überraschend kalten Nacht von dem Gequake der zahllosen Frösche im Bach geweckt. Ein schöner, klarer Morgen dämmerte herauf, als ich von dem Geklapper des Feldkessels erwachte, der irgendwo durchs Unterholz geschleift wurde. Ein rauchiges Feuer, mit dem sich El Gallo offenbar gegen die Luftangriffe der Moskitos schützen wollte, spuckte dünne, blaue Wölkchen in das wuchernde Blätterdach hinauf.

Unser kleiner Führer verkündete, dass wir eine gemächliche

Dreistundenwanderung vor uns hatten, die uns über den gewundenen Felspfad zum Fluss hinunterführen würde und dann an dem flachen Talgrund entlang in die Stadt. Da ich bei diesem Pensum kaum ins Schwitzen kommen würde, gönnte ich mir den Luxus, frische Sachen für das letzte Stück anzuziehen. Ich feierte bereits unsere erfolgreiche Durchquerung der *Zone Rouge* und fieberte unserer Ankunft in Ankavandra entgegen, wo ich kaltes Three-Horses-Bier schlürfen und mich mit welchen Leckereien auch immer für den langen Süßigkeitenentzug entschädigen konnte. Zugleich gratulierte ich mir, dass ich der Versuchung widerstanden hatte, El Gallo als Träger anzuheuern, und auf diese Weise den Stolz auf meine Leistung geschmälert hätte. Ich hätte mir nur gewünscht, dass er irgendwann gezwungen gewesen wäre, meinen Packen hochzuhieven. Dann hätte er am eigenen Leib erfahren, wie sich diese 25 Kilo auf einem solchen Marsch anfühlten.

Im Morgengrauen und in der Stunde vor Nachteinbruch ist das Licht auf Madagaskar unglaublich klar und hell. Die Farben springen einem buchstäblich ins Gesicht. Auf den Hängen hinter uns schimmerten die hohen *vero*-Grasstauden in dem lebhaften, grellen Grün, das man im Allgemeinen nur mit jungen Reispflanzen in Verbindung bringt, und der Himmel spannte sich wie eine neonblaue Kuppel über uns.

Wir marschierten zwei Stunden lang stetig nach Norden, in dem Glauben, dass Ankavandra jeden Moment in Sicht kommen würde. Hier und da fiel uns eine Zigarettenkippe oder eine Süßigkeitenhülle am Wegrand ins Auge – Zeichen, dass die »Zivilisation« gleich um die Ecke sein musste. Nach weiteren vier Stunden waren das immer noch die einzigen Hinweise dafür, dass die Stadt nicht mehr weit sein konnte. Dann kamen wir zu einem Armeepatrouillenposten, der aus zwei Lehmhütten und einem Betonwachhäuschen bestand. Hier schrieb ein einsamer Soldat emsig meine Passvermerke in ein zerfleddertes Schulheft ab. Andere *vazaha* seien im letzten Jahr hier durchgekommen, sagte er, aber sie seien alle aus dem Süden angereist. Er hatte noch nie von einem *vazaha* gehört, der die *Zone Rouge* von Osten her durchquert hatte. Die alte Merina-Garnison, einst äußerster Vorposten von Ranavalonas Königreich, hätte mehr Grund gehabt, sich an den Reverend und Mister. S. zu erinnern, die in ihren Palankinen mit ihren Trägern diesen Pfad bereist hatten.

Der Weg zog sich weiter über die Bungolava-Berge, und ohne die Zigarettenkippen hätte man nie gedacht, dass innerhalb der nächsten 100 Kilometer eine Stadt kommen würde. Im Verlauf von sechs Stunden waren meine Blasen angeschwollen und aufgeplatzt und erneut angeschwollen, sodass ich seitlich auf meinen Fußkanten zu gehen versuchte. Meine Stimmung war auf ein Dauertief abgesunken, und ich verfluchte insgeheim El Gallo mit seinen drei Stunden – »bloß drei Stunden« – »ganz leicht, immer abwärts«.

Jeder *danga*-Gras-bewachsene Hügel, der vor uns aufstieg, versprach der letzte zu sein. Doch dahinter kam noch einer und noch einer und noch einer. Nachdem wir uns siebeneinhalb Stunden abgeplagt hatten, setzten wir uns zum Ausruhen unter einen einsamen, sonnengebleichten Baum. Nichts rührte sich auf dem brütenden Hang, außer einem 15 Zentimeter langen Halsbandleguan, der über einen Pilger-Steinhaufen huschte. Ich machte einen knurrigen und leicht hysterischen Eintrag in mein Tagebuch:

Man kann sich auf einen Dreistundenmarsch einstellen – kein Problem! Auf einen Sechsstundenmarsch? Von mir aus auch das. Einen ganzen weiteren Tag? Also gut, was sein muss, muss sein. Es ist ja nur eine kleine Schinderei mehr am Ende einer Wanderung, die ohnehin lang genug war. Aber wenn dein gemächlicher Dreistundenspaziergang sechs, sieben, nein, acht Stunden dauert – dann wird jeder

Hügel jenseits der Dreistundenmarke zur reinsten Tortur. Manchmal glaube ich, dass ich nur deshalb unter so schwierigen Bedingungen reise – nicht gerade atemberaubend schwierig, aber immerhin! –, damit ich hinterher die einfachen Alltagsfreuden wieder besser genießen kann, zum Beispiel eine schöne kalte Cola und etwas zu essen am Ende des Weges… Etwas anderes als Reis… oder von mir aus auch Reis, aber mit massenhaft Sauce oder was auch immer…

Nach einiger Zeit erschien es mir unmöglich, dass hinter dem Hang, den wir uns gerade hinaufschleppten, noch einer kommen könnte, aber ich wurde jedes Mal eines Besseren belehrt. Eloi sichtete ein Flugzeug, das, wie er sagte, von der Erdstraßenrollbahn in Ankavandra aufgestiegen sei, aber es war noch sehr weit weg. Ich betete inbrünstig, dass er sich geirrt hatte.

Wenn ich nach vorne schaute, hätte ich schwören können, dass dieser Hang nun aber der letzte sein musste…

Von wegen!

Aber hinter diesem Kamm konnte jetzt wirklich nur noch Ankavandra liegen…

Wieder falsch!

Und so ging es weiter, bis wir endlich zehn Stunden nachdem wir von unserem Nachtlager aufgebrochen waren, die Wellblechdächer der Stadt auftauchen sahen. Der Abstieg über die Bungolava-Felshänge dauerte lange. Es war steil, gefährlich, und die Felsen waren so glühend heiß von der Sonne, dass man sie nicht anfassen konnte. Inzwischen musste ich mir eingestehen, dass ich ernsthaft am Ende war. Meine Fußsohlen waren ein einziger Brei aus weißen Blasen, beide Knöchel waren entzündet, und ich war auf meinem linken Ohr fast völlig taub, ein häufiges Erschöpfungssymptom. Ich wusste nicht, dass ich zudem noch eine Malaria vom Montagne d'Ambre mit mir herumschleppte. Ich brauchte erst einmal ein paar Tage Ruhe, um wieder auf die Beine zu kommen.

Lalisy Louisette führte ihre Küche und ihre Fremdenzimmer unter dem Namen »Hôtely Fihaonana« (Hotel Rendezvous) wie eine warmherzige Mutter, die für eine riesige und ständig wechselnde Familie sorgt. Sie war eine üppige, hinreißende *métisse*, die sich – trotz des augenscheinlichen Gegenbeweises ihrer gargantuahaften Proportionen – als Abkömmling der Vazimba ausgab.

»Aber manche Leute sagen, die Vazimba sind sehr klein und haarig und haben scharfe Nägel«, sagte ich eines Tages und schielte viel sagend auf Lalisys monumentale Kurven.

Sie brüllte vor Lachen und schlug mir mit voller Wucht auf den Rücken:

»Aah ha ha! Zu komisch, diese *vazaha*. Früher, vor 100 Jahren, da waren die Vazimba so. Sie haben sich verändert!«

»Wie verändert?«, krächzte ich, noch halb benommen von dem Schlag.

»Sie vermischen sich. Vermischen sich mit anderen Leuten. Sie können am Fluss unten nach winzigen alten Gräbern suchen, aber heute sind die Vazimba nicht mehr so klein. Eh?« Sie zwinkerte und brach wieder in ihr ansteckendes Gelächter aus.

Eloi und ich mieteten ein Doppelzimmer in einem Block hinter dem *hôtely*, und El Gallo legte sich auf einer Schlafmatte in einem Lagerraum hinter der Küche nieder. Ich stach die grässlichen Wülste an meinen blasenbedeckten Füßen auf und schnürte sie mit kleinen Baumwollfäden ab, damit sie schneller austrockneten, dann pulte ich die *danga*-Dornen aus meinen Knöcheln heraus, die ringsum mit gelben Schwären bedeckt waren.

An einem langen Holztisch servierte Lalisy ihren Gästen und allen anderen, die gerade anwesend waren, riesige Teller voll gebratenem Huhn, Reis, Rindfleisch, Reis, grünen Papayas mit

Knoblauch, Reis, Apfel-Custard, Reiskuchen, Joghurt, Reis, heißer Zebumilch, Reis, kleinen, rauchigen Bambusmaden, die *sokondro* genannt wurden, … und Reis. Wenn sie das Essen auftrug, brüllte sie vor Lachen, was die Mahlzeiten zu einem Riesenspaß machte, und ihr großer Busen wogte auf dem Tisch, während sie dasaß und zuschaute, wie der *vazaha* seinen ersten Teller Maden verspeiste.

Zu dieser Jahreszeit war Ankavandra immer noch völlig unzugänglich für jede Transportart außer dem wöchentlichen Bushhopper, und alle importieren Waren waren unerschwinglich teuer. In der Hauptstraße gab es nur zwei Bars und drei indische Gemischtwarenläden, von denen einer zugleich als Air-Madagascar-Büro fungierte. Die Cola, nach der ich so gelechzt hatte, war fast ausverkauft, und bei unserer Ankunft hatten Eloi, El Gallo und ich sechs der kleinen, lauwarmen Flaschen unter uns aufgeteilt. Es war das erste Mal, dass El Gallo Coca-Cola getrunken hatte. Jetzt gab es nur noch eine einzige Colaflasche in der ganzen Stadt. Eine kleine, einsame Flasche stand auf einem Regal in einer der Bars in der Hauptstraße, und der Barmann weigerte sich rundweg, sie mir zu verkaufen.

»Es gibt keine Coke«, sagte er achselzuckend. »Wir haben keine Coke mehr.«

Da standen wir nun und schauten auf diese einzige, verlorene Flasche auf einem ansonsten leeren Regal. Ich kam zu dem Schluss, dass diese letzte Colaflasche zu einem Statussymbol geworden war. Das hier war jetzt die einzige Bar in Ankavandra, die sich mit gutem Recht rühmen konnte: Wir führen Coca-Cola. Selbst wenn es nur eine Flasche war, die nicht verkauft wurde!

Ich fragte Eloi, ob er einen Flug zurück nach Tsiro nehmen wolle, aber er sagte, er würde lieber den ganzen Treck mit mir machen, nach Antsalova auf die andere Seite des Bemaraha-Plateaus hinüber, und von dort aus ein Flugzeug nehmen. Ich war entzückt, denn trotz seiner westlichen Bildung hatte er bewiesen, dass er keinerlei Scheu hegte, mich in seine Überzeugungen und »abergläubischen« Vorstellungen einzuweihen. Sicher, ich konnte mich auf Französisch durchschlagen, aber wenn ich mein ganzes Material bei Leuten sammelte, die die Sprache genauso schlecht beherrschten wie ich, stiegen die Chancen auf das Doppelte, dass ich das falsche Ende des Stocks zu fassen bekam.

Ich bezahlte El Gallo die Zimmermiete und das Essen für drei Tage. Dann lud ich ihm noch Kaffee, Reis, Zucker und Kondensmilch für Madame Laza und unsere Freunde in Soa Tana auf. Eloi hatte ich ebenfalls bis dato ausbezahlt, und er kaufte unserem kleinen Freund ein Paar Plastikschuhe für die Rückreise. El Gallo war hoch entzückt über diese Schuhe, so sehr, dass er sie wohl verwahrt in seiner Plastiktüte mit sich trug, nachdem er uns im *hôtely* verlegen die Hand zum Abschied gedrückt hatte und sich aufmachte, um den entsetzlich steilen Aufstieg in die Berge in Angriff zu nehmen.

Das Land der kämpfenden Sakalava

Er hat den Körper eines jungen Herkules und ist wie ein edler Wilder gekleidet… Flinte und Speer sind ebenso sehr ein Teil seiner selbst wie Zähne und Nägel.

REVEREND WILLIAM CLAYTON PICKERSGILL
»FROM TWILIGHT TO GROSS DARKNESS«

Un petit coq du village – ein Kleinstadt-Filou – hatte mir einzureden versucht, dass ich einen einheimischen Führer brauchte, um auf den Pass zum Bemaraha-Plateau hinaufzufinden. Und natürlich schlug er sich selbst als Führer vor: »*Moi, par exemple.*«

Abgesehen von den Dollarzeichen, die in seinen Augen flackerten, konnte ich wenig erkennen, das auf ehrliches Interesse an dem Treck hindeutete oder auch nur auf echtes Vertrauen in seine eigenen Fähigkeiten. Ich verließ mich stattdessen lieber auf mein GPS und eine *Operational Navigation Chart* von 1967, überarbeitet 1989 (aber wie weit?). In vielen abgelegenen Teilen dieser Welt sind das immer noch die besten Karten, die es gibt. Ich war jedoch auch mehr als einmal durch entlegene Gebiete zu auf der Karte verzeichneten Dörfern gewandert, die gar nicht mehr existierten, oder zu einem Berg, der 100 Kilometer tiefer im Dschungel lag, als es auf der Karte eingezeichnet war.

Gestärkt von Lalisys Reiskuchen und schwarzem Kaffee, hievten Eloi und ich uns erneut unsere Rucksäcke auf die Schultern. Wir schlenderten zum Manambolo-Fluss hinunter, als sich gerade die ersten Vorboten der Dämmerung über dem Bungolava-

Kamm zeigten. Eloi hatte ein paar junge Burschen angeheuert, die uns über die 100 Meter reißenden Wassers bringen sollten, aber ich bezweifelte, dass um diese unchristlich frühe Stunde überhaupt jemand anzutreffen sein würde. Doch als wir das schlammige Ufer erreichten, wurde schon ein Zebukarren mit einer riesigen Wassertonne beladen und rückwärts in eine Strömung gelenkt, die das ganze Gefährt flussabwärts zu reißen drohte, samt Tieren und allem Drum und Dran. Der Wasserverkäufer wollte so viele Überfahrten wie möglich zwischen dem Fluss und der Stadt machen, bevor die Hitze unerträglich wurde.

Unsere beiden jungen Fährleute saßen bereits geduldig in einem riesigen Einbaum, der aus einem einzigen alten Baum geschnitzt war. Sie kämpften tapfer gegen den mächtigen Sog der Strömung an, der das Boot seitwärts abzutreiben drohte, und es gelang ihnen mit vereinten Kräften, uns hinüberzupaddeln und das Boot am Ufer zu halten, bis wir ausgestiegen waren. Wir kehrten dem mächtigen Manambolo den Rücken und marschierten auf die Felshänge zu, die sich vorläufig nur als blassblaue Linie am Horizont abzeichneten. Bei Lalisy hatten wir gut gegessen und uns gut erholt. Meine Füße waren verheilt und meine Kleider sauber. Wir waren froh, dass wir wieder unterwegs waren.

An jenem Morgen brachten wir ein großes Stück der struppigen Wüste hinter uns, aber als wir zum Mittagessen anhielten, war die Bergkette im Westen kein bisschen näher gerückt. Wir mussten die 45 Kilometer breite Ausdehnung des Manambolo-Tals ganz durchqueren, bis wir am nächsten Nachmittag zu den Felshängen des Bemaraha-Plateaus kommen würden.

Eine Zeit lang folgten wir einem seltsamen alten Mann, der blaue Nylonfußballshorts, ein sauberes Leinenhemd, rosa Plastiksandalen und zwei übereinander gestülpte Hüte trug und einen Schirm in der Hand hielt. Er wusste offenbar den schnellsten Weg durch eine unberechenbare Sumpfstrecke, auf der wir uns durchkämpften. Daher beschleunigten wir unsere Schritte, um mit ihm mitzuhalten. Ich hängte mir meine Stiefel um den Hals und hoppelte über die kurzen Abschnitte trockenen Landes zwischen den überfluteten Teilen. Der alte Mann posierte für ein Foto, lüftete seine beiden Hüte und schoss in die Wildnis davon wie eine madagassische Version von Carlos Castanedas Don Juan.

Als ich meine Stiefel wieder anzog, zeigte sich – wie hätte es anders sein können! –, dass die von der Sonne glühenden Steine die Blasen an meinen Füßen zu neuem Leben erweckt hatten.

Das Land war mit einem Netzwerk von Tierspuren durchzogen, die zu den Wasserlöchern führten, aber für den Rest des Tages sichteten wir keine menschlichen Fußabdrücke, die uns hätten bestätigen können, dass wir auf dem richtigen Weg waren. Mein GPS zeigte lediglich eine gerade Linie zu dem Dorf Tsiandro an, aber in den dunkler werdenden Schatten der immer noch fernen Bergkette war nichts von dem steilen Pass zu sehen, über den wir auf das Bemaraha-Plateau gelangen konnten.

Tsiandro war mit einiger dichterischer Freiheit als »das Dorf, in dem die Zeit stillsteht« bezeichnet worden, obwohl der Name wörtlich übersetzt bedeutet: »Es gibt keine Zeit.« Von den Einheimischen wird dieser Name einem Sakalava-König zugeschrieben, der sich hier mit einem Feind zum Kampf verabredet hatte. Der Feind zog es klugerweise vor, anderweitig beschäftigt zu sein, und der enttäuschte König nannte das Tsiandro-Gebiet: »Das ist nicht der Tag.«

In Ankavandra hatte man uns gesagt, man könne in einem einzigen Tag bis Tsiandro kommen, aber leider mussten auch wir bald feststellen, dass »das nicht der Tag war«. Wir fügten uns also in das Unvermeidliche: In einer schönen Lichtung an einem Bachufer schlugen wir unser Lager auf. Wir entdeckten sogar ein Bachbecken, das tief genug zum Schwimmen war, und ließen den Rauch unseres Lagerfeuers als Schutz gegen die Moskitos über uns hinwegwabern, während wir unsere Nudeln und Pâté verspeisten.

Am nächsten Morgen stiegen wir auf einen Hügel, um uns zu orientieren, und stießen auf einen einsamen Hirten. Er trieb sechs Zebus über unseren Weg, aber er lief davon und ließ uns wieder allein in der Weite des Tals zurück. Wir folgten dem Pfeil meines GPS nach Westen. Nach ein paar Stunden sahen wir zwei Jäger auf einem niedrigen Hang zu unserer Linken. Wir beobachteten sie eine Weile, um uns zu vergewissern, dass nicht noch mehr da waren, dann gingen wir vorsichtig zu ihnen hinüber.

Nachdem sie ihre grässlichen Köter weggezerrt hatten (mein Respekt vor Jagdhunden als unfehlbaren Menschenkennern hielt sich inzwischen in Grenzen), nahmen die Männer einen Schluck warmen Kaffee aus meiner Wasserflasche an. Wir erfuhren, dass das Dorf, das nach meiner Karte nur wenige Meilen entfernt sein sollte, schon seit 15 Jahren verlassen war! Die Jäger rieten uns stattdessen, am Rand einer tiefen Schlucht entlangzugehen, bis wir auf die Mangobäume stoßen würden, die ein anderes Dorf namens Manitsy säumten. Manitsy lag ungefähr vier Stunden entfernt. Von dort aus konnten wir auf das Plateau hinaufsteigen und den Weg nach Tsiandro in einem halben Tag zurücklegen. Die Jäger widerlegten also die häufig geäußerte Ansicht, dass man an einem einzigen Tag von Ankavandro nach Tsiandro marschieren könne.

Das *dango*-Gras hier war weiter gediehen als das auf den vorigen Hängen und triefte regelrecht vor klebrigem Harz, sodass unsere Hände ständig mit »Kleister« verschmiert waren. Wenn wir die Zähne zusammenbissen und den stechenden Schmerz in unseren Knöcheln ignorierten, bohrten sich die Dornen so blitzschnell in die Haut hinein, dass man fast versucht war, eine teuflische Absicht dahinter zu vermuten. Sie müssen irgendein Gift enthalten haben, denn sie konnten, wenn man sie nicht rechtzeitig herauszog, innerhalb von Minuten dicke, gelbe Pusteln hervorrufen.

Von Zeit zu Zeit kamen flache, sandige Strecken, die ein leichtes Gehen in Aussicht stellten. Aber leider hatten wir inzwischen herausgefunden, dass es sich um Treibsand handelte. Ich war ahnungslos auf diese trügerisch trockene, staubige Oberfläche getreten und steckte bereits mehrere Schritte weit drinnen, als der Boden unter mir nachgab. Mein rechtes Bein sank bis auf Schenkelhöhe ein, und ich hatte immer noch das grausige Gefühl, dass unter meinem Stiefel nichts Festes war! Man konnte sich unschwer vorstellen, wie jemand in Sekundenschnelle in diesem Sandbrei verschwand. Wir machten fortan einen großen Bogen darum.

Die Landschaft öffnete sich, als wir uns einer Region namens Beramabom (»über den Sümpfen«) näherten, und wir konnten die wuchtigen Steinblöcke der Sakalava-Gräber auf den fernen Hügeln sehen. Obwohl meilenweit kein Dorf in Sicht war, riskierten wir es nicht, näher an die Gräber heranzugehen, und mir fiel auf, dass Eloi, wenn er darauf zeigte, immer die ganze Hand nahm, die Finger zu Boden gerichtet.

Diese Gräber waren nach den göttlichen Eingebungen eines *mpanandro* so gestaltet, dass sie eine respektvolle Beziehung zwischen der Gemeinschaft der Lebenden und der launischen, allmächtigen Gemeinschaft der Toten gewährleisten sollten. Die Madagassen sagen: *Ein Haus ist fürs Leben, ein Grab für die Ewigkeit.* Und in manchen Gebieten werden immer noch 80 Prozent des Einkommens auf den Totenkult verwandt. Diese Gräber waren sichtlich für die Ewigkeit errichtet worden, während die windschiefen Lehm-und-Reisig-Hütten der Dörfer, für dieses flüchtige Erdenleben gebaut, längst zerbröckelt und verschwunden waren.

Die Sakalava waren stets auf der Hut vor bösen Omen – verständlich aus der Sicht eines Kriegerstammes, der keinen Mangel an Feinden hatte. Ein Kind, das an einem ungünstigen Tag geboren worden war, konnte zehn oder zwölf Jahre alt werden, bis der *mpanandro* über sein Schicksal entschieden hatte. Wenn er der Meinung war, dass das Kind eine Gefahr und einen Fluch für das Dorf darstellte, wurden die schrecklichsten Todesurteile verhängt. Es wurde bis zum Hals lebendig begraben und starb unter Qualen, der Sonne und den wilden Tieren ausgeliefert. Noch vor 100 Jahren, so wird erzählt, hörten Jäger und Hirten in dem Gebiet, durch das wir jetzt gingen, manchmal tagelang die Schreie dieser armen Kinder, bis die Erschöpfung oder der Tod sie verstummen ließ.

Gegen Mittag stießen wir auf eine Ansammlung flaschengrüner Mangobäume, durch die das verblichene Grau einiger Palmdächer schimmerte. Manitsy war nahezu verlassen, die Mangos waren noch nicht reif, und es gab wenig Grund, hier anzuhalten. Fast alle waren draußen auf den Reisfeldern, aber ein junger Mann in einem indigoblauen Lamba und mit einem riesigen Strohhut bot sich an, uns zum nächsten Dorf zu führen. Benoît, so hieß der junge Mann, schenkte uns ein paar seltsame Früchte, die von außen wie staubige Kiwis aussahen. Eloi kannte die Frucht nicht, und Benoît zeigte uns, wie man sie in dünne, keksähnliche Scheiben schnitt. Die »Kekse« schmeckten fast so gut wie Digestive Biscuits, und wir hofften schon auf eine »Keksbaumernte«, aber Benoîts Beschreibung des umständlichen dreitägigen Dörrverfahrens machte unsere Hoffnungen schnell zunichte.

Benôit war so versessen darauf, seine Fähigkeiten als Bergführer unter Beweis zu stellen, dass er uns in halsbrecherischem Tempo aus Manitsy hinaus und durch die Wildnis lotste. Wir stürzten mit Karacho durch Wälle von sichtraubendem *vero*-Gras, hüpften fluchend über *danga*-Hügel und rissen uns zwischendurch immer wieder die Stiefel von den Füßen, um durch eine Bachfurt zu platschen, bis wir drei Stunden später knietief durch ein schlammiges Reisfeld stolperten.

Der Dorfvorsteher von Bekignana begrüßte uns mit der üblichen, fröhlichen Gelassenheit und fragte uns nach »den Neuigkeiten«, während wir einen ganzen Haufen süßer Bananen verputzten. Wir saßen im Schatten einer Hütte, umringt von fünf hübschen Sakalava-Frauen, die ihre Lambas wie Handtücher um sich gewickelt trugen und Hüte aus Palmblättern für ihre Männer draußen auf den Reisfeldern flochten.

Als Pickersgill von einem Jagdausflug zurückkehrte und den rechtschaffenen Mister S. in einer ähnlich malerischen Gesellschaft vorfand, schrieb er:

> *Die Mode der Krinoline war damals noch nicht bis auf die Squaws der wandernden Sakalava gekommen. Lassen Sie mich bei dieser Gelegenheit meinen wackeren alten Freund sorgsam von jeglichem Verdacht reinigen, er habe an diesen frivolen Vergnügungen in irgendeiner Weise teilgenommen* (womit die Jagd gemeint ist). *Er war anderweitig beschäftigt. Und jetzt werde ich mich dafür rächen, dass er so wenig Interesse an diesem Sport gezeigt hat, indem ich Ihnen erzähle, wo und wie ich ihn gefunden habe: Er saß behaglich im Schatten eines Baumes in der Nähe eines Sakalava-Dorfes und verspeiste sein Abendessen, von einem Halbkreis prachtvoll geschmückter Frauenzimmer bewundert, die völlig gebannt von diesem vergnüglichen Anblick waren, denn als ich mich niedersetzte, um ihnen die Sicht zu versperren, begaben sie sich alsbald auf einen anderen Beobachtungsposten, von wo sie ebenso gut sehen konnten wie zuvor. Der Gegenstand ihrer unverhohlenen Bewunderung dankte es ihnen jetzt, indem er jeder von ihnen einen Zwieback schenkte … Da ich natürlich nicht hinter meinem galanten Freund zurückstehen wollte, fügte ich ein wenig Marmelade hinzu, und unsere Diener sagten: »Esst, Frauen.« So viel zur Macht des guten Beispiels.*

Wir fragten den Dorfvorsteher und die Frauen über die Vazimba aus, aber sie erinnerten sich nur an eine vage und ungereimte Geschichte über einen Vazimba-König, der mit seiner Schwester von Osten her durch das Tal gereist war. Eloi übersetzte mir, es habe wegen irgendetwas Streit gegeben, und darauf hätten sich ihre Wege getrennt, und sie seien an verschiedene Orte weitergezogen. Das war alles, was sie uns erzählen konnten.

Unglücklicherweise war die kleinste Banknote, die ich jetzt noch besaß, ein 25 000-Francs-Malgaches-Schein (fast sechs Euro); es gab nichts zu einem so hohen Preis in Bekignana zu kaufen, und ich konnte auch nirgendwo Wechselgeld bekommen. Der eine Schein deckte also Benoîts Lohn (den er sich später holen würde, wenn endlich Wechselgeld vorhanden war) sowie den Gegenwert von 20 Bananen, sieben Tassen Reis und einem Huhn. Letzteres wurde im Ganzen von der Frau des Dorfvorstehers gekocht und uns zusammen mit der guten Nachricht überbracht, dass der Hühnerleib sechs halb entwickelte Eier enthalten habe, was offenbar als gutes Omen in Bekignana galt. Wie es der einheimische Brauch verlangte, aßen wir etwas von dem Huhn und Reis und gaben dann die Schlegel, die besten Teile des Huhns, zum Zeichen unserer Dankbarkeit dem Dorfvorsteher. Doch seltsamerweise musste der alte Mann, obwohl das Huhn doch in seinem Haus gekocht worden war, unser Geschenk ablehnen – Huhn war *fady* für ihn!

Die Gästehütte war neu gebaut worden und machte einen sehr sauberen Eindruck, und doch war sie viel stärker mit Kakerlaken verseucht als jede der viel schmutzigeren Hütten, in denen ich sonst übernachtet hatte. Es lag vermutlich daran, dass die Wände aus Zebudung noch nicht ganz ausgetrocknet und hart geworden waren, sodass der ganze Bau bisher nichts anderes als ein monströser, wenn auch sorgfältig modellierter Kuhfladen war.

Ein stetiger Strom von Ratten trippelte an den Deckenbalken auf und ab, um sich an den Reiskörnern zu mästen. Ich erinnerte mich, in einem Bericht gelesen zu haben, dass das enge Zusammenleben von Ratten und Menschen in den Dörfern West-Madagaskars auch heute noch zu verheerenden Pestepidemien führen könne. Der schwarze Tod, die Seuche, die im Mittelalter ein Viertel der europäischen Bevölkerung dahinraffte, ist im Mittelwesten Madagaskars noch immer eine Gefahr. Die Pest kam Ende des 18. Jahrhunderts als Parasit mit den Flöhen schwarzer Ratten nach Madagaskar, drang aber nicht ins Landesinnere und zur Hauptstadt vor, bis 1920 die Eisenbahnlinie Diego-Tana-Tamatave gebaut wurde. Heute hat es den Anschein, als ob der schwarze Tod auf dem Vormarsch sei. Die Todesfälle haben sich in den letzten Jahren verdoppelt, und 1996 registrierte das madagassische Institut Pasteur 1629 Verdachtsfälle dieser in hohem Grade ansteckenden Krankheit. Wenn die Dorfbewohner der *Zone Rouge* ihre Reisvorräte aus Sicherheitsgründen ins Haus bringen, schleppen sie die Ratten mit ein, und wenn sie das Land abbrennen, wie es Jahr für Jahr geschieht, flüchten sich die Ratten in immer größerer Zahl in die Dörfer.

Schwarze Ratten werfen bis zu 400 Junge im Jahr, und wer die Pest bekämpfen will, muss zugleich eine Ausrottungskampagne gegen Ratten *und* Flöhe führen. Wenn man die Ratten tötet, verlassen die Parasiten sofort die Kadaver und suchen sich einen neuen Wirt … und wenn nicht genügend Nagetiere zur Verfügung stehen, gehen sie kurzerhand auf den Menschen über. Zum Glück herrschte kein Mangel an Nagetier-Wirten in unserem Riesenkuhfladen, und unser größtes Problem war, dass wir in dem Hagelsturm aus Reiskörnern, der die ganze Nacht von den Dachbalken auf uns niederprasselte, kaum ein Auge zutun konnten.

Ich hatte die *danga*-Dornen mit der Spitze meines Taschenmessers aus meinen Knöcheln gepult und die Wunden mit einer desinfizierenden Creme eingeschmiert. Aber am nächsten Morgen war mein Fuß so geschwollen, dass ich ihn kaum in meinen Stiefel zwängen konnte. Die Haut schälte sich an der Stelle, wo das Gift in die Blutbahn geraten war, und ich spürte den entzündeten Nerv bis in meine Leisten hinauf.

»Sieht aus wie ein Leichenfuß«, meinte ich lachend zu Eloi, ohne zu ahnen, dass ich noch lange nach meiner Rückkehr aus Madagaskar eine verhärtete Geschwulst an meinem Schienbein mit mir herumschleppen würde, als nachhaltige Erinnerung an die *danga*-Vergiftung. Eloi, der unter dem Schmerz litt, den die Dornen beim Eindringen in die Haut verursachten, dessen Wunden sich aber nie entzündeten, schlug vor, dass wir noch einen Tag länger in Bekignana bleiben sollten. Aber ich hielt es für besser, den Aufstieg zur Hochebene ohne Unterbrechung fortzusetzen und erst in Tsiandro eine Ruhepause einzulegen.

Ich wusste, dass uns ein schwerer Tag bevorstand, und so schluckte ich meinen Stolz zusammen mit ein paar Antibiotika und codeinhaltigen Schmerzpillen hinunter und heuerte einen fröhlichen jungen Burschen namens Eugene an, der meinen Rucksack den Felshang hinauftragen sollte. Ich watete also hinter Eugene und Eloi in die Reisfelder zurück, nur mit einer Fotografenjacke, den Kameras und meinen Stiefeln beschwert, die ich mir um den Hals gehängt hatte. Mein rechter »Klumpfuß« war allerdings so empfindlich, dass ich bei jedem noch so leichten Streifen einer Reispflanze vor Schmerzen hätte aufschreien mögen.

Nach zwei Bächen zog ich meine Stiefel an, weil ich befürchtete, dass es bald zu spät sein würde, wenn ich die Schwellung nicht sofort zurückdrängte. Eugene und Eloi schwatzten fröhlich auf Malagasy, und ich gönnte mir den Luxus, anzuhalten und Fotos zu schießen, wo immer ich wollte, ehe ich weiterhoppelte, um sie einzuholen. Nach zwei Stunden stiegen wir zu den dicht bewaldeten Ufern eines Felsenbachs hinunter. Unser Pfad führte halsbrecherisch über Stock und Stein zu den Hochebenen hinauf, wobei wir von Zeit zu Zeit durch Dickichte und unter oder über verrottenden Baumstämmen durchgeschleust wurden. Offenbar stürzten regelmäßig große Bäume auf diesen steilen Hängen um, sodass das Tal aussah, als sei es stellenweise von Menschenhand gerodet worden.

Es gab viele Schlangen hier, und ich fing eine peitschenähnliche Grasschlange am Schwanz, als sie gerade ins Unterholz gleiten wollte. Ich verließ mich auf die berechtigte Annahme, dass die Wissenschaft, sollte es eine madagassische Giftschlange geben, längst Wind davon bekommen hätte, und hob dieses Exemplar hoch, um es genauer zu inspizieren. Als auf mein sachtes, aber beharrliches Ziehen schließlich der Kopf zum Vorschein kam, sah ich zu meiner Überraschung die Hinterbeine eines Frosches halb erlahmt zwischen ihren Kiefern zucken. Jetzt befand ich mich in einem ernsthaften Dilemma: Sollte ich den lieben Gott spielen und den Frosch befreien, oder sollte ich die Schlange in Ruhe ihr Abendessen hinunterwürgen lassen? Ich befreite den Frosch, der benommen davonhüpfte, ohne mir auch nur einen dankbaren Blick zu gönnen, und überließ es der Schlange, ob sie ihm folgen wollte oder nicht.

Bei einem Kiesstrand hielt Eugene an und zeigte auf die Wipfel der höchsten Bäume, die über den Talwänden aufragten. Dort hatte es sich in den Astgabelungen eine Horde wunderschöner flauschig-weißer Lemuren bequem gemacht. Es waren Decken-Sifakas, die seltsam menschlich wirkten, als sie jetzt mit ihren schwarzen Gesichtern und ihren schneeweißen Fellmänteln hochmütig auf uns herunterschauten. Ein junges Männchen war darunter, das einen prachtvollen, dicken Schwanz zur Schau stellte, länger als sein Körper, und ich schätzte, dass keines der drei erwachsenen Tiere weniger als vier Kilogramm wog. Es sind Geschöpfe, die man nur selten zu sehen bekommt, und man weiß sehr wenig über sie, außer dass sie die Gewohnheit haben, auf dem Boden lebende Raubtiere zu beleidigen, indem sie ihnen »Schi-faak! Schi-faak!« hinterherkreischen.

Anscheinend stellten wir in ihren Augen keine Bedrohung dar, die einer solchen Schimpftirade würdig gewesen wäre. Wir blieben stehen und beobachteten sie beim Sonnenbaden, bis Eloi Eugenes begehrlichen Kommentar übersetzte: »gutes Fleisch«.

Ich hielt es für besser, die Lemuren seinem hungrigen Blick zu entziehen. Sifakas waren offensichtlich nicht *fady* für Eugene.

Jørgen Ruud, der 20 Jahre lang auf Madagaskar umherreiste, berichtete über zahlreiche Grausamkeiten gegenüber Lemuren, aber ebenso oft erwähnte er Fälle, in denen sie durch *fady* geschützt waren. Dass sie bei lebendigem Leib gehäutet, mit Pfeffer bestreut und gebraten wurden, scheint trotzdem nichts Ungewöhnliches gewesen zu sein. Den Madagassen bereitete es ein sadistisches Vergnügen, Tiere zu quälen, schloss Ruud daraus, sie hatten keinerlei Schuldgefühle dabei, außer wenn sie von einem Fluch als Strafe für ihre Grausamkeit befallen wurden: *Dann bekommen sie Angst, und es wird ein neues Tabu ausgesprochen.*

Der Indri, der alle drei Jahre ein einziges Junges bekommt, ist ein riesiger, schwarzweißer Lemur. Er sieht aus wie ein Teddybär. Glücklicherweise ist der Indri durch ein *fady* geschützt, das jedoch nie auf seine inzwischen ausgestorbenen größeren Vettern ausgedehnt wurde. Vor langer, langer Zeit, so heißt es in der Legende, verließen ein Mann namens Koto und sein Sohn ihr Dorf, um Honig im Wald zu sammeln. Sie blieben so lange weg, dass ihre Dorfgenossen sich aufmachten, um sie zu suchen. Als sie schon sehr lange Zeit nach ihnen Ausschau gehalten hatten, merkte die Suchmannschaft plötzlich, dass zwei große Indris auf den Baumwipfeln saßen und sie beobachteten. Natürlich schlossen sie daraus, dass die beiden Tiere in Wahrheit Koto und sein Sohn waren, die durch irgendeinen Zauber in Indris verwandelt worden waren. Von diesem Tag an wurden Indris *fady*-Tiere und von den Einheimischen mit dem Namen *babakoto*, Papa Koto, belegt.

Die Vegetation wurde spärlicher und das Flusstal mit jeder Biegung enger und steiler. Bald traten wir ganz aus dem Schutz der Bäume heraus und waren wieder der Hitze dieses gnadenlosen afrikanischen Backofens ausgeliefert. Zwei rosig schimmernde Felsblöcke von ungefähr 600 Meter Höhe, die über uns aufragten, bewachten das Tor zur Hochebene hinauf... und ausgerechnet jetzt streikte Eugene. Er hatte meinen Rucksack das relativ ebene untere Tal hinaufgetragen, aber nun weigerte er sich, den Felshang mit einem 20-Kilo-Pack in Angriff zu nehmen.

Ich hatte in diesem Moment volles Verständnis für die *gewalttätige Handlung,* deren William Clayton Pickersgill sich am Samstag, dem 19. Juni 1875 bezichtigte, nachdem er von einem Gauner wie Eugene übers Ohr gehauen worden war.

Und jetzt lassen Sie mich, als Vorbereitung auf den Sabbat, eine Beichte ablegen. Ich hatte heute Morgen einen großen Streit mit einem von Mister S.' Trägern, der gerade ins Haus kam, als einige meiner eigenen Leute fragten, ob wir heute noch weitergehen oder bis morgen bleiben würden. Als er meine Antwort hörte, dass wir vielleicht nach dem Essen aufbrechen und daher alle sich bereithalten möchten, hockte er sich unaufgefordert nieder und entgegnete frech, Mister S. und ich könnten ja weitergehen, wenn es uns beliebe, aber seine Männer würden alle dableiben. Worauf er aufgefordert wurde, sich samt seiner Unverschämtheit hinauszuscheren, was er aber nicht zu tun geruhte. Zwei Sekunden später flog er kopfüber zur Tür hinaus; und das ist meine reuevolle Beichte. Ob ich mich nun einer gewalttätigen Handlung schuldig macht, oder ob es eine gesunde Übung zum Zwecke christlicher Körperertüchtigung war, wer will das sagen?

Als ich den trügerisch gewundenen Pfad hinaufschaute, musste ich zugeben, dass Eugenes Unwilligkeit nicht ganz unberechtigt war. Daher widerstand ich der Versuchung, ihn kopfüber in den Fluss hinunterzuwerfen. Aber irgendwie musste ich mit meinem Gepäck dort hinaufkommen. Da Eugene unerschütterlich bei seiner Weigerung blieb – selbst angesichts einer Lohnerhöhung, die ich ihm zähneknirschend in Aussicht stellte –, musste ich seine Pflichten übernehmen … und meinen Rucksack.

Leise fluchend folgte ich dem jetzt leichtfüßigen Eugene und dem mühsam dahinstapfenden Eloi den zerklüfteten Hang hinauf. Der Pfad wand sich in derart steilen, engen Kehren aufwärts, dass unsere Finger bald voller Blasen vom ständigen Hinaufhieven auf glühende Felsbrocken waren. Aber wir gewannen rasch an Höhe und hatten, wenn wir innehielten, einen atemberaubenden Ausblick auf das Manambolo-Tal. Die Bungolavas, die viel zerklüfteter waren als die wuchtige Bemaraha-Hochebene, ragten jetzt als blaue Schemen in dem Dunst auf, der vom Fluss hochstieg.

Oft mussten wir uns mit einem mulmigen Gefühl um die Baumstämme herumtasten, die den engen Pfad versperrten, während unter uns ein steiler Abgrund von 50 Metern gähnte. Am Ende brauchten wir weniger als eine Stunde, um die Spitze des Felshangs zu erreichen, wo Eugene sich erbot, mein Gepäck wieder zu übernehmen! Ich verfügte nicht über Pickersgills Erfahrung im Umgang mit Trägern und auch nicht über seine Disziplinbesessenheit, und so wies ich Eugene grimmig ab und hinkte weiter, verbiestert wie eine Bulldogge. Wir hielten kurz an einer Quelle an, an der jemand eine halbe Kokosnussschale als Tasse zurückgelassen hatte, und Eloi versuchte unseren Streit zu schlichten, aber ich stolperte weiter, stur wie ein Maultier.

Nicht weit vom Rand des Felshangs kamen wir durch eine faszinierende Ansammlung glatter Felsformationen. Bizarr geformte Blöcke waren einzeln oder wie Stillleben über das Gras verstreut. Die Illusion, dass diese teils bis zu vier Meter hohen »Skulpturen« von einer göttlichen Hand auf diese Weise arrangiert waren, wurde durch die glänzende, metallisch blaue Farbe noch verstärkt. Es war unvorstellbar, dass sie jemals aus dieser staubigen, roten Erde hervorgetreten sein sollten, auf der sie verstreut lagen. Wir verließen die »Galerie« so plötzlich, wie wir sie betreten hatten, und danach war keine einzige blaue Skulptur mehr zwischen dem windgepeitschten *danga*-Gras zu sehen.

Hier und da umrundeten wir eine Oase mit einem flachen Tümpel und einem dichten Palmenwäldchen. Eine volle halbe Stunde gingen wir durch einen aufkommenden Heuschreckenschwarm, der katastrophale Folgen haben würde, wenn er die Savanne verließ und in die Reisterrassen von Tsiandro einfiel. Das *vero*-Gras war, soweit ich es beurteilen konnte, an dieser Stelle nicht anders als sonst auch, und man konnte sich ohne weiteres vorstellen, dass die drei Zentimeter langen Heuschrecken sich nur versammelten – zehn auf einem Stängel –, um in Gesellschaft zu sein.

Schneller als erwartet tauchten wir auf einem Felssims auf, und das Dorf Tsiandro, das sich malerisch in einen Flickenteppich aus Reisfeldern schmiegte, lag vor uns. Die winzigen, fast liliputanerhaften Hütten standen in kleinen Grüppchen im Schatten ausladender Mangobäume verstreut. Eugene streifte meinen Rucksack von den Schultern (wie man sieht, hatte das sture Maultier schließlich doch eingelenkt). Ich bezahlte ihm den Lohn, den wir in Bekignana vereinbart hatten, und widerstand der Versuchung, ihm eine zusätzliche Prämie zuzustecken.

Dank seiner westlichen Erziehung und Lebensweise wusste Monsieur Gaston, dass er keinen Fauxpas beging, indem er seine Überraschung zeigte, als zwei erhitzte, schweißgebadete Rucksackreisende auf ihn zuhinkten, von einer stetig wachsenden Kinderschar umschwirrt.

»*Nom d'un chien*! Wo zum Teufel kommen Sie denn her?«

Gaston war Mitte 20, hatte ein jungenhaftes Aussehen, wirkte aber sonst sehr kompetent. Er war geprüfter Forstingenieur. Zudem sprach er ausgezeichnet französisch. Gaston war auch der offizielle Chef des Project-Bemaraha-Büros in Tsiandro und stellvertretender Distrikt-*délégué*.

Als eines der ersten Länder der Welt errichtete Madagaskar 1927 ein inselweites Netzwerk von Naturschutzgebieten – eine Tatsache, die angesichts des Reichtums und der Einzigartigkeit seiner Flora und Fauna nicht überraschen darf. Heute gibt es über 50 Reservate (von denen nur wenige für Touristen zugänglich sind), die zwölf Prozent der unbewohnten Fläche der Insel ausmachen. Doch in vielen Fällen bedeuten diese Unzugänglichkeit und der Mangel an Personal, dass nicht viel geschieht, um die Reservate zu erhalten. Das Réserve des Tsingy de Bemaraha, das sich mehr als 150 000 Hektar weit über eine größtenteils unzugängliche Wildnis von Norden nach Süden erstreckt, ist das größte geschützte Landstück Madagaskars.

Das Tsingy-Reservat ist die Heimat von sechs Lemurenarten (einschließlich der seltenen Decken-Sifakas, die sich uns freundlicherweise gezeigt hatten) und über 55 Vogelarten. Niemand kann sagen, was sonst noch an Wundern in den großen, unerforschten Regenwäldern und den undurchdringlichen Regionen der riesigen Kalksteinnadeln verborgen ist.

Die hohen Felsformationen machen einen großen Teil der südlichen Hälfte des Tsingy-Reservats zu einem einzigen, riesigen »Nadelkissen«. Manche Leute sagen, dass der Name von dem Läuten herrührt, das in den engen Felszacken entsteht, wenn man dagegenschlägt. Aber Eloi erklärte, in Wahrheit leite sich der Name von *tsingy-tsingy* ab, dem madagassischen Wort für Zehenspitze: Die Felsnadeln liegen oft so dicht beieinander, dass man nicht genug Raum hat, um seinen Fuß dazwischen flach aufzusetzen.

Die wenigen *vazaha*, die das Tsingy-Reservat besuchen, kommen mit Reiseunternehmen. Ihre Tour beginnt meist beim Dorf Bekopaka, weit unten am Manambolo-Fluss. Hin und wieder tauchen Wissenschaftler in dem isolierteren Nordwest-Abschnitt bei der Stadt Antsalova auf, aber der raue Fußmarsch oder, sofern es die Jahreszeit erlaubt, die noch rauere Reise mit dem Zebukarren sorgen dafür, dass die Besucherzahlen auf ein Minimum beschränkt bleiben.

Gaston brachte das Ganze auf den Punkt: »Jetzt müssen Sie erst mal was trinken.«

Er führte uns in eine Betonbaracke mit einem wackligen Zeichentisch und einer Sammlung abgegriffener Karten, die als »Sitzungssaal« des Project Bemahara diente.

»Alles, was von der Außenwelt nach Tsiandro kommt, muss mindestens zwei Tage auf dem Rücken eines Trägers hierher geschleppt werden«, erklärte er. Kein Wunder, dass die Three-Horses-Biere (*grand modèle*), die soeben herbeigezaubert worden waren, zu den teuersten gehörten, die ich je auf Madagaskar gekauft habe. Das madagassische Wort *mandoa*, das in diesem Zusammenhang fiel, beschwor wieder einmal ein allerliebstes Bild in mir herauf, denn *mandoa* kann sowohl bezahlen als auch kotzen bedeuten.

»Dieses Blechdach«, sagte Gaston und lenkte meine Aufmerksamkeit auf die Wellblechplatten, »wurde von 14 Männern hierher getragen. Jeder, der einen Grund hat, ›in die Welt hinunterzugehen‹, kommt immer mit den Sachen zurück, die bei den Leuten hier knapp geworden sind.

Die beiden Läden in Tsiandro leben vom Tauschhandel, Geld kommt selten ins Spiel. Die anerkannte Währung ist hier ein *kapoka*-Maß Reis – eine Lucky-Cow-Milchdose voll. Bei der derzeitigen Tauschrate zum Beispiel …« Er unterbrach sich, um ein paar Worte in Malagasy auf die Kinderschar abzufeuern, die sich in der Tür drängte, »bekommt man für ein *kapoka* Zucker fünf *kapoka* Reis und für ein Three-Horses-Bier (*grand modèle*) zehn *kapoka* Reis!«

Die Tauschrate basierte also in etwa auf der Rechnung, dass ein

Mann 100 *kapoka* Reis oder zehn Literflaschen Bier auf einem Zweitagestreck mitführen konnte. Aber die Preise konnten fast wöchentlich fluktuieren, je nach Angebot und Nachfrage.

»Letztes Jahr nach der Heuschreckenplage hat sich der Reispreis fast verdoppelt, und die Leute waren gezwungen, von Cassava-Blättern zu leben. Die Kinder sind in aller Frühe hinausgegangen, um Heuschrecken zu sammeln. In ein paar Stunden, bevor der Tau von ihren Flügeln getrocknet war und sie wieder fliegen konnten, konnte man sechs Fünf-Gallonen-Dosen voll Heuschrecken zusammenbringen … aber niemand konnte sich das Öl leisten, um sie zu braten.«

Als preisgünstigere Alternative zum Three-Horses-Bier bot sich der Zuckerrohrrum Tsiandros an. Bis vor kurzem machten die Dorfbewohner noch Zucker, aber heute tauschen sie ihren Reis gegen Zucker ein und verwenden ihre eigene Zuckerrohrernte für die Rumproduktion. Und während Gaston sich darüber verbreitete, wie schwierig es ist, ein so riesiges Wildnisgebiet zu überwachen, ergaben wir uns pflichtschuldigst dem heimischen Feuerwasser.

»Es ist sehr schwierig, die Bauern oder die *dahalo* davon abzuhalten, dass sie ihre Zebus durch das Reservat treiben«, sagte er. »Die *dahalo* sind sehr mächtig hier. Wenn ein Rinderzüchter ein paar Tiere verkaufen will, muss er Männer anheuern, die sie nach Tsiroanomandidy treiben – das ist über zwei Wochen weit weg. Die Hirten gehen den *dahalo* aus dem Weg, soweit es möglich ist, aber es kann sein, dass sie kämpfen müssen, und daher sind sie teuer. Sie werden von dem Profit bezahlt, aber wenn sie nach Hause zurückkommen, wird von dem Rinderzüchter erwartet, dass er einen bestimmten Betrag für *le dépenser cérémonial* abzweigt – um den glücklichen Ausgang des Unternehmens zu feiern.« Gaston hob lächelnd sein Glas.

»Dann sind die *dahalo* also immer noch ein Problem hier?«, fragte ich.

»*Mais oui! Un grand problème*! Einige der umliegenden Dörfer weigern sich, ihre Kinder in die Schule zu schicken, weil der Weg dorthin zu gefährlich ist.« Er stand abrupt auf. »Folgen Sie mir.« Die Kinder stoben auseinander, als er uns um die Baracke herumführte.

Ein Felsblock, der aussah wie ein überdimensionaler Grabstein, war in gelber Farbe mit folgenden Worten beschriftet worden:

MAHERY
Fun I
BEMARAHA
- RAZAFIMHATRATRA ALFRED
- RASOLOARIMANANA ETIENNE
Maty tamin 'ny
03-01-95

Eloi übersetzte: »Helden von Bemaraha, Alfred Razafimahatratra und Etienne Rasoloarimanana, gestorben am 3. Januar 1995.«

»Die *dahalo* haben in der Dämmerung ihr Pfeifsignal ertönen lassen«, fing Gaston an. »Es waren 21. Mein Vorgänger, Severin Rasabotsy, lief aus seiner Hütte hinaus, und ein *dahalo*-Speer zischte an seinem Schenkel vorbei. Severin tötete den *dahalo* mit seinem eigenen Speer. Zum Glück hatten diese Banditen nur zwei Gewehre dabei, aber sie erschossen Alfred Razafimahatratra, bevor sie wieder aus Tsiandro hinaus und in den Wald getrieben wurden. Die Dorfbewohner schickten einen Läufer zu einem anderen Dorf, das die *dahalo* von hinten angreifen sollte. Dann jagten sie die *dahalo* in den Wald, wo Etienne erschossen wurde.«

»Was wollten sie von Tsiandro?«, fragte ich.

»Anscheinend hatten sie einen Wink aus dem Dorf bekommen. Ein junger Rinderzüchter, der jetzt ein prominenter Politiker ist, hielt sich hier auf. Die *dahalo* gingen schnurstracks zu dem Haus, in dem er war, um ihn auszurauben und zu töten oder um ihn als

Sklaven mitzunehmen, was auch immer, aber sie erwischten ihn nicht. 1997 wurde dieses Denkmal zu Ehren der beiden Dorfbewohner errichtet, die bei der Verteidigung von Tsiandro umgekommen sind. Im selben Jahr kam Alfred Razafimahatratras Betsileo-Sippe hierher, um seine Gebeine nach Hause ins Familiengrab zu bringen.«

Obwohl die Betsileo der reisefreudigste Stamm Madagaskars sind, haben sie eine tief verwurzelte Angst davor, fern von zu Hause zu sterben. Wenn ein Toter, der in einem fernen Land begraben wurde, einem seiner Verwandten im Traum erscheint, gilt dies als unmissverständliches Zeichen, dass sein Geist keine Ruhe findet und sich im Stich gelassen fühlt. Dann muss umgehend dafür gesorgt werden, dass er ins Ahnengrab überführt wird, was immer das auch kosten mag. Es gibt unzählige Legenden von getreuen Betsileos, die oft wochenlange Wanderungen auf sich nahmen, beladen mit Koffern, die die Überreste von in der Fremde gestorbenen Verwandten enthielten.

Gaston war ein Tsimihety aus dem Norden. »Ich bin ein *vazaha* wie du«, erklärte er. Denn die meisten Leute in Tsiandro waren Sakalava. Es gab auch eine große Minderheit von Betsileo und ein paar Bara, aber »als Vazimba hat sich seit vielen Jahren niemand mehr ausgegeben«, meinte Gaston.

Wir richteten uns in einem einfachen Raum unter den Feuerbäumen im Hof des Project Bemaraha ein und verbrachten mehrere friedliche Tage in Tsiandro, während ich schamlos alles aus Gaston herausquetschte, was er mir über dieses Gebiet erzählen konnte.

»Ich glaube, dass die Vazimba in diesem Gebiet lange Zeit im Sakalava-Stamm integriert waren«, erzählte Gaston eines Abends, als wir uns am Tisch des Versammlungsraums über ein herzhaftes Mahl aus Reis, gebratener Ente (*duk-duk* auf Sakalava!) und geschnetzelter Papaya hermachten. »Aber es gibt viele *kalanoro* auf dem Land hier. Ich habe selbst einen gesehen.«

»Sie haben einen *kalanoro* gesehen?«, fragte ich, und der *duk-duk*-Bissen blieb mir fast im Hals stecken. »Und wie hat er ausgesehen?«

»Es war so ein kleiner Mann, weniger als einen Meter groß, mit langem Haar am ganzen Körper und langen Fingernägeln.«

1924 beschrieb Chase Salmon Osborn die *kalanoro* folgendermaßen:

> *...eine Art wilder Waldmenschen, die als sehr klein, mit Haaren bedeckt, die Männer mit langen, wehenden Bärten dargestellt werden, beide Geschlechter nahezu Feueranbeter... Ich hörte von dem Augenzeugen eines Vorfalls, der häufig berichtet wird. Der Mann verbrachte eine Nacht mitten in einem tiefen Wald und wachte am Feuer, das zu einem Bett glühender Kohlen herabgebrannt war, als plötzlich einer dieser wilden Männer ohne einen einzigen Fetzen Kleidung am Leib aus dem Dunkel kam, sich ans Feuer setzte und sich mit sichtlicher Freude und Behagen die Hände rieb. Der wackere, aber ungastliche Betsimisáraka* (ein Ostküstenstamm) *packte einen Stock, wühlte die glimmenden Kohlen auf und schleuderte die heiße Glut über den nackten Besucher, der eiligst davonrannte, wobei er grässliche Schreie ausstieß. Einer anderen Geschichte zufolge wurden Reisende nachts durch das Auftauchen eines nackten Mannes aufgestört, der suchend umherblickte und, als er einen Rest Reis im Kochtopf entdeckte, fortging und alsbald mit einer nackten Frau zurückkehrte. Es muss ein Flitterpärchen gewesen sein, sagten die Eingeborenen, da sie sich liebkosten, paarten und gegenseitig mit den Händen fütterten und, wie es schien, mit Grimassen verständigten. Als sie aufgestört wurden, rannten sie in den Dschungel davon.*

Ich dachte an Mademoiselle Josephines Beschreibung des Vazimba, der ihrem Vater auf dem Montagne d'Ambre begegnet war: »ein kleiner, haariger Mann mit langen, schmutzigen Fingernägeln.«

»Im Norden«, fing ich an, »hat man mir gesagt, dass die Vazimba kleine, haarige Menschen seien, die gern die angebrannte Kruste am Rand der Reistöpfe essen ...«

»Jeder isst gern die angebrannte Kruste«, sagte Eloi und nahm sich einen zweiten Teller voll. »Aber du sprichst von *kalanoro*, nicht Vazimba. *Kalanoro* ist Tier, Vazimba ist Mensch. Einen *kalanoro* kannst du nie fangen, weil er weiß, was du denkst ...«

»Dann haben sie telepathische Fähigkeiten, so wie die Vazimba?«

»Ja, und außerdem heißt es, dass ihre Füße nach hinten zeigen, sodass die Jäger immer in die falsche Richtung laufen, wenn sie ihnen nachspüren!« Gaston lachte. »Aber wenn du Pistazienkerne röstest, werden sie von dem Geruch unwiderstehlich angelockt, und du kannst sie sehen.«

Dennoch war, wenn man dem Bericht von L. H. Ransome in den »Proceedings of the Royal Geographical Society« von 1889 glauben will, zehn Jahre zuvor ein *kalanoro* in den Wäldern des Nordostens gefangen worden. Ein Augenzeuge beschrieb den »wilden Mann« wie folgt:

> *... ein kräftig gebauter Mann, ungefähr 1,70 Meter groß, Gesicht und Körper dicht mit langem, schwarzen Haar bedeckt; sein Gang war merkwürdig, da er sich sehr schnell fortbewegte, den Kopf gesenkt, gelegentlich auf allen vieren gehend, die Augen (deren Ausdruck eher dem eines Tieres als eines Menschen ähnelte) unweigerlich auf den Boden geheftet.*

Der *kalanoro* wurde offenbar gefangen:

... während er auf dem Ast eines Baumes schlief, und als er gepackt wurde, wehrte er sich heftig, wobei er den Männern, die ihn überwältigten, schlimme Bisswunden beibrachte; nachdem er jedoch ein paar Tage eingesperrt war, ließ seine Angriffslust nach. Als er gefangen wurde, war er völlig nackt, trug aber Kleider, als man ihn damit versah. Er konnte nie dazu gebracht werden, Fleisch oder gekochte Nahrung jedweder Art zu essen, und lebte ausschließlich von Maniok und anderen Wurzeln; desgleichen schlief er nie in liegender Haltung, sondern ließ sich auf Händen und Füßen auf einem Hocker in einem Winkel des Hauses nieder, wenn er ruhen wollte. Nach etlichen Wochen lernte er allmählich einige Wörter, und mit Hilfe derselben und mittels Gebärden fand man heraus, dass er einen Vater und zwei Brüder in dem Wald hatte, in dem er ergriffen worden war. Letztere wurden gefunden und eines Nachts von einer Suchmannschaft eingekreist, jedoch entkamen sie, einmal aufgeschreckt, mühelos ihren Verfolgern, indem sie wie Affen von Baum zu Baum sprangen und auf allen vieren davonrannten. Der gefangene Mann starb, fünf Monate nachdem er ergriffen worden war.

»Zum Beispiel ... habe ich eines dieser Tiere in Analavory gesehen, in der Nähe von Tana«, erzählte Eloi. »Die Leute dort haben Angst vor den *kalanoro,* und sie tragen Amulette, um sich vor ihnen zu schützen.«

Diese beiden gebildeten, verwestlichten Madagassen lachten über die Naivität des einfachen Landvolks, während sie selbst keinen Augenblick an ihrer detailgetreuen Beschreibung dieses haarigen, pistaziensüchtigen Zwerges mit den nach hinten zeigenden Füßen zweifelten!

»*Kalanoro* sind nicht gefährlich«, sagte Gaston. »Im Gegenteil – manchmal helfen sie sogar den Leuten, die sich um sie kümmern.«

Später, in Tana, erklärte mir ein anderer madagassischer Freund: »Die *kalanoro* können dir helfen. Wenn du einen fängst und gut behandelst, kann er dir alles beschaffen, was du willst – Autos, Motorräder, Mädchen ...« Es lag eine solche Sehnsucht in seiner verebbenden Stimme, dass ich befürchtete, die Geschichte sei schon zu Ende, noch bevor sie richtig angefangen hatte. Doch dann fuhr er fort: »Nicht weit vom Haus meiner Eltern hier in Tana lebt ein mächtiger Mann. Er war Politiker und ein enger Freund von Präsident Ratsiraka. Jeder in der Nachbarschaft wusste, dass er einen *kalanoro* hatte. Wir haben es daran gesehen, dass er eines Tages die große Schutzmauer und die Tore vor seinem Haus schwarz anstreichen ließ. Innen war das Haus grün, aber er strich die ganzen Wände schwarz, in jedem Raum, bis zu einer Höhe von einem Meter.

Schwarz ist die Lieblingsfarbe der *kalanoro*, und der Politiker wollte sicher sein, dass sein *kalanoro*, wenn er fortging, um ihm Geld oder Macht oder Mädchen zu besorgen, immer gern wieder nach Hause kommen würde. Deshalb strich er sein Haus schwarz bis auf *kalanoro*-Höhe, und darüber ließ er es grün für sich selbst!«

Ich fand es seltsam, dass ein *kalanoro* trotz dieser magischen Kräfte nur als ein Tier eingestuft und nie in den Rang eines Geisterwesens, eines *mpanandro* oder auch Menschen erhoben wurde, bis ich mir in Erinnerung rief, wie viele merkwürdige und wundersame Geschöpfe auf Madagaskar bereits entdeckt worden waren. Zum Beispiel das Aye-Aye oder Fingertier mit seinem Biberzahn, der nie zu wachsen aufhört, dem Fuchsschwanz, den riesigen, extrem beweglichen Fledermausohren und dem langen, fast skelettartigen dritten Finger ist so bizarr, dass die Zoologen es lange Zeit für einen der fantastischen und wenig glaubhaften Mythen Madagaskars hielten. Es dauerte 100 Jahre, bis sie zu dem Schluss kamen, dass das Aye-Aye ein Lemur ist. Im Lauf seiner Evolution hat es sich so hoch spezialisiert, dass es die Nische besetzen konnte, die andernorts von Spechten eingenommen wird, aber in vielen madagassischen Dörfern wird das Aye-Aye immer noch getötet, sobald man seiner ansichtig wird, weil es als Todesbote gilt. Auch Fossas, Schlangen, Krokodilen, Chamäleons und Lemuren werden Kräfte zugeschrieben, die weit über das hinausgehen, was ihnen die Wissenschaft zugesteht und was bereits eindrucksvoll genug ist – und doch hat nie jemand Zweifel daran geäußert, dass sie »nur Tiere« sind.

Da das Aye-Aye ebenfalls nicht in West-Madagaskar anzutreffen ist, fühlten sich weder Gaston noch Eloi berufen, eine Beschreibung seines Wesens zu geben. Ich sah darin eine Bestätigung der Ehrlichkeit, mit der sie über den ihnen vertrauteren *kalanoro* gesprochen hatten. Obwohl mich ihre Behauptung befremdete, dass sie diese Wesen mit eigenen Augen gesehen hatten, bemühte ich mich, dasselbe objektive Interesse an den Tag zu legen, das ich auch einem Bericht über die Sichtung eines seltenen Decken-Sifakas oder der sagenumwobenen Wildrinder von Bungolava entgegenbringen würde.

Der *songaomby*, den Eloi als einen dicken Ochsen ohne Hörner beschrieb, der beim Pinkeln seinen Schwanz hin und her schlug, ist für manche Experten ein Beweis, dass das Zwergnilpferd, von dem man sonst annimmt, es sei seit der Ankunft des Menschen auf der Insel ausgestorben, in Wahrheit noch heute existiert. Von Nilpferden hat man zwar nie gehört, dass sie Menschen fressen, aber sie töten mehr Menschen als jedes andere afrikanische Tier. Oft genügt dazu ein blindwütiger Hieb ihrer langen Zähne. Niemand bestreitet, dass es unentdeckte Tierarten in den abgelegenen Urwäldern und Wüsten der viertgrößten Insel der Welt gibt. Wenn uns genug Zeit bleibt, sie zu entdecken, wer weiß, ob dann nicht Kreaturen zum Vorschein kommen, die ebenso seltsam sind wie das Aye-Aye, das Zwergnilpferd oder der *kalanoro*?

Gaston war eine wahre Fundgrube an Informationen über

alles, was mit dieser Gegend zu tun hatte, und ich brach nur ungern wieder auf. Antsalova, sagte er uns, sei um diese Zeit vollständig von der Welt abgeschnitten und nur mit dem Flugzeug zu erreichen. Es könne noch weitere sechs Wochen dauern, bis der Jeep des Project Bemaraha in der Lage sei, sich südwärts nach Bekopaka durchzukämpfen.

Das Tsingy-Reservat wird von der National Association for the Management of Protected Areas betrieben (die französische Abkürzung lautet ANGAP), die darauf bedacht ist, die natürlichen Ressourcen des Schutzgebiets zu erhalten. Eloi und ich würden Genehmigungen und einen ANGAP-Führer brauchen, um in das Reservat hineinzukommen, und unsere Durchreise würde auf drei Tage beschränkt sein.

Über Gastons Funkgerät, Tsiandros einzige Verbindung mit der Welt, buchte Eloi einen Platz in der Maschine, die in fünf Tagen von Antsalova nach Tsiro zurückflog. Ich hingegen wollte abwarten, welche Möglichkeiten es gab, an die Westküste weiterzureisen.

»Ich habe wegen deinen telepathischen ›weißen Pygmäen‹ herumgefragt«, sagte Gaston am Abend vor unserer Abreise lächelnd. »Georges, dein Führer, kann dich in ein Dorf bringen, von dem die Leute sagen, dass es einen Vazimba als Vorsteher hat. Vielleicht kann er dir erzählen, was du wissen willst.«

Georges erschien früh am nächsten Morgen – in einem Minirock aus knallorangefarbenem Plastik!

»Wegen *danga*«, erklärte er verlegen grinsend.

Georges war klein und drahtig, aber überraschend stark, und er hatte einen gepflegten Schnurrbart und einen dichten Sakalava-Lockenschopf. Er war ein Meister allen Buschwissens und konnte beliebig lange in der Wildnis überleben, aber er hoffte, dass er in zwei Tagen wieder in Antsalova bei seiner Familie sein würde, um an den Labour-Day-Feiern teilzunehmen.

Wir stockten unsere Vorräte auf – Reis, Kaffee und eine der beiden verbliebenen Tomatenmarkdosen, deren Tsiandro sich rühmen konnte – und marschierten nach Westen, angeführt von Georges, der eine lebende Henne als Fleischvorrat schwang.

»Noch fünf Kilometer, dann überqueren wir den Fluss. Ab da nix mehr *danga*«, versprach er. »Fast nix.«

Wir beteten, dass er Recht behalten möge, als wir durch eine weite, offene Ebene schritten, die dick mit dem Zeug bedeckt war. Im frühen Morgenlicht beschwor die Landschaft eine mächtige Illusion herauf: Die verbrannten, gelben *danga*-Flächen schimmerten wie Weizenfelder, und ein paar große, alte Mangobäume sahen aus wie Königseichen. Wenn ich meinen Blick verschwimmen ließ, verwandelten sich die offenen Flächen des Bemaraha-Plateaus im ersten Frühlicht in eine englische Hochsommertagslandschaft mit Schäfchenwolken über dem fernen Waldland.

Dort tauchten sogar Steinmäuerchen, wie die Überreste einer alten Schäferhütte, auf den niedrigen westlichen Hängen auf. Es waren die blockähnlichen Ahnengräber der Sakalava, die nach den Anweisungen des dortigen *mpanandro* errichtet worden waren. Ein Grab, das östlich von Tsiandro gebaut wurde, konnte eine Barriere des Todes zwischen dem Dorf und den Leben spendenden Kräften der aufgehenden Sonne bilden. Zu meiner Verwunderung hatte ich dennoch eine Gruppe von Gräbern im Osten von Tsiandro entdeckt und Gaston dazu befragt.

»Die gehören zu einem anderen Dorf, das sich früher dort befand. Deshalb sind sie für uns nicht *fady*«, erklärte er, womit er wieder einmal bestätigte, wie zutreffend das Sprichwort *Was des einen Tod ist des andern Brot* auf Madagaskar ist.

Wie Gaston war Georges eine Autorität, was die Wildtiere des Tsingy-Reservats – sowohl die legendären als auch die bekannten – anbelangte.

»*Fandrefiala*-Schlange lebt auf beiden Seiten von Wald«, sagte er. »Sehr, sehr gefährlich. Hat Kopf wie Speerspitze und tötet jeden, der unten durchgeht.«

Eloi konnte es sich nicht verkneifen, das Ganze noch weiter auszumalen: »Sie ist sehr schlau. Zum Beispiel … wenn du unter einem Baum stehen bleibst, lässt sie drei Blätter auf deinen Kopf herunterfallen, eines nach dem anderen. Das tut sie, um den Wind und den Fallwinkel zu prüfen. Nach dem dritten Blatt lässt sie sich aus dem Baum fallen, schnellt hoch wie ein Speer und tötet dich … und sich auch.«

Georges wollte sich nicht übertrumpfen lassen: »Hier in der Nähe ist eine *fandrefiala* auf einen Reistopf gefallen und hat ihn zerbrochen. Sie ist auch gestorben.«

Die madagassische *fandrefiala* ist eine Schlange, die in der modernen Wissenschaft als *Ithycyphus perineti* bekannt ist. Sie hat einen blutroten Schwanz und ein V-Zeichen auf dem Kopf, das an eine Speerspitze erinnert (obwohl es in Wahrheit kaum mehr als ein Schatten ist). Vielleicht wurde ihr, nachdem auf dieser Insel alle Vertreter ihrer Art harmlos sind, ein derart heimtückisches und selbstmörderisches Verhalten nur angedichtet, um der menschlichen Urangst vor Schlangen Genüge zu tun.

Georges und Eloi diskutierten immer noch über die bizarren und wundersamen Geschöpfe Madagaskars, als sie mich – hinkenderweise – auf die festgestampfte rote Erde zwischen ein paar verfallenen, ockerfarbenen Hütten führten. Zwei Männer traten hervor – der eine groß und schlaksig, der andere klein und krummbeinig. Beide trugen Shorts und T-Shirts, die mittlerweile beliebteste Kleidungsart im größten Teil des Landes.

Ein Junge im Teenageralter erschien und feuerte eine muntere Französisch-Salve auf uns ab: »*Bienvenue, m'sieurs. Comment allez-vous?*«

Mit seinem Lamba, den er wie eine Toga über der Schulter trug, und einem großen Plastikkamm im Haar war er offenbar der Traditionalist in dieser buntscheckigen Gruppe. Aus einer der Hütten trat jetzt ein alter Mann und kniff die Augen gegen die Sonne zusammen. Ich fragte mich, ob wir ihn aus seiner Siesta herausgerissen hatten. Mahatoky sah aus wie 70, war aber vermutlich nicht viel älter als 50. Er war der Dorfvorsteher dieser bescheidenen Ansammlung von sieben Hütten mit dem – selbst für madagassische Verhältnisse – eindrucksvollen Namen Ankazomandiladongo. Mahatoky war dunkelhäutig, mit fein gemeißelten Zügen, die mehr von asiatischem als von afrikanischem Blut zeugten. Er trug eine zerlumpte Jeansjacke, auf deren Rückseite jemand – in einem früheren Leben – mühevoll HARLEY DAVIDSON gestickt hatte.

Mit knapp 1,50 Meter hätte Mahatoky ein Pygmäe sein können, wie er im Buche steht, jedoch sind, wie er mir später erklärte, nicht alle Vazimba gleich geschaffen. Er hatte eine irritierende Art, meine Fragen mit einem Lächeln zu mir zurückzuspielen: »Sind alle *vazaha* so groß wie Sie?«, sodass ich den Eindruck gewann, dass er mich dazu bringen wollte, sie selbst zu beantworten.

Nachdem Eloi »die Neuigkeiten« unserer Reise zum Besten gegeben hatte, bat ich ihn, Mahatoky über die Vazimba zu befragen. Der alte Mann führte uns zu ein paar niedrigen Hockern im Schatten seiner Hütte.

»Das ist nicht meine eigene Lüge«, fing er an und griff damit auf die traditionelle Rechtfertigungsformel zurück, mit der jeder Madagasse der alten Zeit, der etwas auf sich hielt, seine Geschichte begann. »Es ist eine Lüge, die mir meine Ahnen erzählt haben.«

Er knetete seinen Salz- und Pfeffer-Bart, während sein Enkel ein paar Emailbecher mit dickflüssigem Zuckerrohrwein füllte. Dann beugte er sich vor, um mir die Geschichte von der Ankunft der Vazimba im Westen zu erzählen.

»Zu der Zeit, als der Merina-Stamm die Vazimba besiegte und uns aus unserer Hauptstadt im Hochland, in der Nähe des heutigen Antananarivo, vertrieb, hatten wir einen großen König namens Andrianavaovoa. Er führte seine Leute westwärts über die Bungolava-Berge zum Manambolo-Fluss. Ein anderer König, der bei ihm war – er hieß Ranagoromana –, reiste nur bis Bungolava mit, wo er schließlich starb. Er bestimmte, dass nach seinem Tod seine riesigen Zebuherden freigelassen werden sollten, und das waren die Vorfahren der *baria*-Rinder, die man bis heute in Bungolava sehen kann.«

Mahatoky hielt inne und ließ seinen Blick gemächlich über das Dorf schweifen, mit dem Ausdruck eines Mannes, der keinen Grund zur Eile mehr sieht.

»Die Schwester dieses großen Königs, Ampelamana, war auch eine große Herrscherin, aber sie hatte einen Sohn, der schlecht war. Betandra, der Sohn, verliebte sich in eine der Frauen seines Onkels. Er wollte den König töten, aber Andrianavaovao bekam Wind von seinen bösen Absichten. Er machte Betandra betrunken, griff in den Lamba des Neffen und tötete den jungen Mann mit dem Messer, das für ihn selbst bestimmt gewesen war.«

Mahatoky lehnte sich an die Wand seiner Hütte zurück, und diesmal schwieg er so lange, dass ich mich fragte, ob er überhaupt noch einmal weitererzählen würde. Erst als unsere Tassen erneut mit dem köstlichen Wein aufgefüllt waren, brach er das Schweigen.

»Worte sind wie Reispflanzen«, sagte er, »sie müssen sorgfältig angeordnet … und bewässert werden.«

»Ampelamana, die vom Tod ihres einzigen Sohnes gebrochen und der langen Reise überdrüssig war, siedelte sich mit ihrem Gefolge am Manambolo-Fluss an. Sie wurden *vazimba andrano* – die Vazimba der Wasser. Ihr Blut verlor sich bald im ›Volk der Langen Täler‹, aber ihre Gräber kann man heute noch am Flussufer sehen. Unser König setzte die Wanderung mit seinen Frauen und Untertanen auf dem Pfad, den ihr gekommen seid, fort, und schließlich hielten sie an, um ihren Reis und ihre Zebus hier aufzuziehen. Sie wurden die *vazimba antety* – die Vazimba der Hochebene. Ich bin der letzte *vazimba antety*«, seufzte Mahatoky. »Meine Kinder sind Sakalava-Vazimba.«

»Und wann hat sich das alles zugetragen?«, fragte ich. »Vor wie vielen Generationen?«

»Das kann man nicht sagen«, lautete die Antwort in Elois Übersetzung. »Monsieur Mahatoky sagt, dass die Geschichte immer so ging.«

Vor der französischen Kolonialherrschaft kannte man im ländlichen Madagaskar keine anderen Zeitstrukturen als die Ackerbauzyklen und die besonderen Verpflichtungen, die aus dem Ahnenkult resultierten. Aber ich wollte noch etwas anderes fragen, etwas, das noch weiter in die Vergangenheit zurückreichte. Ob der alte Mann mir wohl erzählen konnte, wie die Vazimba ursprünglich nach Madagaskar gekommen waren?

»Frage ihn, woher seine Leute ursprünglich gekommen sind. Anders gesagt, was sind seine Vorstellungen über die Entstehung der Welt?«, bat ich Eloi.

Mahatoky wartete geduldig, während Eloi ihm meine Frage übersetzte, dann drehte er sich um und schaute mich mit einem schiefen Lächeln an. Ich brauchte keinen Übersetzer, um zu verstehen, was er dachte: »Niemand weiß das. Ist dieser *vazaha* den ganzen Weg hierher gekommen, um mich das zu fragen?«

Wenn Mahatoky erst gewusst hätte, wie weit ich tatsächlich gereist war, um ihm zu begegnen! Aber wie sollte ich ihm das alles begreiflich machen?

Alfred Grandidier, der vermutlich bedeutendste Madagaskar-Entdecker (er brachte es auf 20 Reisen) und mit 38 illustrierten Bänden sicherlich die unerschöpflichste Quelle, was dieses Land angeht, vertrat die Meinung, dass die Vazimba von Afrika gekommen waren. Er gründete seine Theorie auf die Existenz eines afrikanischen Stammes namens Wazimba.

Nigel Heseltine, ein späterer Madagaskar-Experte, unterstützte die populäre Theorie, dass die Vazimba mit einer früheren, weniger erfolgreichen Einwanderungswelle indonesischer Pioniere gekommen seien. Er erklärte:

> *Das Wort* simba *bedeutet im modernen Madagassisch »zerbrochen« oder »verdorben«. Insofern kann es auch die Bedeutung von »verlassen« oder »heruntergekommen« annehmen und für ein Relikt verwendet werden oder etwas, das von einer späteren Einwanderungswelle als primitiv abgetan wurde.*

Obwohl die Wissenschaft einhellig das Gegenteil behauptet, wobei sie sich im Wesentlichen darauf stützt, dass es keinerlei Hinweise auf eine menschliche Besiedlung Madagaskars vor zwei Jahrtausenden gibt, verehren tausende von Madagassen die Vazimba bis heute als die ältesten aller Ahnen und Ureinwohner Madagaskars.

»Sie waren immer hier«, sagen sie.

Ich wäre gern noch länger in Ankazomandiladongo geblieben, aber es sollte nicht sein. Wir hatten nur ein paar Tage, um das Reservat zu durchqueren. Georges wollte nach Hause, und Eloi hatte es eilig, zu seiner Poussy zurück nach Tsiro zu kommen, und ich selbst konnte auch dringend ein paar heimatliche Tröstungen gebrauchen. Ich schüttelte also Mahatoky die Hand und folgte Georges durch den glitschigen Schlamm der Reisfelder nach Westen. Wenige Minuten später schleppten wir uns in blindem Vertrauen durch endlose Flächen drei Meter hohen *vero*-Grases.

Nach einer Stunde umrundeten wir einen Sumpftümpel an der Grenze des Reservats, wo laut Georges der Andafiabe-Fluss entsprang, und stolperten – was mich angeht, im wahrsten Sinn des Wortes – über die ersten Ausläufer des Tsingy-Gebiets. Die Felsen hier waren nicht so wildromantisch wie die spektakulären

Wälder aus drei Meter hohen Kalksteinnadeln, die weit im Süden lagen, aber sie wirkten genauso geheimnisvoll. Die metallisch blauen Blöcke waren so kunstvoll auf ihren Graspolstern angeordnet, dass ich an das sorgfältige Arrangement einer Bildhauergalerie denken musste.

Auf der Oberkante jedes dieser Quader verliefen in parallelen Linien messerscharfe Rippen von ungefähr 15 Zentimetern Länge. Manchmal waren es acht Reihen solcher Rippen – jede einzelne scharf genug, dass man sich beim Drüberfahren in die Hand ritzte. Sie stiegen gleichmäßig auf und ab, sodass sie aussahen wie die Zeichnungen auf einem Krokodilsrücken. Die Quader waren ebenso heimtückisch zerklüftet wie die Felsen in der Galerie über der Wand glatt. Für mich blieb unerklärlich, wie dieser metallblaue Fels auf den rostroten Laterit des Plateaus gekommen war.

Das *danga*-Gras wuchs jetzt nur noch an vereinzelten Stellen, wie Georges vorausgesagt hatte, aber als ich ihm durch das Unterholz zu einem stark ausgetretenen Pfad folgte, spürte ich ein Kribbeln an meinem Knie. Im nächsten Moment wurde ein brennender Schmerz daraus, und mir wurde klar, dass mich etwas gestochen haben musste. Ich beugte mich hinunter, um mein Bein zu reiben, und der Schmerz wurde heftiger – jetzt war es ein wildes Stechen, als würden die Haare auf meinem Knie büschelweise ausgerissen! Ich packte mein Bein, hoppelte herum und kratzte mich wie verrückt, in der Gewissheit, dass der schneidende Schmerz im nächsten Moment nachlassen würde, als Georges sich plötzlich umdrehte und sah, was ich machte.

»Nicht kratzen!«, schrie er. »Du bist von einem *agy*-Baum gestochen worden. Du darfst nicht kratzen!«

1879 schilderte ein reisender Missionar namens William Montgomery, wie er von eben diesem *agy*-Baum attackiert worden war:

Meine Hände standen in Flammen, und mein Gesicht und mein Kopf brannten, als würden sie gegen einen rot glühenden Ofen gehalten. Das Brennen wurde immer schlimmer und ging mit schrecklichen Schmerzen und Benommenheit einher. Ich dachte, ich würde sterben, und beeilte mich, zu meiner Frau und meinen Kindern zurückzukommen. Meine Männer erschraken, als sie mich kommen sahen, so groß war die Qual, die sich in meinem Gesicht abzeichnete. Einer von ihnen rief aus: »Er ist von einem agy *gestochen worden!«*

Das Brennen, das der *agy* verursacht, wird mit dem einer Nessel verglichen, nur zehnmal schlimmer. Elois und Georges' entsetzte Blicke ließen keinen Zweifel daran, dass mir die Qual in aller Deutlichkeit ins Gesicht geschrieben stand.

Pickersgill konnte *der Mutter aller Nesseln,* wie er sie nannte, zumindest noch eine komische Seite abgewinnen. *Es war ein ergötzlicher Anblick, wie unser Führer sich den blanken Rücken an einem rauen Baumstamm rieb, um die Pein einen Augenblick zu lindern,* schrieb der allzeit zu Scherzen aufgelegte Missionar.

Ich ballte verzweifelt die Hände, um nicht blindwütig drauflos zu kratzen oder was auch immer gegen das schreckliche Brennen zu tun.

»Gibt es … kann ich tun … gar nichts?«, stotterte ich, zu Georges gewandt, und vor lauter Schmerz ließen mich meine Kenntnisse französischer Grammatik im Stich.

»Du kannst mit feuchtem Schlamm kratzen, aber hilft nix wirklich. Warten ist am besten, warten und nicht kratzen.«

Und tatsächlich, nach einer weiteren Minute ließ das Brennen allmählich nach. Georges zeigte mir die *agy*-Samen, die ich gestreift hatte. Es waren harmlos aussehende Samenhülsen, ungefähr acht Zentimeter lang, mit feinen, pfeilähnlichen Haaren bedeckt, die dazu geschaffen waren, sich rasch ins Fleisch hineinzubohren. Als der Schmerz endlich nachließ, ging ich zu dem Baum zurück, um ein paar Nahaufnahmen dieser unvergesslichen Samenhülsen zu machen.

Ich dachte keine Sekunde daran, welches Risiko ich mit dieser unüberlegten Handlung einging. Die silbernen Härchen dienen der Verteidigung des *agy*-Baums, der eigentlich eine Schlingpflanze ist. Brutale Angriffswaffe würde dem Sachverhalt allerdings viel näher kommen. Diese Härchen sind nämlich so fein und leicht, dass sie, während man ahnungslos unter ihnen durchgeht, selbst vom leichtesten Windhauch heruntergeweht werden können.

Als ich mit meinen bereits vergifteten Knöcheln und dem grässlich brennenden linken Knie in den Bemaraha-Wald eindrang, erschien mir die Vorstellung von einem menschenfressenden Baum auf Madagaskar gar nicht mehr so weit hergeholt.

Das Tsingy-Reservat schützt heute praktisch alles, was noch von dem riesigen tropischen Regenwald, der einst den »Wilden Westen« Madagaskars bedeckte, übrig ist. Dort sah ich den ersten wirklichen Urwald, seit ich die überfluteten Hänge des Montagne d'Ambre verlassen hatte.

»*Tsy misy ala, tsy misy rano, tsy misy vary*!« Georges zitierte den Kampfruf, den die madagassische Umweltbehörde in den abgelegenen Dörfern und Weilern verbreitet hatte. »Wenn es keinen Wald mehr gibt, gibt es kein Wasser mehr; wenn es kein Wasser mehr gibt, gibt es keinen Reis mehr!« Diese Maxime traf den Kern der Sache und die Inselbewohner dort, wo es sie am meisten schmerzte.

Nach wenigen Minuten unter dem dichten Blätterdach lief uns der Schweiß in Strömen herunter. Der Pfad führte im Zickzack über vermodernde Stämme und moosbedeckte Felsen. Chamäleons erstarrten, wenn wir vorüberkamen, und ließen ihre Vulkankegelaugen herumschnellen – wobei sie, soweit ich sehen konnte, etwas zu sehr auf ihren Ruf als Meister der Tarnung bauten. Winzige, smaragdgrüne Eidechsen huschten vor uns davon, und Ameisensoldaten marschierten in ordentlichen Kolonnen über unseren Pfad. Auf einem sonnigen Fleckchen, wo ein Urwaldriese einen oder mehrere seiner Brüder niedergerissen hatte, lenkte ein scharlachroter Blitz meine Aufmerksamkeit auf einen davonfliegenden roten *fody* – was weitere Erinnerungen an den Montagne d'Ambre in mir heraufbeschwor. Aber der Wald hier war im Wesentlichen von trockenerer Art – Gott sei Dank!

Einmal mussten wir beiseite treten, um einen Konvoi von vier Händlern, die nach Tsiandro unterwegs waren, vorüberzulassen. Die Kisten waren auf ihrem Rücken festgeschnallt und ratterten und klapperten bei jedem Schritt, was auf eine Fracht von Bierflaschen und Kondensmilchdosen schließen ließ. Der Letzte trug ein Fünf-Gallonen-Plastikfass Benzin für den Generator. Dieser Vorrat musste für lange Zeit ausreichen, aber die verräterischen Regenbogenkringel, die in den Pfützen auf dem Pfad schwammen, sagten uns, dass das Fass bereits leckte.

Am späteren Nachmittag hörten wir das Geräusch eines Wasserfalls. Wir traten in eine sonnenhelle Schlucht hinaus, die zu beiden Seiten von hoch aufragenden, grünen Wällen aus Hartholzwäldern flankiert und von einem silbrig schimmernden, tosenden Wildwasser durchzogen war. Der Bach stürzte über eine Felsmauer hinunter, um sich schäumend in ein tiefblaues Becken zu ergießen, das fast gletscherklar war. Er funkelte, wie nur Wasser nahe der Quelle funkeln kann.

Der Andafiabe-Fluss war zweifellos einer der schönsten Flüsse, die ich je gesehen habe. Eloi übersetzte den Namen mit »Ort der dicken, fetten Felsen«, und obwohl es ein treffender Name angesichts der riesigen Blöcke war, die den Fluss in ein Dutzend getrennter Sturzbäche aufteilten, hätte ich mir doch etwas Poetischeres gewünscht.

Etwas weiter entfernt, an einer Stelle, wo der Bach langsamer und tiefer wurde, zogen wir uns aus und tauchten in die Fluten ein, bevor wir unser Lager auf einem »dicken, fetten« Felsenband aufschlugen, das der wohlmeinende *zanahary* (Gott) dieses Ortes umsichtigerweise mit feinem, silbernen Sand bedeckt hatte.

Als es allmählich abkühlte, nahm ich meine Kamera und brach auf, um den Wald um den Lagerplatz zu erkunden. Ich fand eine große Natter – ungefähr eineinhalb Meter lang und so dick wie ein Männerhandgelenk –, die gerade ein Loch ausbuddelte, in dem irgendein unglückliches Geschöpf kauerte. Sie fühlte sich so wenig gestört durch meine Anwesenheit, dass ich mein Stativ aufstellen und sie aus einem halben Meter Entfernung fotografieren konnte. Selbst als ich sie am Schwanz zog, schaute sie nur gerade so lange zurück, dass ich ein paar Schnappschüsse machen konnte, dann steckte sie ihren Kopf wieder in das Loch. Vielleicht haben die Geschöpfe dieser Insel einfach nie eine »gesunde Menschenangst« entwickelt, nachdem sie nur 2000 Jahre Zeit hatten, sich an das gefährlichste Raubtier der Welt zu gewöhnen. Die Elefantenvögel, die Riesenlemuren und die Zwergnilpferde kamen jedenfalls nicht mehr dazu, die lebenswichtige Lektion zu lernen, und andere Kreaturen blieben vielleicht nur durch die rechtzeitige Schaffung eines schützenden *fady* verschont.

Ich hoffte, dass die Natter ein *fady*-Tier bei den Einheimischen war. Nichts lag mir ferner, aber wenn ich die Absicht gehabt hätte, sie aus ihrem Loch zu ziehen und zu töten, dann hätte ich vorher in aller Seelenruhe ein Feuer anzünden, einen Topf Wasser zum Kochen bringen und eine zweite Filmrolle verknipsen können. Zum Glück blieb es mir erspart, die spirituelle Atmosphäre des Andafiabe-Gebiets mit einem blutigen Gemetzel zu beflecken. Das konnte ich Georges überlassen, der unsere unglückliche Henne ins Jenseits befördert hatte und den Reis zum Kochen aufsetzte, als ich zum Camp zurückkam. Während wir mit Tomatenmark beschmiertes Huhn aßen, redeten Eloi und ich über alles, was wir auf unserer gemeinsamen Wanderung im Mittelwesten gesehen hatten. Dann schauten wir schweigend zu, wie die violette Sonne sich blutrot verfärbte und mit atemberaubender Geschwindigkeit herabsank, genau dort, wo der Fluss im verschwimmenden Dunkel der Bäume verschwand. Der Andafiabe-Fluss sah aus, als sei er in feurige Lava getaucht.

Es gibt ein altes madagassisches Sprichwort, das besagt: *Es ist das Schicksal des Huhns, in den glücklichsten Augenblicken des Menschen zu sterben.*

Ich hatte bereits ein eisiges Morgenbad genommen, als Eloi und Georges mit verquollenen Augen aus ihrem Zelt ins Sonnenlicht heraustraten. Langsam und genüsslich schlürfte ich meinen Kaffee, den Blick auf den Fluss gerichtet, der im frühmorgendlichen Licht schimmerte. Auch beim Zeltabbauen ließ ich mir Zeit. Je näher wir unserem Ziel kamen, desto weniger eilig hatte ich es, dass unsere Reise zu Ende gehen möge. Aber es war Labour Day, der 1. Mai. In Antsalova würde ein großes Fest steigen, und meine beiden Gefährten wollten so schnell wie möglich zu ihrer Party kommen.

Ich dopte mich mit einem Schmerzmittel gegen das Pochen in meinen Knöcheln und verbrachte den ersten Teil des Morgens in seliger Betrachtung der Wunder der Natur. Die verlockenden blauen Becken wurden seltener, aber der Andafiabe funkelte, als sei er mit geschliffenen Brillanten gespickt, während er westwärts der Straße von Mosambik zustrebte. Einige der Baumwipfel waren mit Schwärmen zankender grauer Vasa-Papageien bevölkert. Ein wilder Eber – eines der wenigen Tiere, die Madagaskar mit dem afrikanischen Festland gemeinsam hat – stürzte geräuschvoll und in panischer Flucht davon, als wir auf den sonnigen Strand hinaustraten, auf dem er herumschnüffelte.

Über eine Stunde lang gingen wir durch eine schattige Klamm, auf der einen Seite von dunklen Bäumen und auf der anderen von einer zackig erodierten Felswand eingeschlossen, die Georges, wie ich glaube, ziemlich eigenmächtig als *tsingy* bezeichnete. Wir fanden eine Mulde, die mit Belemnit-Fossilien übersät war: fingerähnlichen Gussformen von Meerestieren, die zeigten, dass das Tsingy-Gebiet einst das Bett eines prähistorischen Meeres gewesen war. Georges erzählte mir, dass die Sakalava noch zur Zeit der französischen Invasion Belemnit-Fossilien als Kugeln benützt hatten, wenn die Munition knapp wurde.

Der Wald endete in einer abrupten und – wie man sofort argwöhnte – stetig zurückweichenden Linie bei den Weideflächen der riesigen Zebuherden dieser Region. Die Rinder mit den Lyra-Hörnern trotteten vor uns von dem zerfurchten Pfad herunter, der uns durch ihre hügeligen Weiden vorwärts lockte. Zu unserer Linken lag der Weiler Berano, dessen Name »wo es Wasser gibt« bedeutet. Laut Georges besaß das Oberhaupt dieser Ansammlung von etwa einem Dutzend Hütten über 1000 Zebus und ein größeres Haus in Antsalova.

Das Erste, was wir von Antsalova zu sehen bekamen, war wie immer ein Flussufer, das mit Reisfeldern bedeckt war. Eine Frau in einem farbenprächtigen Lamba und einem kegelförmigen »Kuli«-Hut watete behutsam durch die kniehohen Pflanzungen, und mir kam es vor, als seien wir geradewegs nach Indonesien zurückmarschiert. Wir waren über 200 Kilometer gewandert, seit wir Tsiranomandidy vor fast drei Wochen verlassen hatten, und unser Weg endete kaum 40 Kilometer von der Westküste entfernt. Dennoch wurde uns nur wenig Aufmerksamkeit zuteil, als wir an den Betongebäuden der Rotkreuzklinik und den größeren Häuserblöcken der von Franzosen erbauten Grundschule vorüberkamen.

Anscheinend war die ganze Stadt auf dem zentralen Marktplatz versammelt. Als wir uns einen Weg durch die Menge bahnten und die Hälse reckten, um über die Schultern der vor uns Stehenden zu schauen, sahen wir auch, warum. Unsere Ankunft war mit den ersten Runden der jährlichen Straßenkampf-Festivals der Sakalava zusammengefallen! In der staubigen Lichtung, die in einen improvisierten Boxring verwandelt worden war, schlichen vier junge Krieger herum wie Tiger in einem Käfig. Obwohl ihre Augen angriffslustig ins Publikum funkelten, war die Wildheit, die sie mit aller Kraft auszustrahlen versuchten, etwas beeinträchtigt von den geblümten Lambas und kleinen Homburg-Hüten, die auf ihren Sakalava-Locken thronten.

Einer, zweifelsfrei der Anführer, trug einen kurzen Stab, den er ständig gegen seine Schenkel schlug, und kaute auf einem Zahnstocher, während er die Gesichter in der Menge mit Schlangenaugen absuchte. Ein anderer, größerer mit einem gelben Lamba, den er sich eng um die Schultern gewickelt hatte, schlurfte hinter ihm her und warf leicht kummervolle Blicke auf das Publikum.

Ein subtiles und unbemerkt gebliebenes Signal beantwortete die Herausforderung, und ein Mann von einer gegnerischen Gruppe trat in den Ring. Drei der Krieger gingen weg und hockten sich mit einem Ausdruck martialischer Kampfbereitschaft an den Rand der unruhigen Menge. Der Gelblamba streifte die Hüllen von seinen muskulösen braunen Schultern und schnallte seinen Gürtel enger, als zwei offensichtlich sadistische Ordnungshüter die Menge mit peitschenähnlichen Zweigen zurücktrieben, die sie in hohem Bogen durch die Luft zischen ließen.

Die beiden Kämpfer umkreisten einander. Der Herausforderer ging tief in die Hocke und zielte mit seiner linken, ausgestreckten Hand auf den Magen seines Gegners. Der Gelblamba erweckte immer noch den Eindruck, als schlurfe er mit hängenden Schultern, selbst als er mit seiner rechten Faust an der Wange und der gestreckten Linken herumkreiste. Über das Raunen und Johlen der Menge hinweg konnte ich den Herausforderer murmeln hören, während seine Hand über dem Körper des größeren Mannes herumschwenkte.

Ich weiß nicht, was ich von dem Kampf erwartete, aber das Tempo und der plötzliche, blitzartige Gewaltausbruch schockierten mich. Der Herausforderer griff an, wild herumschwingend und offensichtlich außer Kontrolle, und landete drei oder vier krachende Schläge gegen die Rippen des Gelblamba, der seine gezückte rechte Faust mit aller Kraft, die er aufbringen konnte, heruntersausen ließ. Aber der kauernde Mann rückte ihm dichter auf den Leib und schaffte es, während er heimtückische rechte Haken austeilte, den Körper des Gelblamba mit dem rechten Arm in den Clinch zu nehmen.

Sie schlichen im Ring herum, wirbelten Staub vom Boden auf, angefeuert vom Johlen der Menge, bis ein Kampfrichter sie auseinander zerrte. Als sie im selben Stil wieder aufeinander losgingen, gelang es dem Gelblamba, mit seiner suchenden rechten Hand den Gegner ein drittes Mal mit voller Wucht über dem linken Ohr zu treffen. Der Herausforderer ging in die Knie und fiel in den Staub. Der Gelblamba hob lässig einen Arm und schlurfte melancholisch aus dem Ring, während seine Anhänger johlend heraufstürzten und ihn auf die Schulter schlugen, um ihm zu gratulieren. Währenddessen wurde der »gefallene Krieger« von seinen Kumpels wieder auf die Füße gestellt, und als sie ihn vom Schlachtfeld führten, sah ich, dass er mit einem benommenen Lächeln in die Menge schaute.

Morengy ist eine ritualisierte Form des Straßenkampfs und gilt als Nationalsport der Sakalava. Die Labour-Day-Turniere in Antsalova waren die ersten und wichtigsten der Saison, als Auftakt zu den Kämpfen, die in den Wintermonaten jeden Samstagnachmittag abgehalten werden. Jeder, der mitmachen will, hat die Möglichkeit, im Ring herumzugehen, bis er einen Herausforderer findet, aber die Ehre gebietet es, dass die beiden Gegner in etwa von gleicher Statur sind.

Eine andere Gruppe, sechs Krieger diesmal, stolzierte im Ring umher, und nach und nach konnte ich an ihrer Körpersprache ablesen, dass jeder der Möchtegern-Kämpfer seine eigene Methode hatte, einen Gegner anzulocken. Manche schlurften träge, fast schläfrig dahin und versuchten den Eindruck zu erwecken, dass sie absolut unvorbereitet auf einen Kampf waren. Andere spielten die harten Männer, trugen ihre Hüte in verwegener Haltung auf dem Kopf, kauten auf Zahnstochern herum und nötigten die Zuschauer mit bohrenden Blicken, sie herauszufordern. Einer stellte sich sogar betrunken, indem er auf wenig überzeugende Weise herumwankte und mit den Augen rollte, in der Hoffnung, dass man ihn für leichte Beute halten würde.

Mit ihren geblümten Lambas und den winzigen, knallrosa oder neonblauen T-Shirts, die gerade der letzte Schrei bei den Sakalava waren, sahen einige tatsächlich nach leichter Beute aus, selbst für jemanden wie mich. Aber wenn sie im Staub herumkreisten – wobei sie oft seltsame Schreie ausstießen, um den Feind einzuschüchtern – und sich dann furchtlos in die Schlacht stürzten, blieb einem die Luft weg, so brutal waren die Attacken.

Die Queensberry-Regeln gelten nicht beim *morengy*. Wild herumwirbelnde Fäuste, die durch Quantität wettmachen, was ihnen an Treffsicherheit fehlt, sind hier die übliche Strategie. Aber manche Kämpfer hatten ihren eigenen Kampfstil. Einige nahmen Karatepositionen ein, die sie sich durch das sorgfältige Studium billiger Kung-Fu-Comics abgeschaut hatten (obwohl kicken nicht erlaubt ist). Andere sahen sich als Boxer, mussten aber nur zu bald feststellen, dass es unmöglich war, wie ein Schmetterling durch den Hagel blindwütiger Hiebe zu schweben, in den diese Kämpfe im Allgemeinen ausarteten. Manche versuchten ihre Gegner mit magischen, Kräfte raubenden Bewegungen zu schwächen oder mit leise gemurmelten Flüchen aus der Fassung zu bringen.

Nichts von alledem half bei Gelblamba, und seine rechte Schmetterfaust fand unweigerlich ihr Ziel. Seine Anhänger stimmten den ganzen Nachmittag über ihren tiefen Triumphgesang an. Jede Gruppe hatte ihren eigenen tiefen Gesang, der nie das Geschrei der Menge übertönte und doch von allen Seiten zugleich über den Marktplatz zu hallen schien.

Das unheimliche Sakalava-Gejohle, das zweifellos viele Male in der madagassischen Geschichte eingesetzt worden war, um den Feind zu verunsichern, verfehlte jedoch seine Wirkung, als es erscholl, um unseren viel zitierten Entdecker und Missionar aus der Fassung zu bringen.

> *... ein besonderes Spektakel von Johlen und Stampfen und Waffenklirren, aus dem Stegreif zu unserer Erbauung dargeboten. »Ja, das ist ziemlich gut«, sagten wir, an unsere Besucher gewandt, sobald der Radau einen Augenblick verebbte, »aber wartet nur, gleich sollt ihr eine Kostprobe von unserem Gesang erhalten!« Dann riefen wir unsere Leute zusammen und stimmten eine beliebte Hymne an, mit der wie sie übertönten.*

Was blieb da den Gewehren und Speeren anderes übrig, als nach Hause und ins Bett zu gehen?

Nach den Erwachsenenkämpfen, die eine Stunde gedauert hatten, durften die Kinder in den Ring, um ihr Glück zu versuchen und einen Gegner zu blutigem Brei zu schlagen. Wie ihre erwachsenen Vorbilder stolzierten sie herum, bis unter spielerischem Geschubse und Gebrüll ein kleiner Junge aus der Menge hervorsprang. Die Kinder waren nicht mehr als sieben Jahre alt, aber sie gingen wild aufeinander los und kämpften brutal, bis ein geglückter Clinch einem von ihnen die Oberhand verschaffte, sodass er mit voller Wucht auf das Gesicht seines Gegners einhämmern konnte, ehe er weggezogen wurde. Zwei rivalisierende Jungenbanden stürzten herbei, um ihre Kriegerfreunde in Empfang zu nehmen, und ich stellte mit Erstaunen und Bewunderung fest, dass selbst der Verlierer mit der blutig geschlagenen Nase freudig lachend davonstürzte!

Die Kämpfe waren zum Glück gnädig kurz, und ein Ringrichter versuchte den Kampf zu stoppen, sobald der erste schwere

Treffer gelandet war. Wenn es allerdings dem Sieger gelang, ein paar weitere Hiebe folgen zu lassen, ehe er weggezogen wurde – umso besser! Ich sagte zu Georges, dass es sicher oft böse Gefühle zwischen zwei Kämpfern geben müsse, lange nachdem die 20 oder 30 Sekunden, die der Kampf dauerte, vorüber waren. Aber er erklärte, dass ein Verlierer nicht zweimal in einer Session gegen seinen Bezwinger kämpfen durfte; wenn er es noch einmal versuchen wollte, musste er bis zum nächsten Samstag warten, damit er Zeit hatte, die Sache zu überdenken. Selbst wenn er zu Boden ging, aber bereit war weiterzukämpfen, schleppten die Kampfrichter ihn weg, damit er sich bis zur nächsten Woche überlegen konnte, ob seine Entscheidung wirklich so klug war.

Das Aussehen spielte hier eine große Rolle. Die hochgetürmten Frisuren, manchmal in drei getrennten Lockenschöpfen, die farbenprächtigen Kleider und die männliche Bravade waren sicherlich an die Mädchenschar adressiert, die den Kämpfen mit hungrigen Augen folgte. Sakalava-Mädchen sind verrückt nach Straßenkämpfern. Und falls es noch einen zusätzlichen Ansporn brauchen sollte, setzte die Stadt, wie Georges uns erklärte, 10 000 Francs Malgaches (ungefähr 2,50 Euro) für jeden glatten K.-o.-Schlag aus.

Während Georges meine Fragen beantwortete, ging mir auf, dass das, was auf den ersten Blick nach einer brutalen, rohen Blut-oder-Ehre-Schlägerei ausgesehen hatte, in Wahrheit etwas viel Bedeutsameres war. Brutal und roh, gewiss – aber es waren Kämpfe, die auf Magie und Ahnenverehrung gründeten. Laut Georges trugen viele dieser Kämpfer Amulette, die von ihrem *mpanandro* angefertigt waren – sei es das *mohara*-Zebuhorn eines *dahalo* oder ein Talisman aus Glasperlen und heiligem Holz. Das Amulett durfte nicht im Kampf getragen werden, da sonst der Gegner des Kriegers den *ody*-Typ erkennen und ihn mit seinem eigenen unschädlich machen konnte. Manche Kämpfer ritzten sich auch die Knöchel oder die Stirn und rieben die Wunden mit geheimnisvollen Ölen ein, die ihnen Macht verliehen.

»Zum Beispiel...« – man konnte sich darauf verlassen, dass Eloi immer ein Beispiel parat hatte – »... wenn sie ein mächtiges *ody* haben und dich ins Auge schlagen, dann blutest du nicht im Auge. Aber hinterher fängst du ganz langsam woanders zu bluten an. Wenn ein Kämpfer mich schlägt, und ich habe kein *ody*, kann ich zu dir gehen, und du kannst dein *ody* vor mein Gesicht halten, und dann hört das Bluten auf.«

Eine andere Methode, wie ein *morengy*-Kämpfer sich unbesiegbar machen kann, besteht darin, dass er zeitweilig den Geist eines Ahnen – eines berühmten Kriegers oder furchtlosen Banditenführers – von seinem Körper Besitz ergreifen lässt. Bei einer Praktik namens *tromba* kann der junge Mann die Hilfe eines *mpanandro* in Anspruch nehmen und sich mehrere Stunden vor dem Turnier in Trance versetzen, bis er überzeugt ist, dass ein mächtiger Geist von ihm Besitz ergriffen hat.

In »The Possessed and the Dispossessed« behauptet die Anthropologin Lesley A. Sharp sogar, die *tromba*-Praktik sei die *Quintessenz der religiösen Erfahrung der Sakalava.* Bei den Sakalava gibt es häufig unfreiwillige *tromba*-Fälle, wenn nämlich der Körper einer lebenden Person von dem Geist eines Vorfahren in Besitz genommen wird, üblicherweise Krieger oder Königinnen, die auf gewaltsame Weise umkamen. Aber *tromba* geht offenbar mit der Zeit. So berichtet Sharp von ihren ausführlichen Studien in der Sakalava-Stadt Ambanja:

> *Die Geister, die in der Stadt ihr Unwesen treiben, sind keine seriösen, mächtigen Könige der Vergangenheit, sondern Cowboys, Boxer, Fußballspieler und Prostituierte... Sie waren in Autounfälle verwickelt, trinken und tanzen gern, gehen zu* Boxkämpfen (morengy), *und einige wurden von ihren Geliebten oder Rivalen umgebracht.*

Die Turniere waren einst die Brutstätte der Sakalava-Krieger, die fast das gesamte West-Madagaskar unter ihre Herrschaft brachten. Heute werden sie angeblich von den *dahalo* zur Rekrutierung genutzt. Während der Kämpfe hatten wir nichts dergleichen beobachtet. Doch als wir die *Zone Rouge* durchquerten, waren *dahalo*-Banden (oder auch nur kämpfende Sakalava, die *dahalo* werden wollten) westwärts zu diesem größten aller *morengy*-Festivals gepilgert. Wenn die *Zone Rouge* mit ihren Präriedörfern, Viehhirten und Banditen wie der einstige Wilde Westen Amerikas war, dann konnte man die staubigen, lärmenden Straßen von Antsalova mit Dodge City vergleichen.

Antsalova war während der Labour-Day-Feierlichkeiten so von Fremden überlaufen, dass die Behörden keine Veranlassung hatten, misstrauisch zu werden, wenn eine Bande von jungen Kriegern zweifelhaften Ursprungs und noch zweifelhafterer Absichten in der Stadt auftauchte. Es waren sicherlich keine schmutzigen Hemden auf der Straße zu sehen. Alle trugen ihren Sonntagsstaat und waren in den leuchtendsten Farben gekleidet. Es gab niemanden, den ich als *dahalo* hätte identifizieren können. Wenn ich mich jedoch umschaute, musste ich zugeben, dass jeder der Kämpfer, die im Ring herumstolzierten, -schlichen oder -stolperten, ein Banditenkrieger hätte sein können, der sich einen Namen machen oder Beziehungen knüpfen wollte.

»Siehst du den Großen in dem gelben Lamba dort?«, flüsterte ich Eloi zu. »Er hat alle seine Kämpfe gewonnen, und er meint, er sei der Größte. Geh und zeig's ihm!«

»Nein, ich nicht – ich bin ein Betsileo … aber du als *vazaha* – ich denke, das ist in Ordnung.«

In der Tat machten sich offenbar einige Sakalava-Bürger mit typisch madagassischer Gastfreundlichkeit Gedanken, dass hier ein Fremder in ihrem Land war, der vielleicht still und bescheiden auf eine förmliche Einladung wartete, um sich an ihren Labour-Day-Feierlichkeiten zu beteiligen. Aber der *vazaha* – dem nichts ferner lag, als der einheimischen Bevölkerung seine Gegenwart aufzudrängen – verschanzte sich schamlos hinter der Journalistenethik, die seine Anwesenheit als Berichterstatter und nicht, Gott behüte, als aktiver Teilnehmer verlangte. Er fummelte emsig einen frischen Film in seine verbeulte Kamera und blieb in jeder Hinsicht taub gegenüber den immer lauter werdenden Rufen der Menge, die offenbar geradezu danach gierte, ein bisschen britisches Blut auf dem geheiligten Staub des Markplatzes von Antsalova vergossen zu sehen.

Fihavanana

Ich dachte an meine Freunde im fernen, geselligen Old England. Gott segne sie alle und mache ihre Herzen geneigt, mir mehr Briefe zu schreiben, auch wenn sie nur selten eine Antwort darauf erhalten …

Reverend William Clayton Pickersgill
»From Twilight to Gross Darkness«

Zwei Tage später holperte eine Twin Otter von Air Madagascar über die Grasrollbahn davon und brachte Eloi nach Tsiroanomandidy. Er kehrte begeistert und voll beladen mit Geschichten (und Beispielen!) nach Hause zurück, und ich legte ihm wärmstens ans Herz, »meine Neuigkeiten« meinen Freunden im »Best Western« zu übermitteln.

Nachdem ich so weit westwärts gereist war, wollte ich jetzt ans Meer, ehe auch ich nach Hause flog. Der nächste Küstenlandeplatz war Maintirano (»schwarzes Wasser«), aber das lag 160 Kilometer weit entfernt. Wenn ich in dieser Jahreszeit dorthin kommen wollte, musste ich durch die ausgedehnten Mangrovensümpfe wandern, die der Stadt ihren Namen gegeben hatten.

Ich hatte mein Zelt im Innenhof des Project Bemaraha in Antsalova aufgestellt. Als ich zum nahen Fluss hinunterging, um zu baden, verführte mich die ruhige Strömung dazu, Erkundigungen einzuziehen, ob ich nicht einen Einbaum kaufen und gemächlich nach Soahanina hinunterdriften konnte. Soahanina war ein winziges Fischerdorf der Vezo, die zum Teil von den gestrandeten portugiesischen Seeleuten abstammten. Wenn ich lange genug wartete, bestand vielleicht die Chance, dass ein Dhow auf seiner Handelsroute nach Süden dort anlegte. Aber mein Geld wurde langsam knapp, und wenn nicht bald etwas kam, würde ich als »Gestrandeter« enden – ein jämmerliches, *danga*-verwüstetes Stück Treibgut, das am Ufer angeschwemmt worden war.

Schließlich sprang ich in eine Twin Otter und glitt dankbar über die schimmernden *vero*-Hänge mit ihren riesigen, roten *lavaka*-Furchen. Als das Flugzeug über Maintirano kreiste, sah ich die rote Ausschwemmung von Schlammwasser, die sich einen guten Kilometer in Richtung Mosambik erstreckte – das Herz der Insel blutete langsam aus.

Ich verbrachte acht Tage in Maintirano, wo ich auf makellos weißen Stränden unter den Auslegerbooten der Vezo herumwanderte und auf ein Dhow oder einen Frachtdampfer wartete. Ein Engländer, der seinen Job als Buchhalter in London an den Nagel gehängt und einen Zweimaster-Klipper gekauft hatte, um ein Leben à la Joseph Conrad zu führen und mit Kokosnüssen und Harthölzern entlang der Straße von Mosambik zu handeln, bot mir eine Mitfahrgelegenheit nach Mahajanga an. Dann meuterte seine Crew, und sein Kapitän (und Schwager) stahl den Klipper und ließ uns beide gestrandet zurück! Ich hatte jetzt nur noch drei Wochen auf meinem ohnehin schon verlängerten *recherche*-Visum, und so nahm ich das erstbeste Flugzeug zurück nach Tsiroanomandidy und der »Vorhersehbarkeit« des Landwegs.

Ein weiterer Air-Madagascar-Bushhopper stieg über den Mangroven auf, bevor er über die blasse Savanne hinwegfegte. Sehr schnell sahen wir das dichte Grün des Réserve des Tsingy de Bemaraha. Wir holperten und ruckelten wild in den Warmluftströmungen über den Bemaraha-Klippen, und in wenigen Minuten hatten wir das staubige Manambolo-Tal überquert, das uns zu Fuß zwei mühselige Tage gekostet hatte.

Wir wurden erneut durchgerüttelt, als wir über den Bungolava-Gebirgskamm hinwegschossen. Dann schaute ich auf die Berge hinunter, die in dieser neuen Perspektive vollkommen abgeflacht wirkten, mich aber beinahe lahm und taub gemacht hatten, als ich sie das letzte Mal zu überqueren versucht hatte. Außer mir saßen nur drei andere Passagiere im Flugzeug, Geschäftsleute mit Anzug und Krawatte, die den Wirtschaftsteil des »Midi Madagasikara« lasen. Sie verschwendeten keinen Gedanken an die *Zone Rouge*: an die *dahalo*-Banditen oder die friedfertigen, lebenslustigen Dorfbewohner, über deren Köpfe wir hinwegsegelten.

Mick und Tiana versprachen, für mich zu beten, und Maman Suzanne vergoss eine weitere damenhafte Träne, als ich zu Fuß von Tsiro aufbrach, nachdem ich kein Buschtaxi hatte auftreiben können, das ins Hochland oder sonst wohin fuhr. Eine Mitfahrgelegenheit auf einem Motorrad brachte mich mehrere Kilometer auf der Route Nationale 1 in Richtung Tana weiter. Ein Pick-up-Truck nahm mich ebenfalls ein Stück mit, bevor er in der Abenddämmerung in einem Hinterlanddorf zusammenbrach, irgendwo bei dem Ort, an dem Eloi seinen *kalanoro* gesehen hatte.

Als ich gerade nach einem Schlafplatz Ausschau halten wollte, ergatterte ich eine Fahrt auf der Ladefläche eines Lastwagens, der mit Wassermelonen beladen war, und um zwei Uhr morgens wachte ich in Tana auf. Ich schaute mich um, schlaftrunken vermutlich, und es dauerte eine Minute, bis ich den Lac Anosy mit den dunklen Silhouetten der Jakarandabäume wieder erkannte, die sich über sein teichrosenbewachsenes Wasser neigten. Ich hievte meinen Rucksack auf den Rücken und wanderte über den Hügel hinüber und die Stufen von Analakely hinauf, um wieder einmal gegen die mittlerweile vertraute Tür des »Hôtel Lambert« zu hämmern.

Und hier, wie der unermüdliche Reverend Pickersgill sagen würde, muss die leichtfüßig dahineilende Gänsefeder bezähmt und gezwungen werden, das Ende meiner stürmischen Scharmützel in der madagassischen Wildnis zusammenzufassen.

Irgendwie hatten die zwei Wochen langsamen Fußmarschs eine erhöhte Lust am Herumkommen in mir geweckt. Also nahm ich ein Buschtaxi in Richtung Süden. Wir fuhren 27 schlaflose Stunden bis Morondava, wo meine Reisegefährten, eine Gruppe von Bara-Wanderarbeitern, die Morgendämmerung mit einem frommen Gesang begrüßten, als wir an der Ehrfurcht gebietenden Avenue des Baobabs vorüberratterten.

In Morondava machte mir die rekordverdächtige Regenzeit erneut einen Strich durch die Rechnung: Die Straßen in die südlichen »Wüsten« waren überflutet, und ungünstige Winde hatten den Schiffsverkehr lahm gelegt. Ich kehrte dem Ort nach nur zwei Tagen den Rücken, um wieder nach Tana zurückzufahren – diesmal dauerte es nur zwei Stunden.

Jetzt wollte ich eine Pilgerreise zu den östlichen Wäldern machen, um dem legendären Indri, dem mächtigsten und stimmgewaltigsten aller Lemuren, meine Aufwartung zu machen. Ich verbrachte mehrere schlaflose Nächte am Rand des Périnet-Reservats, während Horden von Rotbauchmakis über meinem Zelt durch die Äste sprangen und missbilligend grunzten.

Ich sah eine Sippe Babakotos und hörte ihren schauerlichen Schrei in der Morgendämmerung, der wie eine Fliegeralarmsirene kilometerweit hallte. Eines Tages blieb ich wie angewurzelt auf einem Dschungelpfad stehen, als eine Horde Goldener Bambuslemuren, die mich offensichtlich nicht bemerkt hatten, über den Weg sprang. Der Goldene Bambuslemur sieht aus wie ein süßer, stupsnäsiger, kleiner Teddybär. Im Lauf seiner Evolution hat er sich eine Nische erobert, die gänzlich konkurrenzlos ist. Er lebt auf einem riesigen Bambus und frisst jeden Tag so viel Zyanid, dass jedes andere Tier seiner Größe daran sterben würde. Selbst in einem so zugänglichen Reservat wie dem Périnet wurde der Goldene Bambuslemur erst 1986 entdeckt, und ich zählte 23 bei dieser Prozession!

Beflügelt von diesem Erfolg wanderte ich die steile Schluchtstraße die aus den östlichen Regenwäldern hinausführt, nach Tana zurück. In Moramanga, wo der Aufstand von 1947 mit dem Abschlachten so vieler Dorfbewohner durch die senegalesischen Landser beantwortet wurde, fand ich ein Buschtaxi, das mich auf meine letzte madagassische Reise mitnahm. Nach der üblichen dreistündigen Verzögerung, während alles herumsaß und wartete, dass sich der Minibus mit Fahrgästen füllte, kam schließlich ein amerikanischer Tourist daher, der mit Kameras und Reiseführern beladen war … und die nötigen Mittel besaß, um uns alle zu retten.

Zur Verwunderung der anderen Passagiere bezahlte er für die verbliebenen fünf Sitze und erklärte mir, sie seien so billig, dass sich das Warten nicht lohne. Mir war es natürlich peinlich, dass ein *vazaha* vor diesen armen Bauern so mit seinem Reichtum protzte, aber davon abgesehen war ich weder erleichtert noch enttäuscht, als wir endlich aufbrachen. Ich hatte mir eine schwere *mora-mora*-Infektion zugezogen – das madagassische »*take-it-easy*«-Fieber. Das Stadtleben und meine künftige Frau brauchten mehrere Monate, um mich davon zu kurieren.

Ich war bisher der festen Überzeugung gewesen, dass es mit ein wenig Geduld immer eine Möglichkeit gibt, vorwärts zu kommen, aber auf der »Insel des Mondes« geriet mein Vertrauen in diese Maxime ernstlich ins Wanken. Das Reisen über Land kann auf Madagaskar entsetzlich unbequem sein. Es ist oft heiß, meistens staubig und immer laut. Man kommt unweigerlich langsam voran, aber langweilig ist es nie und nimmer. *Fihavanana* ist ein madagassischer Ausdruck, der wörtlich »blutsverwandt« bedeutet, der jedoch auf die Freundschaft gegenüber allen Menschen ausgeweitet wurde. Auf Madagaskar ist *fihavanana* mehr als nur ein Wort, und dank dieser Einstellung wird das Reisen über die Insel niemals zur Tortur.

Die Madagassen sagen: »Es ist besser, Geld zu verlieren als Freundschaft.« Und wenn man sie fragt, warum *fihavanana* ein so wichtiger Teil ihrer Kultur ist, dann zucken sie nur mit den Schultern und sagen: »Das war immer so.«

Bibliografie

Brown, Mervyn: *Madagascar Rediscovered. A History from Early Times to Independence*. London: Damien Tunnacliffe 1978.

Dodwell, Christina: *Madagascar Travels*. London: Hodder & Stoughton 1995.

Durrell, Gerald: *The Aye-Aye and I. A Rescue Mission in Madagascar*. London: HarperCollins 1992.

Heseltine, Nigel: *Madagascar*. London: Pall Mall Press 1971.

Jolly, Alison: *A World Like Our Own. Man and Nature in Madagascar*. New Haven, Connecticut: Yale University Press 1980.

Madagascar and Comoros. Melbourne: Lonely Planet 1997.

Madagascar Wildlife: A Visitor's Guide. Chalfont St Peter: Bradt Travel Guides 1996.

Murphy, Dervla: *Muddling Through in Madagascar*. London: John Murray Ltd. 1985.

Osborn, Chase Salmon: *Madagascar. Land of the Man-Eating Tree*. New York: Republic Publishing Co. 1924.

Ruud, Jørgen: *Taboo. A Study of Malagasy Customs and Beliefs*. Oslo: Oslo University Press 1960.

Sharp, Lesley A.: *The Possessed and the Dispossessed*. Berkeley: The University of California Press 1994.

Sibree, James: *Fifty Years in Madagascar. Personal Experiences of Mission Life and Work*. London: George Allen & Unwin Ltd. 1924.

Stratton, Arthur: *The Great Red Island. A Biography of Madagascar*. London: Macmillan 1965.

Tyson, Peter/Mittermeier, Russell A.: *The Eighth Continent. Life, Death and Discovery in the Lost World of Madagascar*. New York: William Morrow 2000.
Wilson, Jane: *Lemurs of the Lost World. Exploring the Forests and Crocodile Caves of Madagascar*. London: Impact Books 1990.

REISEN · MENSCHEN · ABENTEUER

NATIONAL GEOGRAPHIC
ADVENTURE PRESS

Über alle Berge

Philip Temple
Schnee über dem Regenwald
Mit Heinrich Harrer auf den Gipfeln Neuguineas
ISBN 3-442-71194-0

Neuguinea 1962: Zusammen mit dem berühmten Bergsteiger Heinrich Harrer dringt der Autor in die faszinierende Dschungel- und Bergwelt Neuguineas vor. Ohne Kartenmaterial erforschen sie Regionen, die bis dahin noch kein Weißer betreten hat.

Franjo Terhart
Unentdeckte Pyrenäen
Auf alten Schäferpfaden durch das Land der Katharer
ISBN 3-442-71169-X

Es gibt sie noch: Schäfer, die mit ihren Herden auf uralten Pfaden wandern. Franjo Terhart hat einen von ihnen durch die Pyrenäen begleitet. Ein Streifzug durch eine an Kultur- und Naturschätzen, an Geschichte und Mystik unerhört reiche Landschaft.

Heidi Howkins
Herausforderung K2
Eine Frau auf dem Weg zum Gipfel
ISBN 3-442-71201-7

Die erste Amerikanerin auf dem K2: Heidi Howkins bezwingt den berüchtigten Achttausender im klassischen alpinen Stil – ohne Träger, ohne aufwändiges Basislager, ohne modernes Equipment. Ein mitreißender Bericht über den Kampf einer Bergsteigerin gegen Fels und Eis.

So spannend wie die Welt.

NATIONAL GEOGRAPHIC

GOLDMANN